Aprendiendo de los mejores

Francisco Alcaide Hernández

Aprendiendo de los mejores

Tu desarrollo personal es tu destino

alienta
EDITORIAL

Ilustraciones de interior: © Axier Uzkudun
© de esta edición: Centro de Libros PAPF, SLU.
Alienta es un sello editorial de Centro de Libros PAPF, SLU.
Av. Diagonal, 662-664
08034 Barcelona

www.planetadelibros.com
ISBN: 978-84-16253-87-6
Depósito legal: B. 15.026-2016
Primera edición: septiembre de 2013
Trigésima reimpresión de la edición actualizada y ampliada: diciembre de 2023
Preimpresión: gama, sl
Impreso por Egedsa

Impreso en España–*Printed in Spain*

Existe al menos un rincón del universo que,
con toda seguridad, puedes mejorar,
y ese rincón eres tú.

Aldous Huxley

ÍNDICE

NOTA A LA 20.ª EDICIÓN ESPECIAL AMPLIADA Y ACTUALIZADA

El 13 de septiembre de 2016 —algo más de tres años después de la salida al mercado de la primera edición del libro— aparecía la 10ª edición ampliada y actualizada de *Aprendiendo de los mejores*.

En aquella edición, además de contar cómo había evolucionado el libro en sus primeros años de vida, se incorporaron como novedades cinco nuevos personajes, todos españoles, de la gastronomía (Ferran Adrià), la divulgación científica (Eduardo Punset), el deporte (Toni Nadal) y la medicina (Valentín Fuster y Luis Rojas Marcos).

También se añadieron los dibujos-retratos de cada uno de los personajes en sus capítulos correspondientes, más de veinte testimonios de reconocidas personalidades de diferentes ámbitos, y un epílogo de Alejandro Bataller, vicepresidente de SHA Wellness Clinic, premiado en varias ocasiones como Mejor Spa Médico del Mundo.

Con motivo de aquella edición, hicimos un evento para celebrarlo en el que participaron caras conocidas del mundo de la empresa y el deporte, y en donde surgió la banda sonora del libro gracias a la aportación del maestro Jerónimo Maesso, pianista-artista de la improvisación, quien junto con el público que sugería notas musicales al azar, darían forma a la composición que puedes escuchar en Youtube.

Desde entonces, en estos algo más de tres años, el libro se ha hecho adulto y se ha producido su internacionalización:

2018 Traducción al italiano como *Imparando dai migliori* con Anteprima Edizioni.

Asimismo, la empresa Cherubini SpA Italia, con sede en Bedizzole (Brescia), región de Lombardía, elegía el libro como regalo a su Comité de Dirección en sus Jornadas Estratégicas de Reflexión Anual de 2018.

2018 Edición en Colombia con Planeta Editorial, ya en su 2ª edición.

2019 Traducción al portugués como *Aprender com os melhores* con Planeta Manuscrito, habiendo alcanzado la 6ª edición cuando se escriben estas líneas.

2019 Edición en México con Planeta Editorial (3ª edición).

Por tierras mexicanas estuvimos en el Tecnológico de Monterrey (TEC), con EGADE Business School, en las sedes de Ciudad de México y Monterrey, hablando de la filosofía *Aprendiendo de los mejores*, con dos conferencias para más de doscientos directores generales y directores de Recursos Humanos.

Igualmente, en el país azteca, la empresa Action Coach, en sus sedes de Monterrey y Aguascalientes, elegía el libro para su Book Club —en el que sus miembros hacen mensualmente una puesta en común sobre libros de referencia—, en uno de los cuales entramos en directo por videoconferencia para charlar con los asistentes.

2020 Traducción al portugués de *Aprender como os melhores 2* con Planeta Manuscrito.

Por tierras lusas, concretamente en Lisboa (Portugal), también estuvimos para presentar la obra y hacer entrevistas con los medios de comunicación, y compartir ideas y reflexiones sobre desarrollo personal, liderazgo y gestión.

Pero no sólo se ha producido este fenómeno de internacionalización. El libro, junto a los formatos clásicos de libro y e-book, desde 2018 también está disponible en formato audiolibro en las plataformas Audible y Storytel, cuya narración corre a cargo de Jordi Boixaderas, actor de doblaje de personajes como Russell Crowe —en el papel de Máximo Décimo Meridio— en la película *Gladiator*.

Ese mismo año se editaba *Aprendiendo de los mejores 2*, el volumen 2 continuación de la obra, con otros cincuenta nuevos personajes, convirtiéndose al poco tiempo en bestseller; y en 2019 aparecía un estuche-pack con ambos volúmenes que se agotó rápidamente y tuvo que reimprimirse.

Durante estos últimos años el libro ha continuado su gira por la geografía española, con presentaciones en más de quince ciudades, en las que han participado muchas instituciones (EIG/Granada, Loyola/Sevilla, EDEM/Valencia, FUNDESEM/Alicante, IMF/A Coruña...) y me han acompañado invitados de lujo que han compartido en primera persona su *expertise* como representantes de «los mejores». Por citar algunos: Nico García (medalla de plata de taekwondo en Londres 2012), Esther San Miguel (Campeona de Europa de Judo 2009 y 1998), Óscar del Amá (Director General del Campeonato del Mundo de Balonmano 2013), José Luis Abajo *Pirri* (medalla de bronce esgrima en los Juegos Olímpicos de Pekín 2008), Óscar Yebra (jugador de la selección española de baloncesto en los Juegos Olímpicos de Atenas 2004) o Ángel Sanz (Country Manager de Spartan Race Europe), entre otros.

También he podido seguir difundiendo la filosofía de *Aprendiendo de los mejores* en numerosas empresas que han solicitado mis servicios como conferenciante o formador, así como en congresos y foros abiertos al público, y en diferentes escuelas de negocio. Muchas de estas organizaciones han obsequiado el libro a sus clientes y equipos tanto en España como en el extranjero. Algunas de ellas son: Porsche, Johnson & Johnson, Philip Morris Internacional, Banco Mediolanum o Getabstract México, entre otras.

Asimismo, una conocida firma española, con presencia en más de 100 países y más de 16.000 empleados, hacía una tirada personaliza en exclusiva de 500 ejemplares para regalar a todo su equipo directivo.

Por otro lado, a lo largo de estos siete años he podido estar firmando en la Feria del Libro de Madrid en cada edición (de 2013 a 2019), en Sant Jordi (2018 y 2019) y en otras ferias del libro de ciudades como Málaga o Valencia. Son momentos especiales para estar cerca de los lectores, charlar con ellos y conocer sus impresiones.

En la actualidad el libro acumula más de 1.000 *reviews* en todas las plataformas de e-commerce (Amazon, Audible, Google Play, Apple...) con una nota media de 4,7 sobre 5 (un 9,4 sobre 10) y ha sido galardonado con diversos reconocimientos como: nominado al Premio Knowsquare al mejor libro de empresa 2013; incluido entre los 25 mejores libros de negocios del portal *Negocios1000*, junto a Daniel Goleman, Daniel Kahneman, Jack Welch o T. Harv Eker; y elegido entre los 5 mejores libros de desarrollo personal del portal *La mente es maravillosa*, junto a Wayne W. Dyer, Dale Carnegie, Ken Robinson, John Bradshaw y Bernardo Stamateas.

Después de más de siete años desde el lanzamiento, *Aprendiendo de los mejores* ya no es sólo un libro, sino que se ha convertido en una filosofía de vida compartida y seguida por muchas personas que entienden que la mejor forma de crecer y mejorar es de aquellas personas que han llegado a donde a ellos les gustaría llegar. Esos son «los mejores», aquellos que tienen unos resultados y una trayectoria que los avalan como garantía de credibilidad.

Esta filosofía de vida se mantiene intacta desde sus orígenes y se ancla en tres grandes ideas:

1. *Tu desarrollo personal es tu destino.* Los resultados no mienten: si tu vida no es como te gustaría que fuese, o algo no sabes o algo no estás haciendo bien. ¿Y qué hacer entonces? Modificar algo. Nada cambia si tú no cambias; nada mejora si tú no mejoras. Jim Rohn, personaje incluido en estas páginas, lo expreso así: «El éxito no es algo que consigues, es algo que atraes a tu vida como consecuencia de la persona en que te conviertes». Tu nivel de éxito sólo puede crecer hasta el nivel que crezcas tú; tu nivel de éxito es proporcional a tu nivel de desarrollo personal. El éxito no es una cuestión de talento sino de preparación: a mayor preparación, mejores resultados. Si no estás preparado, las oportunidades no aparecerán en tu vida.
2. *Tu capacidad de aprender es tu principal activo.* Entre tu estado «actual» y tu estado «deseado» sólo existe una palabra: aprendizaje. Lo importante no es si sabes, sino si estás dispuesto a aprender. Tus ganas de aprender determinarán tu futuro. Hoy día, con prácticamente todo el conocimiento (y gratuito) en la red, no hay excusa para no aprender, y por tanto no hay excusa para no triunfar. Como apuntase el sociólogo Benjamin R. Barber: «Yo no divido el mundo entre débiles y fuertes ni entre éxitos y fracasos. Yo divido el mundo entre los que aprenden y los que no».
3. *Tu autorresponsabilidad es tu poder.* Nunca asumas que llevas el tipo de vida que te ha tocado vivir. El único antídoto contra todos los males es la autorresponsabilidad. Ir de víctima o de protagonista es lo que marcará realmente una diferencia en tu vida. La madurez no la da la edad sino la aceptación de la propia responsabilidad. La clave del éxito reside en tomar el control de nuestras vidas. Stephen Covey, también presente aquí, escribía: «Hasta que una persona no pueda decir profunda y honestamente: "Soy lo que soy como conse-

cuencia de mis decisiones de ayer", tampoco podrá decir: "Elijo otra cosa"».

Desde que saliese la primera edición del libro, algunos personajes contemporáneos han ido falleciendo a lo largo de estos años dejándonos un gran legado. Son los casos de Nelson Mandela (2013), Warren Bennis (2014), Wayne W. Dyer (2015), Louise Hay (2017), Eduardo Punset (2019) y Jack Welch (2020).

Mucha gente me pregunta a través de las redes sociales si habrá un volumen 3 de *Aprendiendo de los mejores*. Basta decir que hay muchos personajes interesantes de ámbitos muy diversos que no han aparecido por cuestiones de espacio, así que es muy probable que así sea.

Acabo dando las gracias a todas las personas que han leído el libro, a los que lo regalan o recomiendan, a los que lo apoyan en las redes sociales, a los que han colaborado con el prólogo, epílogo o testimonios, a quienes han impulsado la gira del libro en las distintas ciudades, así como a quienes han participado como invitados, y a toda mi tropa, tanto del mundo 1.0 como 2.0, que me acompaña, apoya y anima a crecer y mejorar.

También a todas las personas a las que he podido entrevistar —algunas de ellas aparecen entre los personajes del libro—, por compartir su conocimiento y experiencia, de los más variados ámbitos: el deporte (Emilio Butragueño, Lolo Sainz, Jorge Valdano, Pepu Hernández...), la empresa (Rosa García, Juan Soto, Francisco Román, Juan Antonio Zufiría, Miguel Milano...), la moda (Ágatha Ruiz de la Prada, Salvador y Rosa Tous, Michele Norsa...), la ciencia (Daniel Goleman, Luis Rojas Marcos, Enrique Rojas...), la economía (Joseph Stigliz, Guillermo Perry...), el desarrollo personal (Mario Alonso Puig, Álex Rovira, Pilar Jericó...), el management (Edward De Bono, Santiago Álvarez de Mon, Juan Carlos Cubeiro...) o el espectáculo (Fernando Colomo, Pedro Ruiz, Risto Mejide...), entre otros. Y a todos los empresarios y emprendedores que me han permitido conocer y estudiar sus modelos negocios singulares de gran éxito como:

Circo del Sol, Hotel Ritz, El Bulli, Bodegas Pradorey, Valentino o Zara, por citar algunos.

También a los que se ponen en contacto conmigo para contarme sus impresiones y agradecerme la obra por inspirarles a tomar ciertas decisiones y atreverse o contemplar otros ángulos de vista más estimulantes y retadores. Me han ocurrido varias anécdotas con algunos de estos lectores que me han hecho sonreír en más de una ocasión. Por ejemplo, el de una chica argentina que escribió de su puño y letra una parte de la introducción del libro y la enmarcó en un cuadro para tenerlo en un lugar visible de su casa y recordarse esos mensajes a diario; o el de un señor mexicano que mandó tallar en madera los dibujos-retratos de los personajes y colocarlos en las diferentes estancias de su casa a modo de inspiración para no olvidarse quiénes y por qué los mejores son los mejores. Por último, un caso muy especial, el de un señor octogenario que me escribió un mail para decirme lo siguiente: «Gracias por el gran acierto que tuvo al escribir estos dos libros. Tengo casi ochenta y un años y creo que me queda mucho por aprender. Soy un amante del progreso. No quiero venderle sus libros, pero sí quiero participar en ser uno más en decirle lo contento y orgulloso que estoy en poder ser uno de sus lectores y conmigo parte importante de mi familia. Para mí, sus dos libros han sido y siguen siendo algo muy importante. A pesar de mi edad, no puedo negarle que mi actitud y ganas de hacer son de un tipo de cincuenta años. Una buena parte de esas ganas y entusiasmo se los debo a sus libros y personajes. Sus libros me han dado mucha vida y a la vez me han hecho crecer».

Finalmente, dar las gracias a todo el equipo de Alienta Editorial, por estar detrás y poner cuidado y mimo en todos los detalles; porque para mí eso es la excelencia, la atención cuidada a todos los detalles: *cada detalle suma, cada detalle importa, cada detalle aporta*.

Para cerrar, unas breves líneas del discurso *El hombre en la arena* de Theodore Roosevelt en La Sorbona (París), el 23 de abril de 1910, que reflejan la filosofía de *Aprendiendo de los me-*

jores: sólo la acción produce resultados; sólo la valentía, el coraje y el atrevimiento tienen sentido. Dice así:

> No es el crítico quien cuenta, ni el que señala con el dedo cómo el otro tropezó o cómo el que hace las cosas podría haberlas hecho mejor. El mérito recae exclusivamente en el hombre que se halla en la arena, aquel cuyo rostro está manchado de polvo, sudor y sangre, el que lucha con valentía, el que se equivoca y falla el golpe una y otra vez, porque no hay esfuerzo sin error ni deficiencias. El que cuenta es el que lucha por llevar a cabo las acciones; el que conoce los grandes entusiasmos, las grandes devociones, el que agota sus fuerzas en defensa de una causa noble; el que, en el mejor de los casos, conoce al final el triunfo del gran logro, y en el peor de los casos, si fracasa, al menos lo hace habiéndose atrevido, de modo que su lugar no estará nunca con las almas tímidas que no conocen ni la victoria ni la derrota.

FRANCISCO ALCAIDE HERNÁNDEZ
Madrid, febrero 2020

PRÓLOGO

Después de leer el manuscrito de *Aprendiendo de los mejores*, lo primero que puedo decir es gracias. Como bien dice el autor en la introducción, muchas veces la información está disponible, pero no siempre *como* uno quiere ni *cuando* uno quiere. Este libro cubre esta necesidad.

Francisco Alcaide (Paco, para los que le conocemos bien) sabe auscultar la realidad con enorme agudeza. En este libro ha hecho una tarea de recopilación soberbia, a la altura de su conocimiento y su experiencia. Primero, porque para seleccionar bien hay que conocer en profundidad el tema que se trata; y Francisco Alcaide es uno de los referentes del *management* español, gran conocedor del mundo de la empresa y del desarrollo personal. Segundo, porque uno es capaz de percibir entre las líneas del texto una gran sensibilidad, que no es otra cosa que la capacidad para captar la esencia de las cosas. Francisco Alcaide sabe anticipar lo que gustará y lo que puede ser útil. Y es que la sensibilidad no es algo innato, sino el resultado de la experiencia, la observación y la reflexión.

Decía Leonardo Da Vinci que «la sencillez es la suprema sofisticación»; y Baltasar Gracián afirmaba que «lo bueno, si breve, dos veces bueno». Detrás de cualquier razonamiento conciso suele haber mucho trabajo previo, aunque no todo el mundo sea capaz de apreciarlo. Miguel de Cervantes, nuestro célebre autor del *Quijote*, apuntaba: «Un proverbio es una frase corta fruto de una larga experiencia». No se puede resumir mejor. Hay que saber mucho para expresar los asuntos de manera breve y clara.

Más de quinientas reflexiones, cuidadosamente seleccionadas y sobre los más variados temas, se nos presentan en este excelente libro. Por citar cinco que me han gustado especialmente:

- «Mantente comprometido con tus decisiones, pero siempre flexible en tus estrategias» (Anthony Robbins). ¡Qué importante es saber adaptarse a las circunstancias sin perder de vista jamás nuestras metas!
- «No se puede ser un buen líder, a menos que te guste la gente. Es la mejor manera de obtener lo mejor de ellos» (Richard Branson). ¡Qué importante conectar emocionalmente con tu equipo!
- «No hay tanta competencia en la excelencia; la competencia la hay en los niveles de mediocridad» (David J. Schwartz). ¡Qué importante desmarcarse de los competidores ofreciendo estándares superiores basados en la máxima calidad!
- «Tienes que decidir cuál es tu máxima prioridad y tener el coraje de decir "no" a otras cosas» (Stephen Covey). ¡Qué importante saber priorizar con asertividad, una de las cosas más difíciles para cualquier persona en un puesto directivo!
- «Sueña en grande, empieza pequeño, actúa ahora» (Robin S. Sharma). ¡Qué importante ponerse en acción a pesar de que las circunstancias no sean las mejores en cada momento!

Lo mejor de todo es que cada una de estas reflexiones viene acompañada del análisis del autor. El trabajo de Francisco Alcaide no se basa exclusivamente en una cuidada recopilación de frases, sino que desmenuza oportunamente cada una de ellas, ayudándonos a darles coherencia y sentido para así poder entender mejor su profundo significado.

Aprendiendo de los mejores no es un libro para leer y colocar en la estantería hasta otra ocasión, si surge. Es un libro para tener encima de la mesa, junto a la cama, un libro para llevarlo de compañero inseparable en los viajes de trabajo (y también de ocio) y poder aprovechar cada ocasión para releer e interiorizar sus reflexiones.

Como director general del Hotel Hesperia Madrid, y antes como subdirector del Hotel Ritz, puedo decir que la hotelería de lujo te obliga todos los días a afrontar imprevistos, inconvenientes y situaciones con las que no resulta nada fácil lidiar y en las que las dudas son un elemento común. En casos así, uno reclama más que nunca unas palabras de inspiración que ayuden a encontrar respuestas, puntos de apoyo emocional que faciliten la gestión de la soledad propia a la que nos enfrentamos los directivos.

Los libros son siempre un recurso interesante; el problema, sin embargo, suele ser la escasez de tiempo. Son muchos los autores y los textos de lectura imprescindible, pero las exigencias del día a día, y una cierta pereza en los días de descanso, dificultan mucho esta tarea. El hecho de que Francisco Alcaide haya recopilado tantas reflexiones, de tantas fuentes imprescindibles, y las haya filtrado y analizado de manera tan oportuna nos ahorra mucho esfuerzo a los que queremos y debemos seguir aprendiendo.

La variedad de personalidades incluidas en el libro es muy estimulante. Por mi trabajo, he tenido la gran suerte de conocer personalmente a algunas de ellas en sus viajes, y también de leer algunas de sus obras. Gracias a *Aprendiendo de los mejores*, el lector podrá conocer de primera mano parte de la esencia de *speakers* motivacionales de la talla de Anthony Robbins o Brian Tracy; empresarios mundialmente conocidos como Bill Gates o Richard Branson; pensadores del *management* como Michael Porter o Peter F. Drucker; prestigiosos inversores como Warren Buffett o Robert Kiyosaki; o maestros espirituales de sobra conocidos como Thich Nhat Hanh o el dalái lama Tenzin Gyatso.

Los temas abordados son también de lo más interesante. Liderazgo, sueños, adversidad, creencias, motivación o pasión son sólo algunas pinceladas de lo que el lector encontrará al sumergirse en estas páginas.

Cada frase y cada reflexión es una delicia; aporta luz, un soplo de aire fresco que inspira a seguir buscando, a seguir creyendo, a seguir aprendiendo y mejorando. El desarrollo personal nunca termina, siempre hay aristas que limar, pero eso es lo que hace interesante la aventura de vivir.

Gracias, Paco, por el gran trabajo realizado y por permitirnos disfrutar de «la esencia de los mejores».

ALEJANDRO GONZÁLEZ POZO,
director general del Hotel Hesperia Madrid*****L
www.hesperia-madrid.com
@HesperiaMadrid

INTRODUCCIÓN

Tu desarrollo personal es tu destino: en quien te conviertes se acaba reflejando directamente en lo que obtienes. Por eso, no hay mejor inversión que la que se hace en uno mismo. Y ¿cuál es la mejor forma de conseguirlo? Aprendiendo de los mejores, de las personas que han logrado los mejores resultados en diversas parcelas (dinero, éxito, relaciones, liderazgo, etcétera), que a ti también te gustaría alcanzar. Decía Bertrand Russell que «la mejor prueba de que algo puede hacerse es que antes alguien ya lo hizo». Las personas verdaderamente inteligentes aprenden de la experiencia de los demás.

Tu mayor activo es tu capacidad de aprender. Jim Rohn, uno de los mejores expertos en desarrollo personal, señalaba: «El aprendizaje es el comienzo de la riqueza. El aprendizaje es el comienzo de la salud. El aprendizaje es el comienzo de la espiritualidad. En buscar y aprender es en donde los milagros tienen sus comienzos».

No hay nada que no esté a tu alcance si tienes una idea clara, precisa y concreta de lo que deseas y una inquebrantable determinación para ir en su búsqueda. Se trata de ir descubriendo los pasos que dar sin desistir, de ponerse en movimiento e ir rectificando sobre la marcha sin venirse abajo. La cuestión no es si algo es o no posible, sino cómo conseguirlo. Anthony Robbins lo expresa con claridad: «Si una y otra vez te planteas la misma pregunta, no cabe duda de que terminarás encontrando una respuesta».

La vida siempre pone obstáculos de diversa índole a lo largo del camino (fracasos, rechazos, injusticias, deslealtades, etcétera), pero los límites los ponemos las personas. Los primeros se vencen con coraje y valentía; los segundos son el resultado de bloqueos mentales producto de nuestras creencias.

Probablemente, si estás leyendo estas páginas, es porque tu vida no lleva el curso que te gustaría en una o más parcelas (dinero, trabajo, relaciones, etcétera), y, por tanto, te estás planteando cambiar o mejorar ciertos hábitos.

El hecho de haber llegado aquí ya es un primer paso importante. La psicoterapeuta Virginia Satir escribió: «Siempre hay esperanza y oportunidad para cambiar, porque siempre hay oportunidades para aprender». No importa dónde estabas antes, ni dónde estás ahora, sino dónde quieres estar. Eso es lo relevante. No seas prisionero de tu pasado. «El pasado —como decía Shakespeare— es sólo un prólogo.» Tu pasado no es tu futuro; tu presente es tu futuro.

La experiencia enseña que los seres humanos pecamos a menudo de orgullo. Nos cuesta mucho solicitar ayuda porque se identifica pedir ayuda con ser débil. En realidad es todo lo contrario. Todas las personalidades fuertes que alcanzan cotas elevadas en su vida tienen una virtud común: humildad para reconocer que necesitan aprender y mejorar.

Por este motivo, en la travesía de tu desarrollo personal hay algo que te será especialmente útil: ver qué han hecho otros para llegar allí donde a ti también te gustaría estar. Es cierto que ninguna vida es igual a otra; cada vida es única e irrepetible. Sin embargo, hay principios universales que se repiten una y otra vez. El éxito deja huellas. Brian Tracy apunta: «Si haces las mismas cosas que otras personas de éxito han realizado, sin ninguna duda tendrás el mismo éxito que ellos».

Una de las claves imprescindibles para lograr nuestras metas es leer biografías inspiradoras. Lee todas las que puedas y más. O mejor dicho: más que leer se trata de asimilar lo leído. Es decir, se trata de leer y volver sobre el texto una y otra vez hasta hacer tuyas aquellas ideas que consideres relevantes y convertirlas en creencias firmes que te impulsen a alcanzar tus metas. De nuevo citamos al referente Jim Rohn: «Los hombres de éxito tienen grandes bibliotecas; el resto, grandes televisores».

La información está disponible para todos casi siempre, pero ni *como* ni *cuando* uno quiere. Éste es el objetivo del presente libro, recopilar aquellas frases, pensamientos y reflexiones de un grupo de personalidades de referencia en el mundo del desarrollo personal, el liderazgo, el emprendimiento, la libertad financiera y la espiritualidad.

En total son más de quinientas reflexiones de más de cincuenta personajes. Como se suele decir en estos casos, «no están todos los que son, pero sí son todos los que están». Cada uno de ellos es un referente en su disciplina, y hay un elemento común a todos ellos: sus palabras están avaladas por sus resultados, que son la mejor garantía de credibilidad. Entre estos personajes hay empresarios, directivos, consultores, conferenciantes, profesores, filósofos, maestros espirituales e incluso personajes del mundo del espectáculo.

Las reflexiones contenidas en este libro abarcan cinco temas:

1. Desarrollo personal: porque cualquier persona tiene metas y aspira a alcanzarlas, aunque la mayoría se quede a medio camino.
2. Espiritualidad: porque el éxito «exterior» sin éxito «interior» nos deja vacíos; la espiritualidad es una necesidad humana, aquello que nos conecta con la vida.
3. Libertad financiera: porque el dinero, de una u otra manera, influye en cualquier aspecto de nuestra vida, y porque a todo el mundo le gustaría ganar más y vivir mejor.

4. Emprendedores: porque todos somos emprendedores, o bien en nuestra vida profesional, o bien en nuestra vida personal.
5. Liderazgo: porque en esta vida todo son relaciones personales (con *partners*, empleados, proveedores, administraciones, inversores, etcétera), y el liderazgo ocupa en ello un papel esencial.

Los pensamientos de cada uno de los expertos incluidos a lo largo de las siguientes páginas han sido extraídos de múltiples fuentes: libros, conferencias, entrevistas o notas personales propias. Cada uno de ellos está cuidadosamente seleccionado para que lo saborees, te detengas en él, lo madures y, si lo crees necesario, lo incorpores a tu repertorio personal.

No es un libro para leer de un tirón. Cada frase tiene su enjundia, y conviene interiorizarla. No hay nada mejor que un mensaje breve y contundente para que el inconsciente lo registre de manera eficaz, aunque, como todo, eso requiere su tiempo. Las cosas no suceden de un día para otro. Un pensamiento no es más que una gota de agua, no es gran cosa, pero una gota más otra gota más otra gota… acaban llenando un vaso. Al principio puede parecer poco, pero, con la perspectiva que da el tiempo, te darás cuenta de que es mucho lo que has avanzado. Un pensamiento no produce ningún cambio en tu vida, pero un pensamiento repetido una y otra vez acaba pasando a formar parte de ti.

En mi experiencia, el mayor pecado que se comete en los procesos de desarrollo personal es querer ir demasiado rápido. La impaciencia está en el origen de muchas iniciativas que se truncan. La gente quiere resultados inmediatos, y, al no suceder así (porque sería ir *contra natura*), muchas personas se frustran y acaban por abandonar.

Siempre me ha gustado el ejemplo del bambú chino como metáfora de los procesos de cambio y transformación personal. El bambú chino evoluciona de la siguiente manera. Después de plantada la semilla, pasan aproximadamente cinco años sin que se vea nada, salvo un brote diminuto. Todo su crecimiento es subterráneo; se está construyendo una compleja estructura de raíces que se extiende vertical y horizontalmente por la tierra. Entonces, al final del quinto año, el bambú chino crece velozmente hasta alcanzar una altura de veinticinco metros.

Algo muy similar ocurre con los procesos de desarrollo personal. Uno decide un buen día ir en busca de su «leyenda personal»: seguir su vocación, su pasión, sus sueños. Entonces, siembra y trabaja, pero no obtiene resultados. Y así un día tras otro, una temporada tras otra, pero parece que todo sigue igual, que nada ocurre. Entonces, aparecen las dudas, los bajones, los momentos de debilidad emocional que invitan a abandonar, a tirar la toalla.

Algunos, ante la incertidumbre del futuro, abandonan y prefieren plegar velas para navegar a puerto seguro; otros continúan, pero, poco tiempo después, también desisten; y así ocurre con otros más cada cierto tiempo. Sin embargo, hay un pequeño grupo minoritario que decide seguir adelante y se mantiene firme, rumbo a destino, a pesar de los fuertes vientos que puedan azotar el barco. Y de repente, un día todo se precipita; algo empieza a germinar y se da un crecimiento exponencial. Es como si la noche anterior hubiera sido otra de esas jornadas en que uno piensa abandonar, y de pronto, al día siguiente, aparece la luz. Como apunta la sabiduría popular, «la hora más oscura de la noche es justo la que precede al alba».

Y una cosa más. Con bastante frecuencia también, otro de los grandes enemigos en los procesos de desarrollo personal se encuentra en la gente que tienes alrededor. Huye de los pesimistas, de los negativos, de la gente gris y tóxica que ante la falta de valentía para ir en busca de sus sueños intenta que otros tampoco lo hagan porque eso sería dejar al descubierto sus carencias y mediocridades.

Sí, tú también puedes. No tengas dudas. Los límites nunca están en las personas, están en los entornos. A lo mejor te ves muy «poquita cosa». Pero tú no eres eso; eso son tus creencias. Tus límites son los límites de tus creencias. Si tú crees algo, ese algo *es*, tanto para bien como para mal. Somos adictos a nuestras creencias.

Todos tenemos límites, pero esos límites no son nuestros, no son algo que venga de fábrica, sino el resultado de nuestro entorno. Los límites son una especie de *software* que se ha instalado en nuestro cerebro durante los seis primeros años de nuestra vida a través de lo que hemos visto (modelo visual) y lo que hemos oído (modelo verbal).

Tus creencias (limitantes o posibilitadoras) reflejan tu autoestima. Si te ves como alguien capaz de lograr grandes cosas, eso sucederá; y si te ves insignificante como para alcanzar metas altas, no las alcanzarás. Vivir con una baja autoestima es como ir por el mundo atado de pies y manos. Las posibilidades de avanzar son muy reducidas.

Tu autoestima no es otra cosa que la reputación que tienes de ti mismo, cómo te ves como producto. Y si no te gustas, lo que estás manifestando es que no te comprarías a ti mismo. Y tampoco lo harán los demás. El cómo te tratan otras personas es un reflejo de cómo te tratas a ti mismo.

Tu vida es un reflejo de tu inconsciente, una manifestación de tus creencias; por eso, el primer reto de la voluntad debería ser cultivar hábitos mentales sanos. Si tus creencias son limitantes, da igual lo duro que trabajes, porque tus resultados serán pobres.

Tu mente dirige tu vida. El 90 % de nuestra vida está gobernada por el inconsciente. Por eso, si controlas tu mente, controlas tu vida. Nunca olvides las palabras de Don Ward: «Si vas a dudar de algo, duda de tus límites». La incredulidad nos frena y es aliada de la mediocridad.

Termino con un par de apuntes:

1. Pon la responsabilidad en ti. No te centres en «qué va a pasar», sino en «qué voy a hacer». Hay dos tipos de personas: las que creen que las cosas suceden y las que hacen que las cosas ocurran. Abundan las del primer tipo. El ser

humano es especialista en justificar por qué su vida no lleva el rumbo que le gustaría, y lo hace usando diversas excusas: los políticos, la crisis, la educación o cualquier otro factor. Abundan los expertos en «culpa-habilidad». Cuando uno decide asumir la responsabilidad de su vida, todo cambia a mejor porque entonces es posible emprender acciones. Hay cosas que no se pueden cambiar, por ejemplo, el clima, pero lo que uno sí puede hacer es coger el paraguas si llueve, abrigarse bien si hace frío o poner el aire acondicionado cuando hace calor. El clima no puede ser un inconveniente para quedarse en casa esperando a que salga el sol. No hay nada peor que no hacer nada. La gente con mentalidad ganadora no pierde el tiempo con quejas inútiles, sino que busca alternativas para bordear o superar los obstáculos y llegar allí donde previamente se había propuesto.

2. No te rindas jamás. Lo peor que te puede pasar en la lucha por tus metas es que te vengas abajo y desistas, que te des por vencido. Hay un momento en la vida en que se cambia para mal: cuando uno se resigna. Nunca, nunca, nunca pierdas la FE (con mayúsculas). A lo largo del camino hay muchos momentos de desesperación, de dudas, de bajones emocionales. Asúmelo como parte del proceso. No te detengas y sigue. Tus probabilidades de éxito aumentan cada vez que insistes. El trabajo más duro es no rendirse.

AMANCIO ORTEGA

Amancio Ortega (1936) es empresario y fundador de Zara e Inditex, principal grupo textil del mundo. Es la sexta mayor fortuna del mundo, según Forbes, después de Carlos Slim y Bill Gates. Su biografía y la historia de su imperio aparece en el libro *Así es Amancio Ortega: el hombre que creó Zara*, así como en *Zara: visión y estrategia de Amancio Ortega* y *Amancio Ortega: de cero a Zara*. En 2009, el Ministerio de Asuntos Exteriores y Cooperación español le concedió la Gran Cruz de la Orden del Mérito Civil.

1. **No vale la pena ser empresario sólo para ser rico.** Cuando el dinero se convierte exclusivamente en fin y no en medio es fácil que una empresa, antes o después, haga aguas y se venga abajo. Y ¿por qué? Porque ninguna biografía, ni en lo personal, ni en lo profesional, ni en lo empresarial, es una línea recta. En todo negocio acaban apareciendo dificultades, problemas, adversidades, inconvenientes y crisis. En esos momentos, cuando todo tiembla alrededor, aparecen muchas dudas, y si uno no tiene unas convicciones fuertes y profundas, algo por lo que merezca la pena luchar, un sentido que le mantenga a flote, es fácil desistir. A la hora de emprender un negocio es importante que exista una fuerte sintonía entre lo que uno siente y lo que uno hace, es decir, que uno desarrolle algo con lo que se sienta plenamente identificado. Los negocios siempre deben tener beneficios, pero los beneficios siempre deben tener un propósito.

2. **Mi éxito es el de todos los que colaboran y han colaborado conmigo. Un ser humano no puede ser tan inteligente, tan poderoso o tan prepotente como para hacer él solo una empresa de este calibre.**
No hay líder sin equipo; es más, el líder emana porque existe el equipo. Ortega precisa: «Son muchos los que se han dejado la vida en la empresa. Son muchos los que han hecho realidad esta joya desde el principio hasta hoy». Detrás de cualquier logro destacable lo que hay son equipos; de otro modo es imposible. Los éxitos son siempre colectivos. Ningún hombre solo ha logrado nada grande en la vida. Y ¿qué busca Amancio Ortega en su equipo? Él mismo lo precisa: «La primera característica que pido a una persona, de la que se derivan las demás, es un serio sentido del compromiso con lo que va a hacer. ¿Esta persona se cree lo que dice al mostrar su empeño por trabajar con nosotros? Siempre he buscado gente que encaje en la compañía, que comprenda bien nuestros valores». Sin compromiso, sin orgullo de pertenencia con la causa, no hay excelencia.

3. **La autocomplacencia es lo peor si quieres conseguir hacer algo importante.**
Y eso tiene un nombre: no bajar la guardia jamás, mantenerse alerta y concentrado, no descuidarse. Todos sabemos que cuando nos relajamos un poco más de lo razonable, las cosas se tuercen. Es necesaria una cierta tensión para alcanzar la cima, y luego continuar así, sin despistarse, para mantenerse arriba. El propio Ortega apunta: «En esta compañía nunca nos hemos confiado, ni en aquellos años en los que dábamos los primeros pasos, ni ahora que tenemos tiendas por todo el mundo. Hay que tener siempre un afán de superación y una constante capacidad de crítica. Siempre pensé que para triunfar teníamos que poner la organización boca abajo cada día». La autocomplacencia es uno de los mayores riesgos en cualquier negocio.

4. **Querer a las personas que trabajan con nosotros es una obligación.**
No son incompatibles exigencia y tacto, disciplina y cariño, rectitud y amabilidad. Es posible un «liderazgo por afecto». La filosofía a la hora de tratar con las personas la explicaba Amancio Ortega a su equipo directivo: «Debéis vivir cerca de cada uno de ellos, de lo que tienen entre manos en sus casas, en su familia, no sólo en el trabajo. Yo quiero una empresa con alma, formada por personas con alma. El verdadero éxito de esta empresa, insisto en ello, es la gente que tenemos». Uno de los principales ejecutivos de Inditex corrobora su coherencia entre discurso y realidad: «Su cercanía a la gente es impresionante: le quieren como respuesta a lo que él ha hecho. Es extraordinario comprobar cómo combina la firmeza y la exigencia con el respeto a cualquier persona».

5. **Lo mejor que tengo es la bondad.**
Decía una vez el filósofo José Antonio Marina que «la bondad es el rasgo de mayor inteligencia de una persona». Contundente afirmación, ¿no? Porque a veces parece que ser bondadoso supone ser blando y débil. En un mundo hipercompetitivo, hablar de bondad parece algo ñoño y soso. Nada tiene que ver una cosa con la otra. Bondad es pensar en el bien común porque se tiene la convicción de que el bien común no es otra cosa que el bien propio. Amancio Ortega precisa: «He tenido como referencia la bondad de mi madre y de mi abuelo Antonio. Mi madre era excepcional. ¡Todo el mundo la quería de manera extraordinaria! A mí, por ser el pequeño, no sólo me quería, sino que me tenía por alguien especial. Gracias a ella no tengo un solo mal recuerdo de mi niñez. Me hacía feliz. La madre es la clave de una familia. Cuando te falta, por mayor que seas, algo se derrumba. En estos momentos de tanto éxito profesional es la persona a quien más echo de menos, porque una madre es la que sabe dar un valor mayor y más verdadero a lo que haces.

¡Una madre no debería morirse nunca!». Tener modelos de referencia en los que fijarse es lo mejor para el crecimiento profesional y personal.

6. **Todos nacemos para algo.**
Tú también eres importante, aunque en ocasiones no te valores lo suficiente. La vida siempre espera algo de nosotros, nuestra contribución particular para hacer de este mundo un lugar mejor. Y la labor de cada persona es descubrir en qué consiste. No se trata siempre de grandes gestas, muchas veces son sencillos actos cotidianos que aportan un gran valor a nuestro entorno más cercano y que generan una cadena de consecuencias que no somos capaces de apreciar en toda su magnitud. Amancio Ortega explica: «Tengo el convencimiento absoluto de que todos venimos al mundo a cumplir una misión. Aquí ninguno estamos por casualidad. Cuando miro hacia atrás y veo todo lo que ha pasado en estos años, es como un sueño imposible. Hay una razón de ser importante en todo lo que ha ocurrido».

7. **La sencillez es el recurso de los inteligentes.**
La sencillez es el patrimonio de los sabios, el recurso de los que saben elevarse y apreciar lo esencial de la vida más allá de la hojarasca. A menudo, el problema es que lo cercano, por cotidiano, no se valora lo suficiente. Y eso nos hace perdernos muchos buenos momentos. Amancio Ortega, a pesar de ser la primera fortuna española, lo tiene claro: «Yo disfruto con las cosas más pequeñas. Soy feliz con los mil incidentes de cada jornada. Voy al gimnasio cada mañana, me gusta charlar, escuchar a la gente, conocer a nuevas personas, pasear y, por supuesto, trabajar, que es con lo que más disfruto». Para ser feliz no hay que ser extravagante.

8. **Todo lo que nos rodea es competencia. No se debe subestimar a nadie, porque empresas muy grandes han caído.**

Si la competencia fuese tan mala como algunos piensan, simplemente no existiría. Otros piensan que no tienen competencia, lo cual es una ingenuidad, porque aunque exista una diferenciación, directa o indirectamente, siempre hay empresas ofreciendo productos y servicios similares. Hoy día hasta un *freelance* trabajando desde su casa puede ser competencia. Y, por último, las cosas cambian, los mercados cambian, los consumidores cambian, todo, en definitiva, cambia, y quien no sabe gestionar el cambio acaba desapareciendo. La historia está repleta de ejemplos de grandes compañías, muy admiradas en su momento, que ya no existen. Ignorar o despreciar a terceros son dos de los mayores errores que se pueden cometer. Y a menudo se cometen.

9. **Desde que no era nadie ni tenía apenas nada, soñaba con crecer. El crecimiento es un mecanismo de supervivencia; si no hay crecimiento, una compañía se muere. A mi edad siento lo mismo: no se puede dejar de crecer.**
Una empresa, como cualquier persona, está hecha para crecer, mejorar, evolucionar. Cuando ese espíritu se pierde, la empresa empieza a languidecer, a ir para atrás, llegando a estancarse o acomodarse. En esta vida, quien no avanza, retrocede. No hay término medio. No es posible quedarse en la misma situación. La competencia mejora y gana terreno cada día, y aparecen nuevas iniciativas. Todo ello supone una amenaza para la cuota de mercado. Sin una filosofía de crecimiento, ya sea de producto, de mercado o de lo que sea, es muy difícil que una empresa pueda sobrevivir.

10. **Lo mío, desde que empecé, ha sido una dedicación plena al trabajo, junto a la máxima exigencia.**
Y añadía: «Yo nunca me quedaba contento con lo que hacía y siempre he intentado inculcar esto mismo a todos los que me rodean». Es la filosofía kaizen: mejora continua. Poner toda la carne en el asador. Dar el alma por un proyecto.

Las palabras de Ortega ayudan a comprender mejor el éxito de Zara e Inditex. Es de sentido común: grandes esfuerzos, grandes recompensas. Detrás de cualquier éxito subrayable hay mucha (repetimos, mucha) reciedumbre y capacidad de sacrificio, aunque muchas veces, a los ojos de los demás, las cosas parezcan cuestión de suerte o algo similar.

ANTHONY ROBBINS

Anthony (Tony) Robbins (1960) es escritor y conferenciante en temas de desarrollo personal. Sus enseñanzas beben de múltiples fuentes, y entre ellas está la programación neurolingüística. Uno de sus mentores fue Jim Rohn. Entre sus libros más conocidos destacan *Poder sin límites* y *Despertando al gigante interior*. Ha sido incluido en el Top 200 Business Gurus y en el Top 50 Business Intellectuals in the World por el Instituto de Accenture para el Cambio Estratégico.

1. **No existen personas sin recursos, sino estados emocionales sin recursos.**
   Dentro de cada ser humano hay un gran potencial a la espera de ser liberado. Sólo hay que desbloquearlo. El ser humano está hecho para evolucionar y mejorar. A cualquier persona si se la pone en tierra fértil y se la riega, crece sin parar. No existen los límites, existen las limitaciones. Los límites son siempre limitaciones mentales. Las personas de éxito son personas que han activado su poder interior. Por el contrario, la gente que no consigue resultados, ya sea en el trabajo, con el dinero o en sus relaciones personales, es gente mentalmente pobre; gente que no cree en ella misma. El mundo cree en quien cree en sí mismo. Por tanto, ¿cuál es la primera y más importante lección que hay que aprender en la vida? Aprender a creer en uno mismo.

2. **Lo que podemos o no podemos hacer, lo que consideramos posible o imposible, pocas veces es un reflejo de**

nuestra verdadera capacidad, sino más bien un reflejo de nuestras creencias acerca de quiénes somos.
Tu vida es un reflejo de tu inconsciente y tu inconsciente son tus creencias. Y una creencia es un pensamiento convertido en verdad, aunque sea falso. Una creencia es una idea que domina tu mente. La mente inconsciente nunca discute, simplemente acepta de manera incondicional lo que la mente consciente le ha impuesto. Dicho de otra manera: te conviertes en lo que crees. El propio Anthony Robbins explica: «He aprendido que los recursos que necesitamos para hacer realidad nuestros sueños están dentro de nosotros tan sólo esperando el día que decidamos despertar y reclamar lo que es nuestro derecho».

3. **Lo que configura nuestras vidas no es lo que hacemos de vez en cuando, sino lo que hacemos de forma consistente.**
La repetición es la madre de la destreza. Cada día que pasas haciendo algo, mejoras; cada día que no lo haces, también pierdes algo. No hay mayor misterio. A fuerza de repetir una y otra vez la misma tarea se acaba interiorizando, asimilando y dominando. Cada día que hablas en público, estás más suelto; cada día que vas al gimnasio, el músculo coge más forma; cada vez que practicas inglés, hablas más fluido. Cada hora realizando algo, lo haces mejor. Anthony Robbins apunta: «Yo me convertí en un excelente conferenciante porque en lugar de una vez a la semana, me comprometí a hablar en público tres veces al día. Mientras que otras personas de mi organización se impusieron hablar cuarenta y ocho veces al año, yo hacía eso mismo en apenas dos semanas. Así pues, al cabo de un mes, ya había adquirido dos años de experiencia. Y un año más tarde, ya tenía diez». Para tener éxito no hay que hacer cosas fuera de lo normal, pero sí ciertas cosas repetidas hasta la saciedad.

4. **La valentía disminuye cuando no la usamos; el compromiso languidece si no lo practicamos; la pasión se disipa cuando no la expresamos.**
Los hábitos se pierden de la misma forma que se adquieren. No basta ser habilidoso en una tarea, hay que seguir practicando para conservar esa habilidad. Puedes hablar muy bien inglés, pero si dejas de practicar la conversación, te empiezas a oxidar, te notas menos ágil, más torpe. Pierdes fluidez. Lo mismo pasa con todo. Si ese cuerpo bien tallado se deja de cultivar, el músculo pierde forma y volumen. ¿El mayor peligro? La autocomplacencia, descuidarse y acomodarse, creerse que con llegar basta para mantenerse. Nunca hay que dejar de aprender, de estudiar, de crecer. ¿Nuestro mayor aliado? Una actitud de mejora constante. Detrás de muchos fracasos y tropiezos estrepitosos muchas veces ha habido un exceso de relajación.

5. **Tu calidad de vida depende de la calidad de tus pensamientos.**
Tu mente dirige tu vida. Tu modo de actuar depende de un cierto modo de pensar. Tus *pensamientos* determinan tus *sentimientos* que dan lugar a ciertos *comportamientos* que se traducen en unos u otros *resultados*. Pensar bien te lleva a obrar bien; pensar de manera pobre te lleva a tener actuaciones muy por debajo de tu verdadero potencial. Los pensamientos positivos (o negativos) nos impulsan (o reprimen) hacia cotas más (o menos) altas. Las personas de éxito tienen diálogos internos sanos que las elevan a un estado de ánimo propicio para tener comportamientos óptimos que desembocan en resultados excelentes. El éxito es, en primer lugar, algo mental; si no ganas esa batalla, estás perdido. Si quieres cambiar tus circunstancias, tienes que cambiar tu forma de pensar.

6. **Si una y otra vez te planteas la misma pregunta, no cabe duda de que terminarás encontrando una respuesta.**

La cuestión no es si algo es o no posible, sino cómo conseguirlo. Y para ello lo que hay que hacer es ponerse en movimiento e ir corrigiendo sobre la marcha y sin desistir. Ensayo y error, hasta dar con la tecla adecuada. Cada llamada que haces, cada puerta que tocas, cada contacto que realizas, abre posibilidades y alternativas. ¿Lo peor? Quedarse quieto, parado o inmóvil esperando que venga la inspiración divina. Eso casi nunca ocurre. Y, además, el tiempo corre. Casi cualquier acción es mejor que no hacer nada. El secreto de avanzar reside siempre en comenzar. Éste es quizás el consejo más importante en los procesos de desarrollo personal: ¡actúa!

7. **Tu pasado no es tu futuro; tu presente es tu futuro.**
   Tu futuro comienza a forjarse cada mañana cuando te levantas de la cama. Y es que el futuro no es más que el resultado de tus decisiones y acciones presentes. Por tanto, hacer hoy lo que tiene que ser hecho hoy te pone en la senda adecuada para conseguir mañana lo que deseas conseguir. No centres tu atención en los errores pasados sino en las posibilidades futuras. Todo el mundo tiene una capacidad asombrosa para reinventarse. Siempre existe la oportunidad para cambiar y mejorar porque siempre existe la oportunidad de aprender.

8. **Una verdadera decisión se puede medir por el hecho de que has pasado a la acción. Si no hay acción, eso quiere decir que no has decidido nada realmente.**
   La acción es la verdadera medida de la inteligencia. La inteligencia es inteligencia práctica. Da igual lo que pienses, lo que digas o lo que planees, lo importante es lo que haces. La única forma de que se produzca un cambio en tu vida es que te decidas a actuar. El éxito nunca está en saber, sino en hacer. Es indiferente los libros que leas, los seminarios a los que acudas o las conferencias a las que asistas: si no te pones en acción, simplemente serás un intelectual del desarrollo

personal, de la inteligencia emocional o del liderazgo. El talento siempre está unido a la acción. Talento es hacer.

9. **La vida de la mayoría de la gente es un reflejo de su grupo de iguales.**
La sabiduría popular lo expresa de esta manera: «Si se vive entre codornices, es muy difícil aprender a volar como las águilas». Hay entornos tóxicos y entornos estimulantes; entornos que empujan hacia arriba y entornos que tiran hacia abajo; entornos que alimentan la confianza y entornos que alimentan el miedo; entornos que sacan lo mejor de uno mismo y entornos que reprimen el potencial que todo ser humano atesora en su interior. No hay nada peor en esta vida que estar rodeado de personas pesimistas, quejicas, victimistas y derrotistas, que han hecho de las excusas y la negatividad un estilo de vida. El entorno es la tierra en la que te cultivas, y unas tierras son fértiles y otras estériles. Cuida escrupulosamente con quién pasas tus horas.

10. **Mantente comprometido con tus decisiones, pero flexible en tus estrategias.**
Nunca hay que perder de vista el objetivo, la meta, el destino. Es lo que te mantiene vivo y te evita desfallecer cuando las cosas se ponen feas y el horizonte se vuelve gris. No obstante, en muchas ocasiones habrá que coger rutas diferentes a la inicialmente prevista para llegar a destino. El camino siempre está plagado de piedras (rechazos, errores, fracasos, miedos, dudas, obstáculos, etcétera), y las cosas rara vez marchan como uno había previsto. Por eso, ser flexible para hallar alternativas y saber adaptar el guión a los acontecimientos es de personas inteligentes. La flexibilidad es una de las cualidades que mejor definen a las personas de alto rendimiento.

BERTRAND RUSSELL

Bertrand Russell (1872-1970) fue un filósofo, matemático y escritor británico ganador del premio Nobel de Literatura en 1950 y conocido por su influencia en la filosofía analítica, sus trabajos matemáticos y su activismo social. Autor de numerosas obras, destacan, entre otras, *La conquista de la felicidad* y *Los caminos de la libertad*.

1. **La mejor prueba de que algo puede hacerse es que antes alguien ya lo hizo.**
   Si el de enfrente puede, tú también puedes. No lo dudes. Entre una persona y otra no hay desventajas, sólo existe la determinación, la voluntad, el método y la paciencia. No te dejes adocenar por las opiniones derrotistas de terceros; no te dejes derrocar por las lamentaciones comodonas. Don Quijote se lo decía a su escudero Sancho Panza con precisión: «Sábete Sancho, que no hay un hombre que sea más que otro, sino que hace más que otro».

2. **Vivir como uno desee: sólo eso merece llamarse éxito.**
   Deja de conformarte con menos de lo que deseas. ¿Por qué hacerlo? Uno tiene dos opciones: conformarse con lo razonable y posible o desarrollar las habilidades y adquirir los conocimientos necesarios para llevar la vida que se desea. Vive tu sueño si no quieres acabar soñando tu vida. Y, para ello, tu mejor aliado es tu capacidad de aprender. Conformarte es renunciar a todo el potencial que albergas dentro de ti. No hay nada peor en la vida que conformarse. Te instala en la senda de lo rutinario: repetición diaria de ac-

tividades y tareas. Pero, ojo, no es lo mismo rutinario que rutina. Las personas de éxito tienen rutinas, pero no son rutinarias. Las rutinas son algo bueno, son la expresión de tu disciplina y de tu capacidad de organización.

3. **Conquistar el miedo es el inicio de la riqueza.**
Porque, cuando se conquista el miedo, cualquier logro está a nuestro alcance. Lo apuntaba el escritor Frank Herbert: «Allá donde haya pasado el miedo ya no habrá nada. Sólo estaré yo». Lo peor del miedo es que te derrota antes de luchar, y sin ni siquiera haberlo intentado. Y eso es triste. El miedo te hace ver cualquier dificultad mucho más grande de lo que es. El miedo nos hace sentirnos más pequeños de lo que somos. Y genera una gran frustración al no atrevernos a hacer muchas cosas que nos gustaría hacer. Pero no niegues el miedo, nunca desaparece; teme el no lanzarte a conquistarlo. Si conquistas el miedo, el mundo te abre sus brazos.

4. **El entusiasmo es un motor sencillamente indispensable para la perfección.**
Sin entusiasmo, nada grande se ha logrado en la vida. Si no te brillan los ojos, es complicado que te ocurran cosas extraordinarias. Si tu mirada está apagada, si tu energía es débil, si tu espíritu está alicaído, ¿qué esperas conseguir? Cuando la ilusión no está inmersa en el proyecto que se tiene entre manos, es el momento de empezar a buscarse otro, o los resultados se resentirán. El entusiasmo es una fuerza imparable que nos arrastra a poner el foco en las soluciones sin dejarnos atenazar por los obstáculos. El entusiasmo es lo que invita a seguir cuando todo anima a abandonar.

5. **Los educadores, más que cualquier otra clase de profesionales, son los guardianes de la civilización.**
El futuro está en manos de la juventud, pero la juventud está en manos de quien la forme. La educación marca, modula,

perfila y esculpe nuestra forma de ser. En gran medida, uno es lo que es su niñez. Somos una proyección de nuestros primeros pasos. Los episodios iniciales de la vida son decisivos en la edificación de la personalidad. En ellos se sientan las bases de lo que será la persona adulta, de ahí la importancia de la educación. En *Utopía*, Tomás Moro escribía: «Si vos toleráis que vuestro pueblo esté mal educado y sus modales corruptos desde la infancia, y después los condenáis por los crímenes a los que su primitiva educación les ha abocado, se llega a la terrible conclusión de que primero los hacéis ladrones y los castigáis después». Formar niños es más inteligente que enderezar adultos. Modificar algo casi siempre es más complicado que construirlo desde cero.

6. **Lo más difícil de aprender en la vida es qué puente hay que cruzar y qué puente hay que quemar.**
Y eso sólo lo aporta la experiencia. Las respuestas se van encontrando a medida que uno va haciendo el camino. Después de haber pegado muchos tiros se empieza a ajustar el disparo con mayor precisión. Si evitas equivocarte, nunca crecerás. Tienes que exponerte a la realidad, vivirla y sufrirla. No evites situaciones incómodas, si lo haces, quedarás estancado. No hay crecimiento sin un cierto sufrimiento. La experiencia de los demás sirve para allanar el trayecto, pero nunca para suplirlo. Existen situaciones parecidas, pero nunca repetidas. La verdad tiene que ser vivida, nunca puede ser enseñada.

7. **Carecer de algunas de las cosas que uno desea es condición indispensable de la felicidad.**
Porque si uno lo tuviese todo, se acabarían los retos. Y los retos son los que tiran de nosotros hacia delante. Una persona que no tiene ilusiones y proyectos por materializar entra en depresión. Y ¿qué es la depresión? La ausencia de futuro, de eso por lo que merece la pena luchar y que nos hace levantarnos todos los días de la cama. El hombre vive en

el presente, pero proyectándose siempre hacia el futuro. El futuro es ilusión, y la ilusión es lo que nos mantiene vivos. Una persona sin ilusión no vive, sobrevive, está derrotada de antemano, disecada de espíritu. Sin alicientes, la sensación de vacío es grande. Sin ilusión, la persona existe en «cuerpo», pero no en «alma».

8. **Gran parte de las dificultades por las que atraviesa el mundo se deben a que los ignorantes están completamente seguros y los inteligentes llenos de dudas.**
Lo que demuestra de nuevo que tener fe en lo que uno hace, aunque sea equivocado, es a veces suficiente para avanzar. La fe mueve montañas. Y lo que hay que aprender es a creer más en uno mismo, porque otros con menos habilidades y conocimientos, pero con más seguridad en sí mismos, acaban ocupando plaza en la *pole position* de muchas organizaciones. Ningún logro está fuera de nuestro alcance cuando se tiene fe. Es la única seguridad verdadera con la que cuenta una persona.

9. **Nunca moriría por mis creencias, porque podría estar equivocado.**
Estar dispuesto a cambiar es de personas inteligentes. El inconsciente gobierna nuestra vida, y el inconsciente está formado por nuestras creencias, muchas de las cuales son falsas aunque las demos por ciertas. Tener una actitud de apertura ante todo y todos nos sitúa en mejores condiciones para seguir creciendo. Como ya dijese Keynes, «lo más difícil del mundo no es que la gente acepte nuevas ideas, sino que olvide las antiguas»; algo parecido a lo que pensaba Goethe: «Ten cuidado con lo que aprendes que no podrás olvidarlo». Estar abiertos al «desaprendizaje» es absolutamente imprescindible para que el verdadero aprendizaje tenga lugar. Muchas veces, lo que pensamos que conocemos es lo que realmente nos impide aprender.

10. Quienes dejan de fijarse en el polvo que la criada no ha limpiado, en las patatas que la cocinera no ha cocinado o en el hollín que el deshollinador no ha deshollinado, notarán que la vida es mucho más agradable que cuando se sentían constantemente preocupados o irritados por estas cosas.

Relativizar es especialmente recomendable para el bienestar emocional. La perfección resulta a menudo una carga demasiado pesada para la felicidad. Relajarse y tomarse las cosas con más calma, tanto con uno mismo como con los demás, nos hace disfrutar más de la vida. El arte de vivir es el arte de no amargarse la existencia.

BILL GATES

Bill Gates (1955), empresario y filántropo estadounidense, es el fundador de la compañía tecnológica Microsoft y creador de la Fundación Bill y Melinda Gates, dedicada a promover la salud y la educación en regiones desfavorecidas, razón por la cual fueron galardonados con el premio Príncipe de Asturias de Cooperación Internacional en 2006. Según la revista *Forbes*, es el segundo hombre más rico del mundo, después de Jeff Bezos, fundador de Amazon.

1. **Dedicarse a servir cervezas o llevar *pizzas* no te quita dignidad. Tus abuelos lo llamaban de otra forma: o-por-tu-ni-dad.**
   A menudo, las personas dejan correr el tiempo esperando la oportunidad de su vida, el negocio del siglo o el pelotazo del año para resolver su vida para siempre y poder dedicarse a viajar. Es una posibilidad, aunque, antes que quedarse a esperar esa opción, que ocurre de Pascuas a Ramos, es mucho mejor ir poniendo un ladrillo cada día. Y si eso lo haces todos los días y sin parar, al final acabas teniendo una gran pared construida. Cualquier ocasión es buena para sumar conocimientos, experiencia y contactos. No lo subestimes. A veces (muchas veces), las oportunidades grandes nacen de haber sabido aprovechar las pequeñas.

2. **La vida no es justa. Acostúmbrate a ello.**
   A lo largo de la carrera profesional y la vida personal, uno se encuentra trabas y obstáculos de diversa índole. Algunos de ellos tienen que ver con las injusticias sociales y las desleal-

tades personales. Forman parte del juego de la vida. Lo peor que uno puede hacer es resignarse, patalear y abandonar. Tal vez esa actitud nos haga sentir mejor, pero no cambia nada. Amiguismos, enchufismos y viejas deudas, hacen que las cosas no discurran como debieran. Es ley de vida. Hay que ver la forma de llegar a donde queremos llegar bordeando todos esos inconvenientes, hallando caminos alternativos y esculpiendo rutas por otros lados. Lo importante es no perder nunca de vista nuestro objetivo.

3. **A menudo tienes que confiar en la intuición.**
Muchas veces, y más hoy día, hay que tomar decisiones sin contar con todos los datos encima de la mesa. Ahí es donde la intuición es nuestra mejor compañera. La intuición es ese pálpito interior procedente del inconsciente y que resulta de unir y coser toda la información disponible. La dificultad para racionalizar ese pálpito intuitivo hace que muchas veces lo despreciemos y no lo tomemos en cuenta. La intuición nos dice «qué hacer», pero no «por qué hacerlo»; por eso, con frecuencia, no la valoramos lo suficiente. Sin embargo, merece la pena ser más conscientes de dónde procede y ponerla en valor. La intuición no es «no pensar», sino «pensar sin pensar». La intuición bien formada es un razonamiento inconsciente que se elabora a gran velocidad. De manera resumida, la intuición es la razón acelerada.

4. **No ganarás 5.000 euros mensuales recién acabada tu carrera universitaria ni serás vicepresidente de nada hasta que, con tu esfuerzo, te hayas ganado ambas cosas.**
Todas las personas somos el «resultado de nuestros resultados». Tú no eres tus títulos, eres tus logros. Los primeros te abren puertas, los segundos te hacen avanzar o quedarte estancado. Lo relevante es cómo conviertes conocimientos (aprendizaje informativo) en resultados (aprendizaje transformador). Lo importante no es lo que sabes, sino lo que

haces con lo que sabes. Eso es lo verdaderamente importante. A partir de ahí empieza tu credibilidad, con lo que consigues. Un solo éxito vale más que una ristra de licenciaturas, másteres, doctorados y cursos.

5. **El problema con vosotros [consultores] es que lo que llamáis examinar el entorno yo lo llamo hablar con la gente.** Es importante tomar el pulso a la realidad y estar cerca del mercado. Y eso está al alcance de cualquier directivo, basta con salir a la calle. No hay que ser extremistas, pero el «mantra» de la consultoría es siempre el mismo: facturar. Para ello hay que ser capaz de justificar los honorarios «vistiendo» bien los informes, poniendo las cosas bonitas y utilizando palabras inventadas. Todo es más sencillo, pero muchas veces el mérito de la consultoría consiste en complicar las cosas y luego ofrecer una solución para esa complejidad. La gente huye de lo sencillo porque tiene miedo a que se equipare con algo simple o vulgar. Abandona la cueva, sal del despacho y pregunta y conversa con la gente.

6. **Al mundo no le importa tu autoestima. El mundo espera que logres algo, independientemente de que te sientas bien o no contigo mismo.** La filosofía de los negocios es siempre la misma: aportar valor. Los clientes quieren soluciones, y las empresas quieren resultados. No hay que esperar a sentirse bien para actuar, porque eso es garantizar la inacción. Hay que actuar siempre, especialmente cuando uno no se encuentra bien. La política Indira Gandhi lo expresaba así: «El mundo exige resultados. No les cuentes a otros tus dolores del parto, muéstrales al niño». El propio Gates, dirigiéndose a una audiencia de estudiantes, les decía: «La vida real no tiene largas vacaciones de verano, de Pascua, de Navidad o del colegio, ni puentes, y pocos jefes se interesarán en ayudarte a que te encuentres a ti mismo. Todo eso tendrás que hacerlo en tu tiempo libre».

7. **En la escuela puede haberse eliminado la diferencia entre «ganadores» y «perdedores», pero en la vida real no. En la escuela te dan oportunidades para ir aprobando tus exámenes, para que tus tareas te resulten más fáciles y llevaderas. Esto no te ocurrirá en la vida real.**
El mercado es implacable. Da y quita sin piedad. Mientras creas valor y aportas, el mercado te corresponde; cuando ocurre lo contrario, te abandona. La lealtad es mínima en cualquier industria, y dura hasta que aparecen alternativas mejores. Al mercado le gustan los ganadores, y se identifica con ellos, con ser de su tribu. Y si tú no eres capaz de ser uno de ellos, el mercado te da de lado y te ignora. Para evitar esto último es bueno diferenciarse en algo (lo que se ofrece, cómo se ofrece o lo que se hace sentir) y ser capaces de ponerlo en valor continuamente. El éxito consiste en diferenciarse y, después, seguir diferenciándose. De otro modo, tus días están contados.

8. **Sé amable con los *nerds*. Hay muchas probabilidades de que termines trabajando para uno de ellos.**
Los tiempos han cambiado. Cada vez habrá más gente joven dirigiendo a gente de mayor edad. Así son las cosas y así hay que aceptarlas. Las relaciones profesionales y laborales se transforman y hay que adaptarse. Quejarse puede ser una solución, pero quizá no la mejor. Hay personas que viven instaladas en el pasado (lo que fue) o en el futuro (lo que podría ser) y pocas admiten el presente (lo que es). Y ése es uno de los mayores enemigos y peligros del ser humano: negar la realidad. Aceptarla es el primer paso para gestionarla con éxito.

9. **Siempre hay que estar pensando en quién vendrá a cazarte.**
Ésa es la actitud más prudente en el ámbito mercantil, la que lleva a estar siempre alerta y a no relajarse. Casi todas las

empresas, como casi todas las personas, acaban acomodándose, burocratizándose o instalándose en la rutina. Mantener un actitud de mejora permanente no es sencillo, pero sí imprescindible si uno quiere seguir teniendo una posición de liderazgo en el sector en el que opera. Competidores, productos sustitutivos o madurez del mercado son sólo algunos factores que pueden hacer que se vaya al traste cualquier proyecto si no se sabe adaptar o renovar la propuesta de valor a lo que los clientes demandan. No son muchos quienes lo consiguen.

10. Si metes la pata, no es culpa de tus padres ni de tus profesores, así que no lloriquees por tus errores y aprende de ellos.

Mwalimu Musheshe dijo una vez: «Si no cambias la creencia de la gente de que puede influir en su futuro, nada de lo que hagas servirá». Responsabilizarse de la propia vida es la primera de las variables que definen a las personas con liderazgo. Es cierto que las condiciones de partida no son iguales para todos, pero también es cierto que hay cientos de ejemplos de personas que no han nacido en los entornos más favorables, que no han tenido la educación más apropiada, que no han tenido acceso a «padrinos» y que, a pesar de todo, han ido superando dificultades hasta llegar muy lejos. Poner la responsabilidad en uno mismo es el punto de partida para que ocurran cosas buenas. Ésa es la filosofía «ganadora»: tener ganas de conseguir metas, aprender y mejorar. La «excusitis» es la enfermedad del fracaso.

BRIAN TRACY

Brian Tracy (1944) es conferenciante, *coach* y escritor sobre temas de desarrollo personal. Ha trabajado con más de mil compañías de diferentes sectores en todo el mundo y ha impartido cientos de seminarios. Es autor de numerosos libros como *¡Tráguese ese sapo!*, *¡Bese ese sapo!*, *Psicología de ventas* y *21 secretos sobre cómo los millonarios crearon sus fortunas*.

1. **Si tus hijos sienten que pueden lograr una meta, habrás triunfado como padre por haberles entregado la mejor de las bendiciones.**
   Existe una tendencia general en la sociedad a pensar que las personas que consiguen esos resultados, digamos «excepcionales», que a mucha gente le gustaría lograr, son personas «especiales», dotadas de talentos innatos o a las que la naturaleza ha señalado como las elegidas. Y no es así. Por eso, el primer reto de la educación debería ser estimular a que las personas crean en ellas mismas; a partir de ahí, cualquier logro está al alcance de la mano. La mejor educación es aquella que es capaz de transmitir la autorresponsabilidad como primer requisito del éxito. Tracy explica: «Una vez que hayas decidido aceptar la total responsabilidad de ti mismo, de tu situación y de todo lo que te sucede, puedes pasar a ocuparte con confianza de tu trabajo y de los asuntos de tu vida. Te conviertes en dueño de tu destino y en capitán de tu alma».

2. **Muévete de tu zona de confort. Sólo puedes crecer si estás dispuesto a sentir incomodidad cuando pruebes algo nuevo.**
   Casi siempre, en aquello que menos te apetece hacer y en aquello que más miedo te da hacer es donde está tu mayor crecimiento. Cada vez que sientas miedo, date la enhorabuena, porque ésa es una ocasión para mejorar y evolucionar. Si tu vida es demasiado fácil, probablemente estás estancado; vives de manera rutinaria, repites comportamientos que tienes automatizados, y, por tanto, no tienes más experiencia sino más años repetidos.

3. **Todo el mundo realiza ocasionalmente cosas que hace la gente exitosa. Sin embargo, la gente exitosa hace estas cosas todo el tiempo.**
   La genialidad no es otra cosa que la práctica diaria. El éxito no se basa en hacer cosas extraordinarias, sino en hacer ciertas cosas repetidamente, una y otra vez y sin detenerse. La gente quiere tener un cuerpo «diez», pero, a los pocos días de seguir la tabla de gimnasia que le ha dado su preparador, empieza a dejar de hacerlo. La gente quiere aprender inglés, pero a partir de la tercera semana empieza a faltar algún día. Así pasa con todo. La disciplina es el factor más importante del éxito; y la disciplina es hacer lo que se tiene que hacer aunque no apetezca, sin ningún tipo de excusas. Lo difícil no es el trabajo, lo difícil es la disciplina del trabajo.

4. **El desarrollo personal es tu trampolín hacia la excelencia personal. Permanente y continuo, te asegura que no hay límite a lo que puedes lograr.**
   En otras palabras: en quien te conviertes se acaba reflejando en lo que obtienes. No hay mayor misterio. Por eso hay que ser un eterno estudiante. Mientras más aprendas, más confianza tendrás en ti mismo y más ganarás. El

desarrollo personal ensancha fronteras y abre posibilidades haciendo que la preparación y la oportunidad se encuentren.

5. **No importa de dónde vengas. Lo único que importa es hacia dónde estás yendo. Si lo que estás haciendo no es moverte hacia tus metas, entonces te estás alejando de ellas.** No importa tu pasado si estás dispuesto a construir tu futuro. Para ello, lo primero es decidir cuál es el propósito principal de tu vida, y luego organizar todas las actividades en relación con él. Las acciones deben estar orientadas a llevarnos allí donde previamente hemos definido que queremos llegar. La gente que consigue resultados es gente que, en primer lugar, sabe lo que quiere y, en segundo lugar, concentra todas sus energías ahí para no dispersarse y perder fuerzas. Cuanto más claro tienes lo que quieres, más fácil resulta tomar decisiones sin dejarse vencer por las tentaciones. Se trata de decir «sí» a lo que te acerca a tus metas y «no» a lo que te aleja de ellas.

6. **Nadie vive suficiente para aprender todo lo que necesita aprender comenzando de cero. Por ello, para tener éxito, debemos encontrar personas que ya hayan pagado el precio de aprender las cosas que necesitamos aprender para lograr nuestras metas.** Ir de autodidacta y «llanero solitario» tiene algunas ventajas, pero los procesos de aprendizaje y consecución de resultados se alargan demasiado. Otros muchos ya se han enfrentado a las mismas contradicciones y dudas y a los mismos contratiempos e inconvenientes a los que tú te estás enfrentando, y saberlo te puede ser de gran ayuda a la hora de conseguir tus metas. Además, muchos de ellos han tenido la generosidad de dejar sus enseñanzas por escrito. No desaproveches ese conocimiento y esa experiencia. No reinventes la rueda. Explota todo lo que tienes a tu alcan-

ce. Hay principios que se repiten sistemáticamente, con independencia de las coordenadas de espacio y tiempo. El éxito siempre deja pistas.

7. **La capacidad de tomar decisiones es una característica de las personas de alto rendimiento. Casi cualquier decisión es mejor que no tomar ninguna decisión.**
Porque una vez que estás en marcha sumas experiencia, contactos y conocimientos que te dan información valiosa de cara a la consecución de tus objetivos. Sólo se encuentran respuestas en la acción. Esperar a que se den las circunstancias perfectas para actuar supone caer en el inmovilismo. Y además, nunca ocurre el momento perfecto, así que no lo esperes, toma tú el momento y hazlo perfecto. Si tienes pasión por lo que haces y te pones a andar sin ver todo el camino por delante, las soluciones irán apareciendo a medida que avanzas.

8. **Tu activo económico más valioso es tu capacidad de aprendizaje.**
El propio Tracy dice: «El punto de partida para tu nueva vida llega cuando te das cuenta de que puedes aprender cualquier cosa que necesitas para lograr las metas que te has fijado. Esto significa que no hay límites en lo que puedes ser, tener o hacer». Y, de forma más explícita, también apunta: «En realidad, podrías perder tu casa, tu coche, tu cuenta bancaria y tus muebles, y quedarte sin nada más que la ropa que llevas puesta, pero, mientras tu capacidad de aprendizaje estuviera intacta, podrías cruzar la calle y empezar a ganarte bien la vida de forma casi inmediata». Nunca pongas en duda si una meta es o no posible. Sólo preocúpate de adquirir los conocimientos necesarios y desarrollar las habilidades precisas para conseguirla.

9. **El punto de partida en la fijación de metas es que comprendas que tienes un potencial prácticamente ilimitado**

para ser, tener o hacer cualquier cosa que quieras de verdad en la vida, siempre que la quieras lo suficiente y estés dispuesto a hacer el esfuerzo suficiente para lograrla.
A la hora de fijar tus metas y objetivos sólo tienes que hacerte una pregunta: ¿estoy dispuesto a pagar el precio? Mucha gente dice que quiere cosas que luego su compromiso y sacrificio demuestran que no son tales. Si realmente deseas conseguir algo (y desear algo es sentir un deseo ardiente de conseguirlo) y estás dispuesto a pagar el precio que hay que pagar (sin ningún tipo de excusa), nada ni nadie te podrá impedir que lo logres. Es una cuestión de ir tocando palillos sin claudicar hasta que se da con la combinación que abre la caja fuerte. En esta vida nadie fracasa, sólo hay gente que desiste.

10. **El optimismo es la cualidad más asociada al éxito y a la felicidad.**
Las cosas positivas suceden a la gente positiva. La gente positiva desencadena una serie de sucesos y una energía a su alrededor que acaban transformándose en resultados positivos. Desde el derrotismo, el pesimismo y la negatividad es difícil construir algo grande. El optimismo lleva a la acción; el pesimismo, a la inacción. Al optimista le gusta situarse en el asiento del conductor, asumir la responsabilidad de su vida. El optimismo es rentable, y su explicación, sencilla: el optimista es más perseverante, lo intenta más veces, y eso hace que llegue más lejos. Además, los optimistas no sólo consiguen mejores resultados, sino que son más felices. El optimismo (y el pesimismo) es una actitud ante la vida, y hace referencia a cómo coloreamos la vida, si en tonos más grises o en tonos más alegres. Las personas optimistas tienen mejor carácter, lo que las lleva a tener una vida social más rica; las pesimistas están más amargadas y, por lo tanto, tienen menos amigos. ¿Con quién prefieres pasar tu tiempo, con alguien alegre o con alguien triste?

CARLOS SLIM

Carlos Slim (1940), empresario y filántropo mexicano, está considerado por la revista Forbes el quinto hombre más rico del mundo. Ingeniero civil, desde joven comenzó a invertir en la compra de negocios. A principios de los años ochenta y en medio de una crisis que paralizó México y que produjo fugas de capital históricas, Slim realizó fuertes inversiones en el país adquiriendo varias empresas. Los negocios de Slim se estructuran en torno al Grupo Carso, que da empleo a 250.000 personas de manera directa y a más de 500.000 de manera indirecta. Ha sido premiado y condecorado en múltiples ocasiones.

1. **Soy sobrio, y mis hijos también; por gusto, por convicción, no por disciplina.**
La austeridad, a pesar de que es un concepto que no tiene mucho *glamour* en general, y, en particular, mucho menos en la empresa, es fundamental para construir empresas sólidas. No se trata de no gastar, sino de gastar con sentido común y prudencia. El propio Slim dice: «Mantener la austeridad en tiempos de vacas gordas fortalece, capitaliza y acelera el desarrollo de la empresa; asimismo, evita los amargos ajustes drásticos en las épocas de crisis». Los grandes empresarios, los que sobreviven a las crisis y a los contratiempos, son aquellos que han hecho de la austeridad una forma de vida. Y la austeridad no tiene nada que ver con ser tacaño, sino con no derrochar. Vivir bien y holgadamente no consiste en tirar el dinero. Slim apuntaba también: «El dinero que sale de la empresa se evapora, por eso reinvertimos los beneficios».

2. **Cuando vives para la opinión de los demás, estás muerto.** Si vives pendiente de los demás, pierdes tu esencia, tu singularidad, tu diferencia, tu autenticidad. Una persona que mira de reojo buscando la aprobación de los demás, se deprecia porque se desprecia. En tales situaciones, uno no presta atención a lo que es, a su yo más profundo; se deja llevar, y eso acaba pasando factura a su rendimiento, y, sobre todo, a su satisfacción y felicidad. No hay nada más rentable que ser honesto con uno mismo. Es imposible calar en los demás enfundándote en un personaje diferente al que eres para recibir aprobación social. Las personas que dejan huella en los demás son personas auténticas, fieles a ellas mimas y a sus convicciones. Y cuando eres auténtico, siempre va a haber un determinado colectivo al que no le vas a gustar y te van a criticar. No pasa nada. Es el precio de la autenticidad. No hay nada peor que ser indiferente y pasar desapercibido por intentar agradar a todos.

3. **Todos los tiempos son buenos para quienes saben trabajar.** Muchas veces no hay oportunidades de empleo, pero oportunidades empresariales siempre existen. De lo que se trata es de descubrir nichos de mercado o tendencias no materializadas para cubrirlas con propuestas de valor. Las oportunidades están en todos los lados, sólo hay que saber detectarlas. De lo que se trata es de ir por la vida como un «animal curioso», siendo observador. Fíjate dónde hay un problema, y ofrece una solución; dónde existe un miedo, y dilúyelo; dónde existe la posibilidad de vender más barato, y rebaja el precio. En períodos de crisis han nacido muchas empresas rentables.

4. **Cuando te vas de este mundo no te llevas nada, pero lo que puedes dejar es mucho.** Ése es nuestro legado y la prueba de que el paso por esta vida mereció la pena. Pueden ser tus ideas, tus obras o

la inspiración que has generado en los demás. Se ha dicho en alguna ocasión que el éxito es saber cuánta gente vive mejor gracias a que tú existes. Por encima de todo lo demás, haz que tu vida sea útil: preocúpate por servir, te sentirás bien contigo mismo, harás la vida más fácil a otros y cosecharás beneficios. Slim dice: «Nuestra premisa es y siempre ha sido tener muy presente que nos vamos sin nada; que sólo podemos hacer las cosas en la vida y que el empresario es un creador de riqueza que la administra temporalmente».

5. **Hay que imponer nuestra voluntad a nuestras debilidades.**
El ser humano siempre es una continua lucha entre dos deseos: el deseo de reto y el deseo de comodidad. El mayor enemigo en la consecución de metas es la pereza, que siempre opta por lo cómodo en lugar de por lo necesario. Es lo que diferencia a los perdedores de los ganadores. Los primeros hacen lo que alivia tensiones; los segundos, lo que la disciplina exige. A lo largo del camino siempre se encuentran tentaciones para no hacer lo que tiene que ser hecho. Quienes las vencen, avanzan; quienes claudican ante ellas, se estancan. Ahí es donde la voluntad cobra protagonismo, donde no nos dejamos seducir por alternativas más cómodas, que si bien en el corto plazo nos satisfacen, en el medio y largo plazo nos perjudican. Sacrificio es renunciar a algo por otra cosa mejor.

6. **Estructuras simples, organizaciones con mínimos niveles jerárquicos, desarrollo humano y formación interna. Flexibilidad y rapidez en las decisiones. En definitiva, operar con las ventajas de la empresa pequeña, que son las que hacen grandes a las grandes empresas.**
Todos ellos son factores indispensables para el éxito. En el mundo de la empresa (y más hoy día, cuando todo sucede

con gran rapidez), la agilidad a la hora de ofrecer respuestas es una ventaja competitiva de indudable valor. La velocidad para pasar de la decisión a la acción sin contemplaciones es un valor. La burocracia genera rigideces en la toma de decisiones y favorece el desánimo y la desmotivación. Hay que configurar organizaciones más planas donde la comunicación, esa savia de las empresas, promueva el diálogo, el contraste de opiniones y la cooperación, permitiendo así ejecutar con celeridad las decisiones adoptadas.

7. **No hay reto que no podamos alcanzar trabajando unidos, con claridad de los objetivos.**
La unión hace la fuerza. Siempre ha sido así. El liderazgo se compone de cinco conceptos. Primero, la empresa debe tener una visión muy clara de lo que quiere ser y hacia dónde va (liderazgo creativo); segundo, hay que compartir esa visión con todos, consiguiendo que la entiendan y la hagan suya (liderazgo emocional); tercero, hay que ser capaz de convertir esa visión en realidad (liderazgo técnico), cuarto, teniendo en cuenta a las personas (liderazgo humano), y quinto, sin olvidarse jamás de los valores (liderazgo ético).

8. **El trabajo bien hecho no es sólo una responsabilidad «social», es también una necesidad «emocional».**
Cuando uno se limita a cubrir el expediente, primero, es imposible tener un desempeño óptimo y, segundo, es imposible sentirse realizado. El ser humano está hecho para la belleza, para lo mejor, y cuando no lo da todo, en realidad lo que está dando es nada. La excelencia está indisolublemente unida al compromiso; y el compromiso exige volcarse en los proyectos en cuerpo y alma, sin escatimar esfuerzos. El compromiso es una de las variables que distingue a las personas de alto rendimiento de las que están en la media. Son personas que sobrepasan las fronteras técnicas o formales de un puesto. Personas de éxito, personas comprometidas al cien por cien.

9. **El éxito no es sólo triunfar en los negocios, sino que implica valores y principios.**
El propio Slim decía cierta vez: «El éxito no es hacer bien o muy bien las cosas y tener el reconocimiento de los demás. No es una opinión exterior, es un estado interior. Es la armonía del alma y las emociones, que necesita del amor, la familia, la amistad, la autenticidad, la integridad. Lo que más vale en la vida no cuesta y cuesta mucho». Y añadía: «El éxito implica privilegios, pero también riesgos. La fortaleza y el equilibrio emocional están en la vida interior, y en evitar aquellos sentimientos que corroen el alma, la envidia, los celos, la soberbia, la lujuria, el egoísmo, la venganza, la avaricia y la pereza, que son venenos que se ingieren poco a poco». Si se hace un pacto con el diablo, antes o después se acaba pagando. Hacer el mal siempre se vuelve en tu contra. Nunca hay que dejar de lado los valores y los principios.

10. **Vivan sin miedos y sin culpas. Los miedos son los peores sentimientos del hombre, lo debilitan, inhiben su acción y lo deprimen. Por su parte, las culpas son un lastre enorme en nuestro pensar, al actuar y en la vida. Unos y otras hacen difícil el presente y obstruyen el futuro.**
Para combatir el miedo lo mejor es actuar. Mientras que la acción alimenta la confianza, la pasividad y la indecisión alimentan el miedo. Cada vez que afrontas el miedo, éste se vuelve más pequeño; cada vez que no le plantas cara, engorda un poco más. Se hace fuerte al ver que no te has atrevido. La consigna es clara: siente miedo, pero haz lo que tienes que hacer de todas maneras. En cuanto a la culpa, no hay mejor consejo que apelar a la conciencia cada vez que haya que tomar una decisión. La conciencia, como se ha dicho en alguna ocasión, es la voz del mismo Dios que habla. Nuestros actos regresan a nosotros tarde o temprano con sorprendente exactitud. Antes de llevar a cabo determinados comportamientos, conviene pensárselo dos veces.

TENZIN GYATSO (DALÁI LAMA)

Tenzin Gyatso (1935) es el actual dalái lama del Tíbet (traducido como «océano de sabiduría»), título del dirigente del Gobierno tibetano en el exilio y del líder espiritual del lamaísmo, o budismo tibetano, antes de la invasión china. En 1989, el dalái lama recibió el premio Nobel de la Paz. En 2007, el Congreso de Estados Unidos le otorgó la medalla de oro por su protesta contra el Gobierno de China; y en 2010 fue recibido en la Casa Blanca por Barack Obama. En 2011, el dalái lama anunció que renunciaba a todos los cargos políticos que ostentaba en el Gobierno tibetano en el exilio, para quedar sólo como líder espiritual y religioso. Su figura ha dado lugar a varias películas, entre ellas, *Siete años en el Tíbet* y *Kundun*.

1. **Tenga en cuenta que los grandes amores y las grandes realizaciones conllevan grandes riesgos.**
   A la gente nunca hay que preguntarle qué quiere conseguir en la vida, sino qué está dispuesta a perder, porque eso es indicativo del grado de compromiso con la causa que añora. Grandes metas, grandes riesgos. Sentido común. Hay una diferencia entre vivir y sobrevivir. Vivir es apostar por lo que uno desea y arriesgarse a que sucedan cosas. Sobrevivir es aferrarse a lo seguro y a que no ocurra nada interesante. Sólo tú decides si optas por una u otra opción.

2. **Cuando pierdas, no pierdas la lección.**
   Unas veces se gana y otras se aprende. Si de los errores, los fracasos y las pérdidas se saca una lección, ya no son tales, sino un peldaño más en la escalera hacia nuestras metas.

Todo suma. Cualquier biografía de éxito está forjada a base de tropiezos. El mariscal Turenne decía: «Es preciso haber sido derrotado dos o tres veces antes de poder ser alguien». El problema es cuando, por orgullo, uno se empeña en negar los errores o en buscar excusas o culpables para no asumir la propia responsabilidad. El cambio sólo es posible desde la aceptación, nunca desde la negación. A lo que te resistes, persistes; lo que aceptas, te transforma.

3. **Recuerda que no conseguir lo que quieres es a veces un maravilloso golpe de suerte.**
   En ocasiones, lo mejor que le puede ocurrir a una persona es aquello que jamás hubiese deseado que le ocurriese. Un despido, por ejemplo, puede ser un revulsivo maravilloso, ya que gracias a esa decisión de la empresa que nos parece tremenda, es el comienzo de un nuevo viaje que en otras circunstancias nunca nos hubiésemos atrevido a emprender por propia iniciativa. Pascal afirmaba que «la desgracia descubre al alma luces que la prosperidad no llega a percibir». Muchas veces las crisis —profesionales y personales— actúan a modo de «despertador» vital, nos sacan de la rutina y nos espabilan con sus preguntas.

4. **A través de la meditación se puede conseguir la paz interior, y a través de ella, la paz mundial.**
   La meditación consiste en calmar todos esos pensamientos saboteadores que revolotean en nuestra cabeza. Meditar no es otra cosa que tranquilizar la mente, aquietarla, y su práctica permite la conexión directa con el alma. Aldous Huxley apuntaba: «La meditación ha sido practicada en todo el mundo desde los tiempos más remotos como la manera de llegar a conocer la naturaleza esencial de las cosas». Meditar nos ayuda a encauzar positivamente el pensamiento, lo que redunda en una mejora de la calidad de vida psíquica, y por ende, de la calidad de vida física, dada la relación tan

estrecha entre mente y cuerpo. Practicar la meditación frena la ansiedad y el estrés y nos lleva a un estado de paz interior que nos sirve para conectar mejor con nosotros mismos, con los demás y con el resto del universo. Ello favorece la relajación muscular, la mejora de la circulación o el reforzamiento del sistema inmunitario, entre otros beneficios. La mente puede ser la herramienta más potente con la que contamos las personas, pero al mismo tiempo la más destructiva según la utilicemos de una manera u otra.

5. **Recuerda que el silencio es a veces la mejor respuesta. Pasa, todos los días, algún tiempo a solas.**
Nos da miedo el silencio. Y nos da miedo porque el silencio es elocuencia. En el silencio se encuentran respuestas, muchas de las cuales son contrarias (y a veces totalmente opuestas) a nuestra forma de vida, lo que nos produciría, primero, un gran *shock* emocional, y, segundo, una gran ansiedad al obligarnos a entrar en acción y cambiar, a enfrentarnos a la incertidumbre, a dejar atrás un modo de vida para pasar a otro diferente. Citarse con uno mismo significa ser totalmente honesto y no disfrazar la realidad (a menudo barnizada de ego y apariencias sociales), así como asumir que, muchas veces, no estamos llevando la vida que nos gustaría, sino la impuesta por terceros. Con frecuencia, sólo nos atrevemos a conversar sinceramente con nosotros mismos cuando la adversidad (accidente, enfermedad o despido, entre otros acontecimientos) llama a nuestra puerta y no tenemos escapatoria.

6. **Mi verdadera religión es la bondad.**
Está comprobado científicamente que cuanto más implicada está una persona con una determinada causa social a la cual dedica parte de su vida como voluntario u otra forma altruista, dicha persona aumenta significativamente sus expectativas de vida, mejora su calidad de vida y se declara más feliz. David McClelland, psicólogo de la Universidad de

Harvard, hizo un experimento con un grupo de estudiantes a los que mostró una película en la cual la Madre Teresa de Calcuta estaba desempeñando su labor con enfermos y pobres. Los estudiantes se mostraron conmovidos ante la película, y, poco tiempo después, al analizar la saliva de éstos, se descubrió un incremento en el nivel de inmunoglobulina A, un anticuerpo que ayuda a combatir las infecciones víricas y bacterianas. La bondad no sólo nos hace sentir bien emocionalmente, sino que nos hace sentir bien físicamente. El propio dalái lama afirmaba: «Vive una vida buena y honorable. Después, cuando seas mayor y mires hacia atrás, serás capaz de disfrutarla por segunda vez».

7. **Abre tus brazos al cambio, pero no dejes ir tus valores.** La vida es cambio y el cambio es vida, pero no se trata de cambiar por cambiar, sino de hacerlo en una dirección y con sentido. No todo cambio es admisible. Existen límites, los de los valores, que delimitan el terreno de juego por el que moverse con dignidad. Los principios deben ser los GPS (Global Positioning System) que nos indiquen por dónde avanzar con la cabeza alta. El éxito no consiste sólo en alcanzar resultados, sino en hacerlo sin dejar de lado la ética. El éxito sin valores no es éxito y, además, nos deja muy vacíos. Los cambios en el mercado, la presión por los resultados u otros factores nos pueden llevar a tomar determinadas decisiones que nos comprometen a largo plazo y ponen contra las cuerdas nuestra felicidad.

8. **No permitas que una pequeña disputa dañe una gran amistad. En desacuerdos con tus seres queridos, preocúpate únicamente por la situación actual. No saques a relucir el pasado.** A veces, pequeños roces pueden producir grandes rupturas que, por no ser gestionados en el momento oportuno, se enquistan de manera grave haciendo muy difícil su resolución.

Por otro lado, cuando se producen conflictos y uno pretende resolverlos favorablemente, es importante saber mirar hacia delante. Perdonar implica no remover demasiado el pasado; de otro modo es complicado que exista futuro. Quien no sabe perdonar indica que no ha sabido cicatrizar las heridas del pasado y todavía alberga sentimientos de resentimiento que causan ansias de venganza muy dañinas para nuestra felicidad. Martin Seligman, padre de la psicología positiva, ha afirmado: «No puedes hacer daño al culpable no perdonando, pero puedes liberarte perdonándolo».

9. **Comparte tus conocimientos. Es una manera de alcanzar la inmortalidad.**
La filosofía del dalái lama es clara: «La esencia de la vida espiritual está formada por nuestros sentimientos y nuestras actitudes hacia los demás». Desde el egoísmo es imposible tener una vida llena. El conocimiento, si no se comparte, se pudre como el agua estancada. Además, el conocimiento no nos pertenece, porque todo conocimiento parte de algo anterior. Todo lo que hemos construido nace de un trabajo previo. Por eso también tenemos la obligación moral de contribuir con nuestra aportación personal a la cadena del conocimiento y ayudar así a la evolución de la sociedad. Quien no adopta una postura de generosidad a la hora de compartir pone en evidencia su inseguridad, producto del miedo a perder lo que tiene, olvidando que cuanto más se da, más se recibe.

10. **Sigue las tres R: Respeto por ti mismo, Respeto por los demás y Responsabilidad por todas tus acciones.**
Primero, respeto por ti mismo. A veces nos maltratamos demasiado, y eso se acaba reflejando directamente en nuestra relación con el mundo y con los demás. Si no estás bien contigo mismo, no puedes estar bien con otras personas. Llevarse mal con uno mismo dificulta enormemente la convivencia. Segundo, respeto por los demás. No hay mayor lealtad

hacia una persona que respetar sus decisiones sin juzgarlas. Cada persona tiene derecho a ser la persona que ha decidido ser, aunque no coincida con nuestra forma de ver la vida. Y tercero, responsabilidad por nuestros actos. No culpabilices a nadie de tu vida, ya que es el resultado de todas aquellas decisiones que has ido tomando (o no tomando) a lo largo de tu existencia.

DALE CARNEGIE

Dale Carnegie (1888-1955) fue un empresario estadounidense, además de escritor y conferenciante en temas de desarrollo personal. Su libro más influyente, una «biblia» de las relaciones personales, es *Cómo ganar amigos e influir sobre las personas*, además de los interesantes *Cómo suprimir las preocupaciones y disfrutar la vida* y *El camino rápido y fácil para hablar eficazmente*.

1. **Tratar con la gente es, probablemente, el mayor problema que se afronta, especialmente si se es un hombre de negocios.**
   Sin embargo, el 85 % del éxito reside ahí. Si la vida es algo, es un conjunto de relaciones: con proveedores, con clientes, con empleados, con socios, con los medios de comunicación. Todo se basa en la interacción con otras personas. Saber tratar con la gente es lo más complicado, pero también es lo que hace que uno avance o se quede estancado. Es lo que marca la diferencia entre un perfil técnico (que realiza un trabajo) y un perfil ejecutivo (que crea equipos y establece relaciones). Quien no sabe relacionarse tiene mucho más mermadas sus posibilidades de ascenso y de conseguir resultados. Y ello tiene que ver con tres aspectos: cómo llevarse bien con los demás, cómo gustarles y cómo persuadirles.

2. **La gente rara vez tiene éxito a menos que se divierta en lo que trabaja.**
   Para que otros amen lo que haces, tú tienes que hacer lo que amas. Si sigues este principio, tienes una oportunidad

de lograr marcar una diferencia y generar un impacto en la sociedad. Está comprobado científicamente que la pasión aumenta la creatividad y la inteligencia, lo que facilita el encontrar alternativas y soluciones para seguir creciendo y avanzando. Cuando estás conectado con tu pasión, con tu esencia, ensanchas posibilidades y, por tanto, tienes una ventaja competitiva respecto a otros competidores que se limitan a hacer lo mínimo. Autorrealización siempre es sinónimo de máximo rendimiento.

3. **Demuestre respeto por las opiniones ajenas. Jamás diga a una persona que está equivocada. Un hombre convencido contra su voluntad sigue siendo de la misma opinión.** La crítica es inútil porque pone a la otra persona a la defensiva y hace que trate de justificarse. La crítica es peligrosa porque lastima el orgullo de la otra persona, su sentido de importancia, y ello despierta resentimientos. Somos seres «emocionales» antes que «racionales», por eso lo primero que hay que ganarse de una persona es el corazón, y, sólo después, la cabeza. Por medio de la crítica (aunque sea acertada), casi nunca se generan cambios duraderos y consistentes. Decirle a alguien que está equivocado es un desafío y se despierta su oposición. El médico Hans Selye apuntaba: «En la misma medida que anhelamos la aprobación, tememos la condena».

4. **El único medio de salir ganando en una discusión es evitándola. No se puede ganar una discusión: si se pierde, ya está perdida; si se gana, está perdida.** Nunca conviertas un desacuerdo en una discusión. No busques el enfrentamiento. No se trata de ganar la batalla intelectual, sino la voluntad y el afecto de la otra persona. Dale Carnegie escribe: «Si el corazón de un hombre está lleno de discordia y malos sentimientos contra usted no puede atraerlo a su manera de pensar ni con toda la lógica del mundo». Y eso es lo que ocurre cuando alguien intenta

quedar por encima de otra persona. Cuando se triunfa sobre el rival se daña su orgullo y su vanidad.

5. **Se pueden ganar más amigos en dos meses interesándote por los demás que en dos años intentando que los demás se interesen por nosotros.**
Para ser interesante, interésate por los demás. Para cada persona, ella misma es la persona más importante. William Winter decía: «La expresión del yo es la necesidad dominante de la naturaleza humana». Para ganarte la simpatía de otras personas, habla de lo que a ellos les gusta, quieren o necesitan. El mejor camino para conseguir la aceptación de una persona es hablarle de lo que él o ella más valoran. Haz preguntas sobre eso. Y hazlo desde la autenticidad, porque lo sientes. No finjas; casi siempre se nota.

6. **Llama la atención sobre los errores de los demás indirectamente. Y si tienes que corregir, hazlo después de un elogio.**
Busca caminos alternativos para «decir sin decir». El resentimiento generado por una corrección realizada de forma desconsiderada puede durar mucho tiempo, aun cuando haya sido generada con el ánimo de modificar una situación que así lo requería. Ante todo, permite que el otro salve siempre su prestigio. Nunca caigas en la tentación de quedar por encima de otra persona. No hieras su orgullo. No la ataques. A nadie le agrada que le den órdenes; mejor haz sugerencias. Y si hay que ser más directo, primero alaba lo bueno de la otra parte (que lo tiene) y luego entra al tema: ¿por qué el barbero enjabona la cara antes de pasar la cuchilla? E intenta siempre que los errores parezcan fáciles de corregir. No los agrandes para hacerte el importante.

7. **Si se equivoca usted, admítalo rápida y contundentemente.**

La prontitud a la hora admitir las equivocaciones desactiva las ansias de pelea. Una vez admitido el error, el tema queda zanjado. Expresiones del tipo «lo siento», «me equivoqué» o «perdona» tienen un gran efecto tranquilizador en la persona a la que nos dirigimos. Sin embargo, con frecuencia cometemos dos imprudencias: la primera, negar el error; la segunda, tratar de justificarlo. Y ambas actitudes provocan enfrentamiento y activan las ganas de «ajustar cuentas» y «poner las cosas en su sitio» por parte de la otra persona.

8. **Elogie el más pequeño progreso y cada progreso. Sea caluroso en su aprobación y generoso en sus elogios.**
Haz que la otra persona se sienta importante, y hazlo sinceramente. Respeta y alaba sus cualidades; y si es por algo concreto, mucho mejor. Eso la hará sentirse bien y la hará ganar puntos respecto a otras personas al aumentar su propia percepción de su credibilidad y reputación. La comida es alimento para el cuerpo; el elogio es alimento para el espíritu. Pero, ante todo, que el elogio sea auténtico. La diferencia entre el aprecio y la adulación es que el primero es sincero y la segunda no lo es; el aprecio procede del corazón, y la adulación de la boca. La adulación es un elogio barato. El reconocimiento es tan fácil de llevar a cabo que no hay excusa para no hacerlo. Con frecuencia se evita porque se tiene la sensación de que hacerlo supone situar al otro por encima de nosotros, lo cual nos podría dar la impresión de que estamos situándonos en una posición de inferioridad.

9. **Si hay un secreto del éxito en las relaciones personales, reside en la capacidad para apreciar el punto de vista del otro y ver las cosas desde ese punto de vista.**
Siempre hay que intentar ponerse en el lugar del otro: em-pa-tí-a. En lugar de hablar mal de la gente, hay que tratar de comprenderla. Hay que realizar el esfuerzo por descubrir por qué hacen lo que hacen y dicen lo que dicen. Eso

es mucho más provechoso que la crítica, y de ahí surgen la tolerancia y el entendimiento. En lugar de ocuparte de reprochar algo a alguien, intenta indagar en las causas que producen las opiniones y los comportamientos de la otra persona.

10. **No hay nada más halagador para otra persona que saber escucharla con atención exclusiva donde el silencio es activo.**
El anhelo más profundo del ser humano es sentirse querido, importante, reconocido. Y saber escuchar con atención cumple esa función. Si eres un buen oyente, tienes mucho ganado en el mundo de las relaciones personales. Todas las personas cordiales, que caen bien, han hecho de escuchar un arte. El mejor conversador es siempre el que sabe escuchar mejor. Carnegie dice: «Mostrar un interés genuino en los demás escuchándoles con atención no sólo le reportará amigos, sino que también puede crear lealtad a la compañía por parte de los clientes».

DAVID HENRY THOREAU

David Henry Thoreau (1817-1862) fue un escritor, poeta y filósofo estadounidense vinculado al transcendentalismo. Considerado uno de los padres de la literatura estadounidense, fue también artífice de la conceptualización de las prácticas de desobediencia civil. Escribió numerosos ensayos, entre los que destacan, por ejemplo, *Desobediencia civil* y *Walden*.

1. **Lo que un hombre piensa de sí mismo, más que cualquier otra cosa, es lo que determina su destino.**
Nuestros pensamientos gobiernan nuestra vida. Lo que una persona cree de sí misma influye poderosamente, para bien y para mal, en lo que logra y alcanza. Somos nuestros pensamientos. Por ello, si realmente fuéramos conscientes del poder que tienen en nuestra vida, jamás volveríamos a tener un pensamiento negativo. A lo largo del día tenemos entre 60.000 y 70.000 pensamientos, la mayoría de ellos derrotistas. ¿Conclusión? Llevamos vidas muy por debajo de nuestro verdadero potencial. Cambiar tu forma de pensar, cambia tu forma de actuar; al cambiar tu forma de actuar, cambiarán los resultados que obtengas. Pensar mejor te lleva a obrar con más éxito.

2. **Casi todas las personas viven en una silenciosa desesperación.**
La sociedad no está construida para que cada uno de nosotros cumplamos nuestros sueños. El primer mal es la educación que nos uniformiza y nos mete a todos en el mismo saco. Al que no pinta dentro de las líneas, se le da un tirón

de orejas; al que se aparta de la fila, se le castiga; al que pregunta demasiado, se le calla la boca; al que da respuestas imprevisibles, se le ridiculiza; y al que se separa de las reglas, se le pone mirando a la pared. El objetivo es que no salgan piezas defectuosas, a base de estandarizar el proceso de producción educativo para que nadie destaque por algo. La diferencia siempre incomoda. La finalidad no es otra que reconducir a las personas al redil, ya que controlar a la masa siempre es más fácil que controlar a las personas una a una. Esta industrialización del proceso educativo en el que se «fabrican» niños al por mayor hace que, poco a poco, muchas personalidades vayan quedando anuladas al serles arrebatadas su singularidad para pasar a formar parte de la uniformidad del rebaño. Resultado: vidas *prêt à porter* cortadas por el mismo patrón que desembocan en una insatisfacción crónica.

3. **Si has construido castillos en el aire, tu trabajo no se pierde; ahora coloca las bases debajo de ellos.**
Todo empieza por un sueño. Eso es lo que nos hace ponernos en movimiento. Y no seas cicatero a la hora de soñar, ¿cuál es el motivo para serlo? No existen metas no realistas, sólo tiempos no realistas. Todo es posible si te das el tiempo suficiente. Es cuestión de ponerse a caminar e ir probando por aquí y por allá hasta que finalmente se encuentra el sendero oportuno. Nunca renuncies a tus sueños por el tiempo que te llevarán, porque el tiempo transcurrirá igualmente. Lucha por ello incansablemente.

4. **¡Cuán vano es sentarse a escribir cuando todavía no te has levantado a vivir!**
La pregunta es: ¿Hablas de lo que has leído o hablas de lo que has vivido? Estamos «borrachos» de teoría. Existe mucho discurso intelectual que poco tiene que ver con las vivencias propias. Sólo se puede convencer desde la experiencia perso-

nal; cualquier otra cosa huele a postizo, a teoría empalagosa, a enseñanzas prestadas. Primero vive y luego escribe, serás más creíble. Thoreau también afirmaba: «Hay más religión en la ciencia del hombre que ciencia en su religión». Lo que hay que aprender, hay que vivirlo. Sólo entonces se está en mejores condiciones de transmitirlo a terceros.

5. **¡Como si se pudiera matar el tiempo sin insultar a la eternidad!**
El tiempo es el bien más democráticamente repartido en el mundo. Cualquier persona tiene la misma cantidad: veinticuatro horas. Es el único factor que nos iguala a todos, quizá por eso es tan importante. No distingue por el color de la piel (blancos o negros), por la tendencia política (liberales o conservadores), por el sexo (hombre o mujer), por el nivel económico (ricos o pobres) o por cualquier otra categoría. El tiempo es el bien más valioso con el que contamos las personas, porque no se puede recuperar, ni reciclar, ni conseguir más. O se aprovecha o se desaprovecha, no hay más alternativas. Un conocido anuncio de la marca de coches Mercedes dice: «Supongamos que cada mañana te encuentras 1.440 euros. Puedes regalarlos, divertirte con ellos o quemarlos. Pero los que no uses al final del día desaparecerán. Así funciona la vida, la diferencia es que lo que te encuentras cada mañana no son 1.440 euros, sino 1.440 minutos».

6. **Las cosas no cambian; cambiamos nosotros.**
Si no te gusta tu vida y quieres que mejore, tienes que introducir cambios para que así ocurra. Los resultados no mienten: si ganas poco dinero y te gustaría ganar más, tendrás que hacer cosas diferentes; si llevas mucho tiempo sin pareja y te apetecería encontrar una, tendrás que adoptar nuevas decisiones. Y no te refugies en el «es que yo soy así» para no pasar a la acción y salir de tu zona de confort. Ésa es una

excusa fácil. No hay nada peor que la esperanza pasiva. El mero paso del tiempo casi nunca cambia nada, eres tú el que tienes que introducir cambios en tu vida: establecer metas, diseñar planes y concretar acciones específicas para materializarlas.

7. **Si no logras convencer a una persona de lo malo que está haciendo, procura hacer entonces lo bueno. La gente cree sólo lo que ve.**
La gente siempre podrá dudar de lo que dices (palabras), pero jamás de lo que haces (hechos). La credibilidad se fundamenta, sobre todo, en el ejemplo. Por eso, la mejor manera de «decir» es «hacer». Eso es credibilidad pura y dura, sin ningún tipo de condimento. Los hechos son los que son: incontestables. Ya lo decía Albert Schweitzer, premio Nobel de la Paz en 1952: «El ejemplo no es una de las formas de influir en los demás, es la única».

8. **El mundo no es sino un lienzo para nuestra imaginación.**
«Lo hicieron, porque no sabían que era imposible», rezaba un grafiti en una pared abandonada. Los límites no son sino límites mentales. No racionalices tus metas ni intentes ver todo el camino por delante; no pretendas disipar todos los obstáculos antes de empezar. Cree que es posible, lánzate a su conquista y jamás desistas. No hay más secretos: fe + acción + persistencia. Julio Verne, autor de *Veinte mil leguas de viaje submarino* (1869), dijo en su día: «Todo lo que un hombre es capaz de imaginar es capaz de hacerlo realidad».

9. **Si uno avanza confiadamente en la dirección de sus sueños y se esfuerza por vivir la vida que ha imaginado, se encontrará con un éxito inesperado en algún momento.**
El universo siempre apoya cuando uno se atreve a ir de manera incondicional en busca de sus sueños. Paulo Coelho, en su conocida obra *El alquimista*, escribe: «Cuando deseas

algo de verdad, todo el universo conspira para que se haga realidad». Es la ley de la «sincronicidad», por la cual irán apareciendo las personas y las circunstancias precisas para que uno pueda seguir avanzando del punto A al B. Lo verdaderamente relevante es tener fe, que no significa otra cosa que tener certeza sin evidencia. No seas razonable, nada grande se ha logrado siendo razonable. Decide lo que quieres, cree que es posible y acepta el precio que hay que pagar por conseguirlo.

10. El hombre es rico en proporción a la cantidad de cosas de las que puede prescindir.

No se trata de renunciar a todos aquellos placeres que nos brinda la vida, sino de no depender de ellos. A menor dependencia, mayor libertad. Las dependencias (del tipo que sean, y muy particularmente las materiales) nos atan y condicionan nuestra vida. Las dependencias lo son cuando uno no puede vivir sin ellas, cuando convertimos deseos en necesidades. El propio Thoreau afirmaba: «Un corazón grande se llena con poco. La mayoría de los lujos y muchas de las llamadas comodidades de la vida no sólo no son indispensables, sino que resultan un obstáculo evidente para la elevación espiritual de la humanidad».

DAVID J. SCHWARTZ

David J. Schwartz (1927-1987) fue escritor, *coach* y conferenciante estadounidense sobre desarrollo personal. Ejerció como profesor en la Universidad Estatal de Georgia y publicó diferentes libros sobre la materia. Su obra más conocida es *La magia de pensar en grande*, de la que se han vendido más de un millón de ejemplares en todo el mundo.

1. **Lo importante no es dónde estabas, ni dónde estás, sino dónde quieres estar.**
«Que el pasado no sea tirano del futuro», escribía Unamuno. La capacidad del ser humano para reinventarse es fabulosa. La posición de partida condiciona, pero no determina. Imagínate que tu deseo es ser un vendedor sobresaliente. Si nos movemos en una escala de cero a diez, tú puedes estar en un nivel dos y otra persona en un nivel seis. Si estás en un nivel dos respecto a otra persona que esté en un nivel seis, eso tan sólo indica que tendrás que trabajar más duro y por más tiempo. Pero lo realmente importante es que la meta está a tu alcance. Tú decides si pagas o no el peaje.

2. **No hay tanta competencia en los niveles de excelencia; la competencia la hay en los niveles de mediocridad.**
O, dicho de otra manera: la pesca es mejor allí donde sólo se atreven a ir los más audaces. Hacer lo difícil en lugar de lo fácil te diferencia del resto. La mayoría de la gente suele optar por la alternativa más cómoda. Además, tener como filosofía empresarial la excelencia siempre supone barreras de entrada a la competencia: cuanto mejor seas, menos com-

petidores tendrás. La calidad siempre es una buena estrategia para diferenciarse.

3. **Sólo hay una cosa cierta: eres más grande de lo que piensas.**
Casi todo el mundo tiene problemas de autoestima. No es mucha la gente que vaya sobrada en este aspecto. Y nuestra vida es, precisamente, un reflejo de nuestra autoestima. Todo empieza por ahí. Todas las personas de éxito cuentan con una cualidad: creen en ellas mismas. Si tienes fe en ti, acabarás sorteando cualquier obstáculo. Para crecer personal y profesionalmente, la única obsesión debe de ser la de creer en uno mismo. Lo que se esconde detrás de muchos deseos frustrados no es la incapacidad para conseguirlos, sino la convicción de que no se pueden lograr. Son nuestras creencias las que nos limitan.

4. **Nunca pierdas de vista tu objetivo. Eso es lo realmente importante, seguir avanzando a pesar de las circunstancias.**
No importa si estás bajo de ánimo, si tu cliente ha rechazado una propuesta, si te has equivocado al lanzar un producto, si las ventas no consiguen despegar del todo. Todo eso es secundario. Lo realmente importante es que no desistas en tu empeño por lograr aquello que deseas. El juego nunca termina cuando pierdes; el juego termina cuando te das por vencido. A pesar de las circunstancias, no te detengas y sigue tu marcha al frente.

5. **Los pensamientos negativos son una especie de suicidio espiritual.**
La mente puede convertir el paraíso en infierno y el infierno en paraíso. La mente es una fábrica de realidades. Creer es crear. Cuando crees algo, tu mente encuentra la forma de lograrlo. La capacidad para hacer algo es un es-

tado de la mente. Pero también ocurre lo contrario. Los pensamientos negativos son esos monstruos mentales que nos torturan, nos reprimen, nos arrinconan, nos hacen sentir pequeños: no soy bueno, no me lo merezco, no va a salir bien. La mente es un arma muy poderosa, pero actúa en los dos sentidos: catapultándonos hacia el éxito o hundiéndonos en la miseria.

6. **Pide opinión sobre tu idea a los demás y tendrás una idea mejor. Una mente que sólo se alimenta de sí misma se debilita.**
En la creación de empresas y en el lanzamiento de nuevos proyectos, habitualmente se comete un error: sobreproteger la idea, ser excesivamente celosos de ella. La discreción es una virtud, pero es mejor que no crees un búnker alrededor de tu idea de negocio. Las opiniones de terceras personas con credibilidad te permitirán ajustar el tiro con mejor precisión: saber si realmente hay mercado, si el *target* es el adecuado u otros matices que, con toda seguridad, se te escapan, y que seguro que añaden valor. Eso te puede ayudar a ahorrarte disgustos, a evitar errores y a ir más rápido en la consecución de tus objetivos. Toda opinión se basa en unas creencias, las cuales conviene complementar con las de otras personas que tengan, eso sí, buen juicio.

7. **Una persona entusiasta, con lo que dice y hace, siempre genera seguidores entusiasmados.**
Nada se contagia tanto como el entusiasmo. El entusiasmo es esa mecha que prende y llena de energía a las personas que están alrededor. El entusiasmo es una fuerza irresistible a la que no es fácil contenerse. Cuando una persona actúa con entusiasmo todo invita a unirse a ese proyecto que nos propone. Hay una energía que nos arrastra a acompañarle; uno quiere ser partícipe de esa aventura tan atractiva que nos plantea. El entusiasmo tiene un gran poder seductor. El

entusiasmo es vida y, como decía Gregorio Marañón, «signo de salud espiritual».

8. **Tu éxito depende del apoyo de la gente. No lo podrás lograr tú solo.**
Grandes logros, grandes equipos. No es factible otra cosa. Todos tenemos carencias y defectos que debemos compensar con las virtudes de otras personas para construir algo digno. Un proverbio africano dice: «Si quieres ir rápido, ve solo; si quieres llegar lejos, ve con otros». Y para ello se requieren dos cualidades: primero, humildad para saber que necesitamos de los demás; y segundo, generosidad para poner nuestras capacidades al servicio del resto. ¿El mayor enemigo de los equipos? El ego, que se despliega cuando todo el mundo quiere ser excepción y nadie norma, o cuando priman las individualidades y cada persona quiere ser la *prima donna*, o cuando se prefiere un éxito pequeño pero propio a un éxito grande pero colectivo.

9. **La actitud correcta y un brazo pueden superar a la actitud incorrecta y dos brazos.**
Ésta es quizá la cualidad más importante para lograr cualquier cosa: actitud. Con buena actitud se pueden lograr muchas cosas, aunque se carezcan inicialmente de ciertos conocimientos técnicos o de ciertas habilidades sociales; porque la palabra actitud alberga en su seno un polinomio de factores: capacidad de trabajo, ganas de aprender, buen ánimo o flexibilidad, entre otros. Hay muchos casos de personas con talento pero con mala actitud que no lograron lo que querían, pero pocos casos de personas que con buena actitud y voluntad no hayan conseguido lo que deseaban.

10. **Una conversación generosa, escuchando mucho, es la forma más sencilla y segura de hacer amigos.**

No hay nada más agradable para una persona que percibir que se le presta atención. Lo que más nos gusta es hablar de nosotros: de nuestros proyectos, de nuestros logros, de nuestras vacaciones, de nuestras conquistas. Trata a cada persona como si fuese la más importante porque para ella es la más importante. Cualquier persona necesita sentirse especial, única, reconocida. Y escuchar con atención cumple esa función. Nos interesan los demás cuando éstos se interesan por nosotros. Anima a los demás a que hablen de sí mismos.

DEEPAK CHOPRA

Deepak Chopra (1948) es un médico, escritor y conferenciante hindú que ha escrito extensamente sobre espiritualidad y el poder de la mente en la curación del cuerpo. Está influenciado por las enseñanzas de las medicinas antiguas, las doctrinas filosóficas y las escrituras sagradas de la India, como el ayurveda, el vedanta y el *Bhagavad Gita*, respectivamente. Su obra más conocida es *Las siete leyes espirituales del éxito*, si bien tiene más de veinticinco libros publicados, entre los que destacan *Cómo crear abundancia* y *Cuerpos sin edad, mentes sin tiempo*. Sólo en su edición en inglés, sus libros han vendido más de diez millones de ejemplares en todo el mundo. En 1994, la revista *Forbes* lo calificó como «el último de una serie de gurúes que han prosperado combinando ciencia pop, psicología pop e hinduismo pop», y en 1999 la revista *Time* lo seleccionó entre los cien iconos y héroes del siglo XX, describiéndole como el «poeta profeta de la medicina alternativa». Es fundador y director del Centro Chopra para el Bienestar y del Instituto Médico Mente-Cuerpo, en California (Estados Unidos).

1. **El ego no es lo que realmente somos. El ego es nuestra autoimagen, nuestra máscara social, el papel que estamos desempeñando. A la máscara social le gusta la aprobación, quiere controlar y se apoya en el poder porque vive en el temor.**
   El propio Deepak Chopra añade a este razonamiento: «Nuestro verdadero yo, que es nuestro espíritu, nuestra alma, está completamente libre de esas cosas. Es inmune a la crítica, no le teme a ningún desafío y no se siente inferior a nadie.

Y, sin embargo, es humilde y no se siente superior a nadie, porque es consciente de que todos los demás son el mismo yo, el mismo espíritu con distintos disfraces». Todos los problemas tienen su origen en el ego. De ahí nace el miedo que nos impide ser libres y fluir con la vida. El ego está relacionado con vivir de acuerdo a las expectativas de los demás, al patrón social. El ego es confundir lo que uno es (esencia) con lo que tiene (dinero), con lo que hace (trabajo) o con cómo le valoran (reconocimiento). Cuando uno se desentiende de la necesidad de aprobación externa, todo cambia para bien. Chopra apuntala su visión sobre este tema: «Debes aprender a ponerte en contacto con la más profunda y pura esencia de tu ser. Esta esencia verdadera va más allá del ego. No es inferior ni superior a nadie, y está llena de magia, misterio y encanto».

2. **Escucha la sabiduría de tu cuerpo, que se expresa por señales de comodidad e incomodidad. Cuando elijas cierta conducta, pregunta a tu cuerpo qué siente al respecto. Si tu cuerpo envía una señal de inquietud física o emocional, ten cuidado. Si tu cuerpo envía una señal de comodidad y anhelo, procede.**
   Los sentimientos son el lenguaje del alma y constituyen un buen indicador de si estamos o no en el camino correcto. Cómo te sientes en cada momento muestra tu grado de conexión o desconexión con la vida. Si te sientes bien, estás conectado; si te sientes mal, estás desconectado. Si te muestras tranquilo y relajado, el vínculo con el universo está limpio; si tus sentimientos son de incomodidad, el vínculo está oxidado y hay que introducir cambios. Chopra lo expresa así: «Confíe en lo que siente más que en lo que piensa».

3. **Dedica tiempo al silencio, a meditar, a acallar el diálogo interior. En momentos de silencio, cobra conciencia de que estás reconectándote con tu fuente de con-**

ciencia pura. Presta atención a tu vida interior para que puedas guiarte por tu intuición, antes que por interpretaciones impuestas desde fuera sobre lo que te conviene o no te conviene.

El silencio es muy curativo porque nos permite conectar con nuestra auténtica esencia, con lo que somos de verdad, con nuestro ser. La sabiduría del universo está dentro de ti, y sólo reconectándote contigo mismo puedes estar satisfecho. Cuando no ocurre así, actúas desde el ego, desde el personaje creado por los pensamientos. Entonces se vive en un estado de frustración permanente, debido a que satisfacer las exigencias del ego no es tarea fácil. El ego nunca está satisfecho porque las valoraciones externas no son siempre las deseadas. Tú no eres tu dinero, ni tu trabajo, ni tus reconocimientos. Tú eres algo más grande que eso, y cuando lo reconoces y conectas con ello, la visión de la vida y la satisfacción personal cambian a mejor.

4. **Cuando abrazas la incertidumbre, el miedo desaparece.**

La consecuencia de convertir a la incertidumbre en aliada es básicamente una: desapego del resultado. Entonces uno se siente libre: libre de hacer y crear. El miedo existe cuando uno anticipa que las cosas deben ser de una determinada manera: la manera de pensar y hacer propia. Quien no abraza la incertidumbre está agarrotado, tenso, rígido, y no tiene la actitud adecuada para descubrir, no deja que nuevas preguntas entren en su cabeza y se aferra a respuestas conocidas que le condicionan. Cuando uno vive con apertura, fluye con la vida. Juan Matus, el indio yaqui que sirvió de maestro a Carlos Castaneda en su periplo por el desierto mexicano de Sonora, y cuya sabiduría plasmó este último en el libro *Las enseñanzas de Don Juan*, decía: «Da igual cuál sea nuestra suerte específica mientras la afrontemos con total abandono». Eso es estar plenamente en el momento presente, eso es abrazar la incertidumbre.

5. **No contamines tu cuerpo con toxinas, ya sea por la comida, la bebida o por emociones tóxicas. Tu cuerpo no es sólo un sistema de mantenimiento de la vida. Es el vehículo que te llevará en el viaje de tu evolución. La salud de cada célula contribuye directamente a tu estado de bienestar, porque cada célula es un punto de conciencia dentro del campo de la conciencia que eres tú.**
Mente y cuerpo son un todo. La mente influye en el cuerpo y el cuerpo influye en la mente. Ambos se retroalimentan. Por tanto, hay que cuidar la salud emocional (pensamientos) y también la salud física (nutrición, sueño y ejercicio físico). El cuerpo es tu posada, allí donde habitas todos los días, con lo que cuidarla con esmero para poder ofrecer el máximo rendimiento es un aspecto innegociable. Cualquier meta interesante exige mucha energía para convertirse en realidad. Si uno no duerme bien, está cansado; si uno no come bien, está pesado o falto de nutrientes; y si uno no tiene actividad física, el cuerpo no se oxigena como sería necesario y está menos ágil mentalmente. Baja energía = Resultados pobres.

6. **Vive en el presente, que es el único momento que tienes. Mantén tu atención en lo que existe aquí y ahora. Busca la plenitud en todo momento. Acepta lo que viene a ti total y completamente para que puedas apreciarlo y aprender de ello. Luego déjalo pasar.**
El presente es en cada momento como debe ser, el resultado de la actuación de las leyes del universo funcionando a la perfección. Este momento es como es porque el universo es como es. Puedes negarlo o enfadarte, pero eso no cambia nada. Si una persona se tira de un décimo piso, con independencia de que sea buena o mala persona, se mata. El escritor Dostoievski escribía: «Dos y dos son cuatro. La naturaleza no te pide opinión. No le interesan tus preferencias ni si apruebas sus leyes. Tienes que aceptar la naturaleza tal y como es, con todas las consecuencias que ello implica».

El universo tiene sus leyes, cuando las aceptas, todo fluye mejor; cuando no las aceptas e intentas imponer las tuyas, te frustras. No te pelees con la vida, es agotador y no soluciona nada.

7. **Comprende que el mundo físico es sólo la proyección de una inteligencia más profunda. La inteligencia es la organizadora invisible de toda la materia y toda la energía. Como una parte de esta inteligencia reside en ti, participas del poder organizador del cosmos.**
Somos «conciencia creadora». Estamos creando la «realidad» a cada instante. No somos «observadores» de la realidad, sino «creadores» de la realidad. Somos parte de un todo, y, como parte inseparable de ese todo, cada acción nuestra (pensamiento, sentimiento o comportamiento), en un sentido u otro (positivo o negativo) genera consecuencias de la misma índole: crea o destruye. Chopra señala: «No puedes permitirte contaminar el aire o el agua del planeta, pero, en un plano más profundo, no puedes permitirte vivir con una mente tóxica, porque cada pensamiento —que es un impulso de energía e información— crea una impresión en el campo total de la inteligencia». Ya hemos dicho que los pensamientos determinan nuestros sentimientos que se traducen en comportamientos. Y sólo hay dos tipos de pensamientos: los basados en el amor y los basados en el miedo. Los primeros construyen; los segundos destruyen.

8. **Recuerda que el mundo de allí fuera refleja tu realidad de aquí dentro. Las personas ante las cuales tu reacción es más fuerte, sea de amor u odio, son proyecciones de tu mundo interior. Lo que más odias es lo que más niegas en ti mismo. Lo que más amas es lo que más deseas dentro de ti.**
La conclusión es clara: usa las relaciones como espejo para guiar tu evolución y tu proceso de mejora personal. El ob-

jetivo es un total conocimiento de uno mismo. Conocerse es vivir mejor. Así lo refleja el aforismo griego del templo de Apolo en Delfos: «Conócete a ti mismo». Cuando te percates de que estás reaccionando con enojo u oposición ante cualquier persona o circunstancia, recuerda que sólo estás luchando contigo mismo. Hay algo de ti que no has resuelto. Tu resistencia no es otra cosa que una reacción de defensa por no aceptar ciertos aspectos de tu personalidad. El psiquiatra y ensayista suizo Carl Gustav Jung lo expresó con claridad: «Lo que más nos irrita de los demás es aquello que puede conducirnos a un mejor entendimiento de nosotros mismos».

9. **Libérate de la carga de los juicios. Al juzgar impones el bien y el mal a situaciones que simplemente son. Todo se puede entender y perdonar, pero cuando juzgas te apartas de la comprensión y anulas el proceso de aprender a amar. Al juzgar a otros reflejas tu falta de autoaceptación. Recuerda que cada persona a la que perdones aumenta tu amor a ti mismo.**
   Cada cosa no es lo que es, es lo que somos. Chopra también dice: «El juzgar es la constante evaluación de las cosas como correctas o incorrectas, buenas o malas. Cuando estás constantemente evaluando, clasificando, etiquetando y analizando, creas mucha turbulencia en tu diálogo interno». Por el contrario, el no juzgar crea silencio en la mente, quietud, que favorece el proceso creativo del universo. Etiquetar genera frustración y lucha. No juzgar genera tranquilidad y cooperación. ¿Te has parado a observar cómo nos pasamos gran parte del día juzgando la vida de los demás y las circunstancias en general? ¿Te has parado a pensar que tal vez las cosas no son como tú crees que deberían ser?

10. **Si quieres felicidad, dale felicidad a otros; si quieres amor, aprende a amar a los demás; si quieres atención**

y apreciación, aprende a dar atención y apreciación; si quieres abundancia material, ayuda a otros a tener abundancia.

Dar y recibir son la misma cosa, porque una acción y otra no son sino diferentes aspectos del mismo flujo de energía del universo. Dos caras de la misma moneda. No es casual que Aristóteles, veintitrés siglos atrás, afirmase que «la generosidad es un egoísmo inteligente». La práctica efectiva consiste en dar lo que se quiere recibir. La abundancia siempre nace de uno mismo, por tanto, siempre está a nuestro alcance. Cuando creas que el mundo no te está dando algo, presta atención y observa si se lo estás dando tú al mundo. La idea equivocada es: «cuando me vaya bien, daré». La idea correcta es: «cuando doy, recibo». Esto supone un cambio de paradigma de ciento ochenta grados.

DONALD TRUMP

Donald Trump (1946) es un conocido empresario estadounidense del sector inmobiliario, además de haber sido presentador del reality show televisivo «The Apprentice» [El aprendiz] sobre el mundo de la empresa. Consejero delegado de Trump Organization y fundador de Trump Entertainment Resort. Es autor de diversos libros de gestión entre los que destacan: *Cómo hacerse rico, Trump: el arte de la negociación* o *Piensa como un multimillonario.* De 2017 a 2021 fue el 45º presidente de los Estados Unidos.

1. **Dedícate a aquello que sabes hacer mejor.**
   Apaláncate en tus fortalezas. No pierdas ni un minuto con tus debilidades. Si dedicas mucho tiempo en trabajar los defectos, no tendrás tiempo de reforzar y potenciar tus principales virtudes. La gente de éxito son personas que han identificado cuáles son sus áreas de excelencia y concentran en ellas toda su energía. El resto lo delegan, lo subcontratan o se buscan la vida para no tener que hacerlo. Las personas de éxito saben decir «no» a muchas cosas para centrarse en lo realmente importante, en lo que saben hacer mejor y les diferencia, haciendo suyo el lema: sé tan bueno en lo tuyo que los demás no puedan ignorarte.

2. **Date la oportunidad de ser la persona que te gustaría ser.**
   Lo peor en la vida es resignarse; creer que la vida es algo que nos ocurre en lugar de algo que hacemos que suceda. A pesar de lo que piensan algunos, en la vida no existen los superhéroes, que sólo son personajes de ficción. Las perso-

nas que alcanzan metas tienen claro lo que quieren, trabajan duro para conseguirlo, adquieren los conocimientos necesarios y desarrollan las habilidades requeridas, no pierden el foco y saben esperar con paciencia la cosecha sin renunciar cuando las cosas se ponen feas. Todas estas cosas están al alcance de cualquier individuo. Por tanto, tú también puedes ser la persona que te gustaría ser si sigues las mismas pautas. Como el propio Trump señala: «Piensa en grande. Tendrás que pensar de todas formas. ¿Por qué no pensar en grande?».

3. **Los buenos empleados dan lugar a la buena gestión; la buena gestión da lugar a los buenos empleados.**
Las relaciones personales son siempre una carretera de doble sentido. Talento atrae a talento, tanto en un sentido como en otro. Los empleados con talento quieren trabajar con los mejores directivos; y los directivos con talento quieren trabajar con los mejores empleados. El talento se retroalimenta de sí mismo. Por eso, crear entornos de alto rendimiento es la mejor garantía para construir una buena *employer branding* (marca como empleador) para atraer y fidelizar a aquellas personas que pueden ser las más idóneas para una organización.

4. **Si no es franco y directo, está diciendo a los cuatro vientos que es una persona insegura. No sea evasivo.**
Los grandes líderes se caracterizan porque no niegan la realidad y la afrontan tal y como es, sobre todo en el ámbito de sus relaciones personales. Dicen lo que tienen que decir a quien tiene que ser dicho aunque no guste. Los grandes líderes no eluden las conversaciones difíciles y afrontan los conflictos sin demora, cara a cara. Desatender un conflicto es el peor de los conflictos. No obstante, ser franco y directo no significa excederse en las formas. Eso jamás está justificado. La educación y el respeto son innegociables y no conocen de rangos jerárquicos ni organigramas.

5. **Si quiere ahorrar, contrate a los mejores. Eso no significa fichar a los que tienen mejor currículo, sino a los que tienen mejor actitud. Busque el talento, no los títulos. Un historial impresionante no siempre significa un buen rendimiento.**
El conocimiento tiene que ser conocimiento práctico, de otro modo es una floritura intelectual. La vida está en la calle, no en las aulas, y si bien el conocimiento técnico es importante (sobre todo en algunas profesiones), más lo es aún la capacidad para resolver problemas, las habilidades sociales de comunicación, la eficacia en la venta o la inteligencia emocional, además de una buena predisposición para aprender, crecer y mejorar. Gran parte del éxito reside ahí. Con una buena actitud cualquier carencia es más fácil de superar.

6. **Aquél que se cree que sabe todo está cerrándose puertas.**
El orgullo y la autosuficiencia siempre conducen a la ineficiencia. Lo sé todo es el principio de no saber nada. En vez de ensanchar y ampliar horizontes, los estrechan. Esa postura sólo genera aislamiento dando lugar a un desaprovechamiento de complementariedades y sinergias que tanto enriquecen el trabajo en equipo. Crecer, aprender y mejorar requieren siempre una cierta actitud de humildad para estar abierto a preguntar y escuchar, a nutrirse con otras opiniones y puntos de vista diferentes, en definitiva, a fomentar y provocar la diversidad.

7. **Mantenga la concentración en su negocio y en todo lo que haga. No importa lo bueno que sea, no importa lo bien que crea que conoce su negocio, tiene que permanecer alerta todo el tiempo.**
La autocomplacencia es siempre el principio del fin. Acomodarse conduce al fracaso. Cuando una organización se duerme en los laureles no es difícil pronosticar su futuro.

No basta con tener una ventaja competitiva, cada día hay que ver la forma de mejorarla. Hay que ser muy inquieto en este sentido. Nunca hay que dejar de pensar en cómo añadir valor a los productos que vendemos o a las actividades que realizamos, porque la competencia siempre nos va pisando los talones. Es uno de los rasgos que definen a los ganadores: la mejora continua.

8. **Los ganadores ven los problemas como otra manera de probarse a sí mismos. Los problemas nunca son verdaderos impedimentos. Si usted no tiene ningún problema, entonces es que no tiene ningún negocio que dirigir.** Lo peor en esta vida es no tener problemas, porque es indicativo de que estás demasiado acomodado, de que tu vida es rutinaria. Si tienes problemas es que estás vivo, que hay actividad. Dirigir empresas es, sobre todo, gestionar problemas. Toda aventura interesante implica superar inconvenientes y contradicciones de diversa índole. No se trata de evitarlos, sino de descubrir la forma de saltarlos, bordearlos o minimizarlos. Cada vez que aparece un obstáculo es una oportunidad para crecer. Si evitas enfrentarlo y miras para otro lado, acabas quedándote estancado.

9. **Sea usted quien delimite los estándares. No espere que sus empleados trabajen más duro que usted.** Al final, las organizaciones son siempre un reflejo de sus cabezas directivas. El ritmo y la forma de actuar de los equipos es reflejo del ritmo y la forma de actuar de sus máximos dirigentes. Y en ello desempeña un papel indiscutible la coherencia, o su contrario, la incoherencia. Nada causa más desánimo en los equipos que predicar una cosa y hacer la contraria: hablar de austeridad y luego ir a hoteles de cinco estrellas; dar discursos sobre calidad y aceptar chapuzas; promover la atención al cliente, pero no estar dispuesto a invertir en formación. Somos lo que hacemos. Y los direc-

tivos están siempre siendo observados por sus equipos para saber a qué atenerse y qué referencias seguir. Sólo existe un liderazgo, el del ejemplo: *to walk the talk*.

10. La experiencia me ha enseñado unas cuantas cosas. Una es a escuchar mi intuición, no importa cómo suenen las cosas en un papel.

El papel lo aguanta todo, porque los *outputs* obtenidos en cualquier plan de negocio siempre dependen de los *inputs* introducidos en el mismo. Por eso hay que saber ver más allá de los datos y los números. En ello, la intuición desempeña un papel esencial. La intuición es un atajo de la sabiduría fruto de un trabajo intenso previo. No suelen tenerse intuiciones sabias sobre temas que no se dominan. La intuición mejora con la experiencia. La intuición es la unión rápida de toda esa información depositada en el inconsciente a la que no prestamos atención de manera consciente, pero que es igualmente útil. Quien sabe acceder a esa voz interior, escucharla y darle un sentido tiene mucho ganado.

EDUARDO PUNSET

Eduardo Punset (1936-2019) fue un jurista, escritor, economista, político y divulgador científico español. Se dedicó a la política durante la dictadura de Franco, y perteneció al Partido Comunista de España (PCE). Durante la Transición, formó parte de Unión de Centro Democrático (UCD) y después del Centro Democrático y Social (CDS). Escribió posteriormente varios libros sobre ciencia divulgándola y promoviéndola en varios medios de comunicación. Desde 1996 hasta 2004 dirigió con gran éxito el programa *Redes* de TVE, donde se trataban temas científicos relativos a la sociología, medicina, psicología, biología o astronomía, entre otros. Es autor de numerosos libros como: *El viaje a la felicidad* (2005), *El alma está en el cerebro* (2006), *El viaje al amor* (2007), *¿Por qué somos como somos?* (2008), *El viaje al poder de la mente* (2010) o *El viaje a la vida* (2014).

1. **No basta con reconocer las competencias en las que nos sentimos bien. Hay que saber controlarlas, y eso sólo se consigue dedicándoles muchas horas de trabajo y de estudio.**

   Cuando decimos que una persona «tiene talento», nos referimos a que tiene facilidad para hacer a algo. Pero tener facilidad para hacer algo no significa ser experto en ninguna disciplina. El *expertise* —el dominio de cualquier cosa— sólo se consigue a base de horas de estudio y práctica continuadas acompañadas de la reflexión para la mejora constante. Es fundamental tener una sana tensión de aprendizaje en la que nunca se deje de estudiar, formarse y buscando mentores. Como apuntaba cierta vez Tom Peters, otro personaje de esta misma obra: «Las organizaciones excelentes no buscan la excelencia sino la mejora continua».

2. **Desaprender la mayor parte de las cosas que nos han enseñado es más importante que aprender.**
Con bastante frecuencia, lo que nos impide avanzar en la vida no es lo que desconocemos, sino lo que creemos que sabemos y es falso. Todos razonamos, y razonar no es malo, el problema es que razonar siempre parte de unas creencias, y muchas veces esas creencias son falsas. Por eso, toda creencia, sobre todo si es limitante, debería ser revisada cada cierto tiempo. Como dice el propio Eduardo Punset: «Para nuestro cerebro es mejor que nos cuenten una historia consistente que una historia verdadera. No queremos saber la verdad de nada, queremos saber aquello que nos satisface. Nuestro cerebro se resiste a cambiar la imagen que tiene del mundo, por eso es tan difícil convencer a la gente de que está equivocada». De todo ello se desprende una conclusión: para desaprender y así poder volver aprender, hay que tener una cierta actitud de humildad; actitud que evita que seamos presa del orgullo que nos lleva a aferrarnos a paradigmas antiguos, y quedar así estancados.

3. **La felicidad es la ausencia de miedo.**
Por eso, la felicidad está relacionada con «ganar control en la vida», y «ganar control en la vida» pasa por ser capaz de controlar nuestros miedos: *o controlas tus miedos o tus miedos te controlan a ti*. Y esto tiene que ver con dos aspectos: conocimiento y experiencia. A medida que sabemos más de algo (conocimiento) o tenemos más práctica (experiencia) menos ansiedad nos causan las situaciones a las que tenemos que enfrentarnos, porque sentimos que somos nosotros quienes dominamos la situación y no la situación la que nos domina a nosotros. «Ganar control en la vida» no significa que uno esté de vuelta de todo, sino que con inde-

pendencia de lo que ocurra, uno siente que tiene las capacidades y recursos internos para hacer frente a esa situación y gestionarla con eficacia. El escritor dice en una de sus obras: «Ser feliz depende de tener control. Estamos descubriendo ahora que lo que produce felicidad no es tanto el dinero, el disponer de poder adquisitivo, como el tener sentimiento de control sobre nuestras vidas».

4. **La felicidad está escondida en la sala de espera de la felicidad.**
O dicho con otras palabras: somos nuestras ilusiones. La felicidad está relacionada con disfrutar mucho de lo que se tiene mientras se avanza hacia nuevos retos saboreando el trayecto. Hoy día ya sabemos que lo que más placer produce es la «sensación de lucha» positiva —el conocido estado de *flow*— que experimentamos cuando trabajamos en un proyecto retador que nos apasiona. El placer no está tanto en la meta como en el viaje. Es lo que se conoce como el «circuito de búsqueda». Eduardo Punset lo explica bien al hablar de su perra *Pastora*: «Me fijé en que iniciaba una danza alucinante en cuanto me veía dar los pasos que, como bien sabía ella, conducían a que le diera su comida. Saltaba y movía la cola. Era feliz, desbordaba entusiasmo. Pero una vez con el plato delante se tendía en el suelo y toda esa danza terminaba. Con la mayor calma, se lo comía todo. Sin más. Lo que vi es que sólo había explosiones de alegría en los momentos de expectación. Años más tarde leí que existe lo que los científicos llaman el "circuito de búsqueda", y que ahí, en la expectativa, radica la mayor parte de la felicidad».

5. **Sin emoción no hay proyecto. Es muy probable que las mejores decisiones no sean fruto de una reflexión del cerebro sino el resultado de una emoción.**
Hoy día se sabe que la información entra antes en el cerebro por el circuito emocional que por el racional. Se con-

quista por el «corazón» y se argumenta por la «razón». Primero «conmueve» y después «convence». Emoción y razón deben estar alineadas —otra cosa no produce réditos sostenibles— pero la segunda sin la primera no permite ni siquiera despegar. Cuando lo emocional se obvia, lo racional está condenado al fracaso. Por eso, los grandes líderes saben dar un gran sentido al trabajo de las personas; saben transmitir que lo que hacen es muy importante; saben vender un futuro ilusionante y con propósito. Antoine de Saint-Exupéry, autor de *El principito*, lo expresó así de bien: «Si quieres construir un barco, no empieces por buscar madera, cortar tablas o distribuir el trabajo. Evoca primero en los hombres y mujeres el anhelo del mar». Teóricamente el ser humano es el ser racional por excelencia y, sin embargo, es la especie más emocional: un 99 % de las cuerdas cerebrales están ocupadas por las emociones y sólo el 1 % por la razón.

6. **Ninguna de tus neuronas sabe quién eres... ni le importa.** Lo que una persona cree determina lo que piensa; y como una persona piensa, así actúa. Nada influye tanto en nuestro comportamiento como la creencia sobre nuestra capacidad para hacer algo: si creo que puedo hacer algo, me pondré en marcha y adquiriré las capacidades y habilidades necesarias para hacerlo aunque no las tenga al principio; y si creo que no puedo hacer algo, no me pondré en marcha y no adquiriré las capacidades y habilidades necesarias y me mantendré en el punto de partida. Actuamos según nuestro autoconcepto, en función de cómo nos vemos a nosotros mismos. Cada persona vive según su propia historia. «El hombre es una expresión de sus creencias», decía Quimby, maestro de las leyes mentales y espirituales. Pero las creencias no son innatas, sino aprendidas, y como tal, podemos reemplazarlas. Nos hemos creído lo que nos han dicho sobre nosotros desde pequeños —básicamente en los

seis primeros años de nuestra vida—, y esa identidad marca nuestro devenir porque determina nuestros pensamientos, comportamientos y resultados. Sólo en la medida que trabajemos nuestro autoconcepto, cambiaremos nuestra vida.

7. **Hoy no se puede ser pesimista, porque, cuando miras atrás, cualquier tiempo pasado fue peor.**
Vivimos en el mejor de los mundos que la humanidad haya podido contemplar, al menos, en cuanto a necesidades básicas —salud, alimento y cobijo— se refiere, sin embargo, mientras que *objetivamente* estamos mejor que nunca, *subjetivamente* nos encontramos muy insatisfechos. Y ello es debido a que vivimos con un exceso de expectativas. Una portada de la revista *Time* titulaba: «¿Y por qué si estamos tan bien nos sentimos tan mal?». La explicación está en que la percepción del bienestar es diferencial, no absoluta. El bienestar es la diferencia entre lo que esperaba y lo que tengo. Hay épocas de la historia en las que se esperaba muy poco y, por tanto, las expectativas se podían satisfacer con más facilidad. Ahora ocurre lo contrario. Se nos ofrecen a cada instante infinidad de posibilidades, y como no podemos satisfacerlas todas, nos sentimos defraudados. La frustración no procede de la necesidad sino del exceso de expectativas. Por lo tanto, nuestra primera actitud ante la vida debería ser de agradecimiento. Ser agradecidos no significa ser conformistas, sino saber disfrutar de todo lo que se tiene, para a partir de ahí, construir algo mejor. Decía el filósofo José Antonio Marina: «Uno de los grandes retos para la educación está en enseñar a disfrutar de lo que se tiene».

8. **Si no tienes jefes tienes muchas más posibilidades de ser feliz que si te mandan.**
La felicidad está muy relacionada con la libertad, porque la libertad es la posibilidad de ser uno mismo, de ejecutar con

autonomía nuestras decisiones. Y sin jefes —siempre hay alguien a quien rendir cuentas— el grado de autonomía es mayor. Daniel Pink lo explica bien en *La sorprendente verdad sobre qué nos motiva*, donde cuenta que más allá del dinero como motivación extrínseca e higiénica —por debajo de un nivel desmotiva pero por encima de ese nivel ya no es suficiente—, los tres elementos que guían la motivación son: la maestría (dominio de una tarea), la autonomía (deseo de dirigir nuestras vidas) y el propósito (el anhelo de hacer algo que revierta en terceros). Centrándonos en la autonomía, todo el mundo quiere saber que su trabajo es el resultado de su esfuerzo. Cualquier persona quiere opinar, aportar, sugerir, en definitiva, dejar su huella. Por eso, todo directivo debería —en mayor o menor medida según las personas— dar cancha a su gente y permitir que se exprese, ya que de otro modo la frustración acabará haciendo acto de presencia. Una persona sólo lo da todo por algo cuando lo percibe como algo propio. Es imposible conseguir niveles óptimos de implicación, de creatividad y de compromiso mediante un control de jerarquía descendente. Con una autonomía responsable, las personas trabajan más y mejor que en una situación de dependencia.

9. **La antítesis del amor no es el odio, sino el desprecio.** Si se quiere hacer daño a alguien, la mejor forma de lograrlo es ignorándole. Es una táctica cruel que empequeñece a la persona y mina su autoestima. El aislamiento dentro de una tribu genera gran indefensión e infelicidad. La soledad emocional genera una tendencia al pesimismo y los pensamientos negativos, y de ahí a la depresión, el trecho es escaso. El aislamiento autoimpuesto o provocado por terceros produce mucho dolor. El filósofo Aristóteles afirmaba que «el hombre solitario o es una bestia o es un dios». El resto necesitamos de los demás. La psicoterapeuta y escritora Irmtraud Tarr explica en *El consuelo*: «Tenemos un cerebro social, y

para sobrevivir nos necesitamos los unos a los otros. Compartiendo los estados emocionales de otras personas nos sentimos directamente concernidos y se despiertan en nosotros la simpatía y la compasión, que nos mueven a la acción».

10. **Para vivir plenamente, encuentra esa actividad que te hace vibrar, que te apasiona, dedícate en cuerpo y alma a practicar, conviértete en un experto, nunca dejes de aprender y luego comparte este don con el resto de seres que te rodean.**

Eso no es otra cosa que estar en *flow*, término acuñado por Mihály Csíkszentmihályi, profesor de psicología en la Universidad de Claremont (California) y del que habla con detenimiento en su libro *Fluir (Flow): Una psicología de la felicidad.* Aquí constata con evidencia empírica que los momentos de mayor felicidad que vivimos las personas se producen en el trabajo. Según cuenta: «Se recogieron más de cien mil momentos de felicidad personal de muchos voluntarios. Curiosamente, la mayor parte de estos momentos tuvieron lugar mientras las personas estaban trabajando y no en sus ratos de ocio. Al ser preguntados sobre esa sensación de placer, la describieron como un estado de experiencia óptima en la que vivían con gran creatividad, concentración y placer aquello que estaban haciendo. Es decir, fluían con la tarea, una sensación en la que el arquero, la flecha y la diana son uno sólo». Según apunta el propio Eduardo Punset: «Lo importante es que las tareas donde surge ese *flow* son aquellas en las que haces algo que tiene sentido, que implica tus cinco sentidos, todo tu cerebro. Da igual lo que sea, desde escalar una montaña o jugar al ajedrez hasta cuidar de un amigo o hacer investigaciones científicas. Ahí está la felicidad. No en el ocio, en el no hacer nada, sino en ciertas actividades de gran exigencia que nos obligan a concentrarnos. Por ejemplo, viendo la televisión normalmente no se está en el *flow*; leyendo es bastante probable que sí».

FERRAN ADRIÀ

Ferran Adrià Acosta (1962) es un cocinero español considerado por muchos como el mejor chef del mundo. En el año 2004, la revista norteamericana *Time* le incluyó en la lista de los 100 personajes más influyentes del mundo. Es conocido por su labor como chef y dueño, hasta 2011, del desaparecido restaurante español El Bulli, en Cala Montjoi (Roses, Gerona), que recibió a lo largo de su historia las máximas distinciones gastronómicas, como la de Mejor Restaurante del Mundo por la revista británica *Restaurant* durante cuatro años consecutivos, algo que ningún otro establecimiento ha logrado. Le han dedicado sus portadas los periódicos *Le Monde* y *The New York Times* en sus ediciones semanales En la actualidad, está inmerso en numerosos proyectos de investigación, innovación y asesoramiento con el mundo de la gastronomía.

1. **En los paréntesis crece la innovación: parar, pensar, planear... Y después producir.**

   Quien sólo trabaja acaba trabajando peor. Es necesario pararse a pensar, reflexionar, rediseñar y así hacer mejor lo que hacemos, buscar la excelencia, desarrollar la innovación —nuevos productos, nuevos canales de venta, nuevas aperturas... — y tomar perspectiva sobre la dirección y sentido de nuestras vidas y nuestras empresas. Esto de primeras choca, porque parece que pararse a pensar es una pérdida de tiempo. Parece que el que no está en movimiento no está haciendo nada... y no es así. Henry Ford, incluido en estas páginas, afirmaba: «Pensar es el trabajo más difícil que existe. Quizá sea ésta la razón por la que haya tan pocas personas que lo practiquen». El restaurante El Bulli cerraba 6 meses al año y sólo abría los otros seis meses: ¿Fue quizás ese uno de sus secretos? ¿Quizá gracias a esos paréntesis anuales el restaurante de Roses (Gerona) llegó donde llegó? ¿Tal vez es necesario saber parar para acertar? ¿Tal vez es esencial reducir para acelerar más y mejor?

2. **El primer deber de toda persona al frente de un equipo es dar ejemplo, lo que significa ser el primero en todo. No se puede exigir a los demás si uno no es capaz de exigirse a sí mismo antes.**
A veces —muchas veces— cuando nos fijamos en personas que han llegado lejos en la vida, sólo somos capaces de vislumbrar la cara amable de esa realidad: éxito, dinero, fama, reconocimientos o estatus, entre otros. Pero todo tiene dos caras, y gobernar es un ejercicio de alta responsabilidad —con uno mismo y con los demás— y de gran compromiso —con el proyecto— que supone un elevado desgaste personal, emocional y físico. La implicación del equipo es proporcional a la implicación de quienes ocupan los puestos más altos de una organización. No hay que olvidar que el compromiso es una carretera de doble sentido, y para que otros den lo mejor de sí mismos y reflejen aquellos comportamientos que queremos promover, nosotros tenemos que mostrarles previamente el camino con esos mismos comportamientos que queremos potenciar. Todo directivo está obligado siempre —repetimos, siempre— a ir un paso por delante de su tropa. Otra cosa sólo tiene un recorrido de corto alcance.

3. **Siempre habrá los que te critican, los que te alaben y los que no te entiendan.**
El precio del éxito es siempre el mismo: la crítica, la envidia y la incomprensión. Cuando se destaca en cualquier ámbito de la vida, el resto de la gente observa con atención al aga-

sajado, y a veces por convicción y otras por cuestiones personales, se vierten comentarios negativos contra el que está en el centro de mira. Es inevitable y hay que lidiar con ello, algo que no todo el mundo lleva bien y que hay que aprender a gestionar para no venirse abajo. Las críticas siempre ponen a prueba la confianza en uno mismo. Evidentemente, también están los que conforman esa legión de seguidores y fans incondicionales que apoyan, entienden y admiran al que es señalado por otros. Por ello, la madurez emocional es esencial para mantener el equilibrio mental sin dejarse deslumbrar por los elogios desmesurados ni por las críticas malintencionadas. El chef señalaba cierta vez: «La presión, como todo en la vida, es algo relativo. Todo en la vida es una cuestión de equilibrio. Lo importante es mirarte en el espejo y saber quién eres».

4. **No busques el éxito, busca la felicidad. Si buscas la felicidad, el éxito te llegará. El éxito es la felicidad con uno mismo.**
Y ello está muy relacionado con disfrutar con lo que se hace. Si disfrutas con tu trabajo siempre lo harás mejor. Disfrutarás del camino y tendrás beneficios. Haz hoy lo que quieras hacer mañana. Los resultados son importantes, porque son un indicador de que se están haciendo bien las cosas, pero el éxito es la consecuencia, no un fin en sí mismo. Cuando pensamos en un líder a lo largo de la historia, nos viene a la cabeza porque ha logrado algo destacable. Sin resultados nadie puede ser considerado un referente, pero el resultado es lo que se deriva del trabajo previo. La gente con mentalidad «ganadora» busca una meta pero se centra en el camino, porque si haces bien el camino la meta llega sola. Y centrarse cien por cien en el camino significa dos cosas: hacer las cosas de manera impecable (con excelencia) e implacable (sin excusas ni dilaciones).

5. **La inspiración puede surgir de múltiples formas: observando tu entorno, reflexionando sobre el trabajo realizado en el pasado, yendo a un mercado, de viaje o visitando un museo. Pero lo importante es transformar esa inspiración en realidad.**
La creatividad es un medio, no un fin. La creatividad por la creatividad no vale nada. Es interesante en la medida en la que está orientada a la creación de valor y aporta mejoras en algún ámbito. Aparte del talento creativo, también es vital el criterio, saber cuándo lo que se ha hecho es válido o no. Ferran Adrià lo tiene claro: «En creatividad, no todo vale. La descontextualización, la ironía, el espectáculo, la *performance*, son completamente lícitos, siempre que no sean superficiales, sino que respondan o se conecten con una reflexión gastronómica». La creatividad (aspecto emocional) deber estar conducida y dirigida por la razón (aspecto racional), porque la emoción sin razón desemboca en el caos. Esto explica por qué muchos artistas han fallecido en la miseria sin ver reconocidos sus méritos. Su única preocupación era crear por crear sin más.

6. **El éxito no es derivado de la suerte. Para tener éxito hay que trabajar intensamente, con profesionalidad, entrega, pasión, rigor y disciplina. El éxito es una derivación del trabajo bien hecho durante mucho tiempo.**
Y nos quedamos con esta última parte de la reflexión: «durante mucho tiempo». Si alguien piensa que los grandes logros se gestan en dos días, mejor que pliegue velas, regrese a puerto y no pierda el tiempo. De grandes esfuerzos, grandes recompensas. Ferran Adriá llegó a El Bulli en el año 1984 y recibió su primer galardón como mejor restaurante del mundo —luego vendrían cuatro más— ni más ni menos que en el año 2002, es decir, veinte años más tarde y con jornadas maratonianas de doce y catorce horas todos los días. El tiempo es esencial para que las cosas maduren,

tomen forma, echen raíces y sean consistentes. Los éxitos duraderos se levantan siempre sobre pilares sólidos. Otra cosa no es sino ingenuidad.

7. **La ambición sin paciencia es peligrosa.**
En un mundo dominado por el «vales lo que ganas» siempre existe la tentación de coger atajos, pero los atajos habitualmente no conducen a ningún sitio interesante. El deseo irrefrenable de rentabilidad inmediata conduce a menudo a comportamientos poco éticos. Todo lo bueno de la vida se cocina con esfuerzo y entrega, y cuando uno intenta saltarse esta norma, no suele salir bien parado. La inmediatez es uno de los grandes enemigos de la integridad. Cuando algo crece como la espuma hay que empezar a sospechar que está construido sobre materiales de barro y acabará viniéndose abajo. Fue el filósofo Ortega y Gasset quien dijo: «Toda verdad ignorada prepara su venganza». Quien la hace, casi siempre la paga. La táctica del engaño no suele tener vida eterna. Cuando uno se salta las normas (leyes) y la ética (moral), siempre se dejan perjudicados a lo largo del rellano, y en algún momento, la treta se destapa y todo acaba saltando y estallando por los aires.

8. **El que quiera apostar a la parte más alta de la pirámide creativa tiene que hacer sacrificios en la vida personal.**
Ninguna opción es mejor que otra, lo que sí es importante decidir es a qué se quiere jugar en la vida, sabiendo que cada alternativa tiene un precio, y cuanto más alto se apunta, más precio hay que pagar. A la hora de fijar nuestras metas sólo hay que hacerse esta pregunta: ¿Estoy o no estoy dispuesto a pagar el precio? Nuestro tenista más internacional, Rafa Nadal, después de llegar a número uno del mundo hacía estas declaraciones en un medio de comunicación: «Todavía a día de hoy me sigue pareciendo excesivo lo que mi tío Toni me exigía de pequeño». Parece que cuando

uno llega al primer puesto del escalafón todo esfuerzo está justificado. A pesar de ello, el tenista de Manacor sigue diciendo que le parece excesivo lo que su tío y entrenador le exigía de pequeño, lo cual es indicativo de lo que ha sufrido por el camino para llegar donde ha llegado.

9. **Nunca pasé por una escuela de cocina. Quizá por eso me cuestioné todo de una manera tan descarada.**
En alguna ocasión se ha dicho que «no hay nada peor que un experto para evitar el progreso en un campo». Tiene sentido, ¿verdad? Contemplamos la realidad desde nuestro paradigma —el de nuestra especialidad— y eso es bueno para algunas cosas —para ejecutar con eficacia lo que ya sabemos— pero no tanto para otras cosas —por ejemplo, para innovar— ya que limita a la hora de ver más ángulos de vista. Por eso la diversidad es tan enriquecedora, porque te permite contemplar otras cosas que no entran en nuestros esquemas mentales. Heráclito de Éfeso afirmaba que «el que sólo sabe de medicina, ni de medicina sabe»; y el político John Stuart Mill propugnaba que «una persona no puede ser economista si no es más que eso»; punto en el que coincidía con John Maynard Keynes para quien «todo economista debería ser en cierta medida matemático, historiador, hombre de Estado y filósofo». Cuando abrimos los ojos a realidades diferentes y dejamos que entre aire fresco en nuestra mente se producen resultados sorprendentes. El experto suele estar demasiado viciado por sus condicionamientos (prejuicios y creencias) y eso dificulta mirar más allá de lo que cree.

10. **Talento es la capacidad de destacar en cualquier ámbito, y es consecuencia de una preparación anterior y un desarrollo en la actividad basado en el conocimiento, espíritu de mejora y sobre todo, pasión. Sin pasión, no hay talento.**
Talento es poner en acción tu pasión. Talento es sacar a jugar el partido aquello que más te gusta hacer. Y cuanta

mayor sea tu pasión, más ganas y compromiso pondrás en la tarea, con lo que ello supondrá en resultados. La figura de Chris Gardner, que dio lugar a la película *En busca de la felicidad*, protagonizada por Will Smith, decía: «No hay plan B para la pasión. Haz lo que amas y el éxito te llegará». Todo nace de ahí. Y luego, por si a alguien le queda alguna duda, conviene recordar que no hay gran talento sin gran esfuerzo. El talento no es otra cosa que la suma del estudio y la práctica acompañados de un *feedback* oportuno que permite ir ajustando el tiro con mayor precisión hasta convertirse una persona en un referente en alguna disciplina. Howard Gardner, creador de la teoría de las inteligencias múltiples, lo tenía claro: «Hace una falta de década de trabajo duro para que el talento se convierta en genio». Una década, como mínimo, añadiríamos, porque el proceso nunca acaba. Robert Schuller también sentenciaba: «Los logros espectaculares siempre van precedidos de una preparación espectacular».

GANDHI

Gandhi (1869-1948), más conocido como «el Mahatma», fue abogado, pensador y activista político. Se erigió en figura central del movimiento de independencia indio caracterizado por la defensa de la no violencia activa. Encarcelado en diferentes ocasiones, fue considerado un héroe nacional. Su vida y obra dieron lugar a la película *Gandhi* (1982), que recibió ocho premios Oscar de la Academia de las Artes y las Ciencias Cinematográficas estadounidense.

1. **La persona que no está en paz consigo misma, será una persona en guerra con el mundo entero.**
   El universo refleja lo que tú irradias, y es un espejo de tu yo más profundo, de lo que alimentas dentro de ti. Tu «mundo exterior» no es más que una proyección de tu «mundo interior». Para reconciliarse con el mundo, primero hay que reconciliarse con uno mismo. Todo se produce de «dentro» hacia «fuera», aunque creamos que es al revés y nos afanemos en echar la culpa de lo que nos pasa a las circunstancias o a los demás. «La vida es como un espejo —afirmaba el líder indio—, te sonríe si la miras sonriendo.»

2. **Perder la paciencia es perder la batalla.**
   La paciencia es la prueba de fuego de la resistencia emocional. Es una de las virtudes más difíciles de hallar en los procesos de desarrollo personal, ya que hablar de paciencia es hablar de futuro, y el futuro no nos lo puede garantizar nadie por escrito. Hablar de futuro es hablar de FE (con mayúsculas), de tener la convicción de que, si uno no pierde

de vista el objetivo y trabaja duro, el fruto acabará llegando. Pero ninguna persona lo puede avalar por adelantado. Y conviene no confundir paciencia con pasividad. Paciencia no es esperar quieto a que sucedan las cosas. Paciencia es actuar insistentemente en una determinada dirección provocando que ocurran cosas.

3. **Perdonar es el valor de los valientes. Solamente aquel que es bastante fuerte para perdonar, sabe amar.**
   El perdón no cambia el pasado, pero sí el futuro. Es un regalo que te das a ti mismo. Cuando no se perdona, uno alimenta sentimientos de rencor, odio e ira que nos causan una gran insatisfacción interior, que nos carcomen por dentro y producen infelicidad. El perdón es la respuesta más inteligente contra el mal. El propio Gandhi decía: «Ojo por ojo y el mundo acabaría ciego. No dejes que se muera el sol sin que hayan muerto tus rencores». El perdón es, quizá, la actitud que mejor deja al descubierto la grandeza de una persona.

4. **Mi vida es mi mensaje. Tú debes ser el camino que deseas ver en el mundo.**
   Si tú mejoras, el mundo mejora. No somos lo que decimos, somos lo que hacemos. No hay nada más inspirador que el ejemplo. No hay nada más cautivador que la coherencia entre discurso y conducta. Las palabras sirven de estímulo para ponerse a caminar, pero, si esas palabras no van acompañadas de hechos, producen una tremenda decepción. Está bien escuchar a las personas, pero, sobre todo, hay que observarlas para ver cómo se comportan. Gandhi también señalaba: «La felicidad se da cuando lo que piensas, lo que dices y lo que haces están en armonía».

5. **Tu trabajo es descubrir tu trabajo y luego entregarte a él con todo tu corazón.**

Tu trabajo no es la profesión que realizas, tu trabajo es aquel en el que pones tu alma. No estás en el mundo por accidente. Tienes una misión que cumplir y sólo tú la puedes realizar, sólo tú eres el protagonista; el resto de los papeles pertenecen a otras personas. Sólo entonces es posible hacer un auténtico servicio a la comunidad y estar bien con uno mismo. Si te traicionas y te dejas seducir por profesiones con más *glamour* o por otras alternativas con mayor aprobación social, nunca estarás satisfecho. Baltasar Gracián lo expresaba con estas palabras: «Cualquiera hubiera triunfado de haber descubierto su mejor cualidad».

6. **Nunca podrás saber qué resultados se obtienen de tus acciones, pero si no haces nada, no habrá resultados.**
Haz o muere. Nadie nos puede asegurar el desenlace de nuestras acciones. Nadie nos puede garantizar los resultados. Hay que actuar y tener fe, ponerse en movimiento y confiar. Querer tener por anticipado todo el camino despejado es firmar que no se hará nada. Theodore Roosevelt, quien fuese presidente de Estados Unidos entre 1901 y 1909, decía: «Haz lo que puedas, con lo que tienes y donde estés». En definitiva, *move forward*.

7. **Sólo soy un hombre corriente con una habilidad inferior a la media. Soy un idealista práctico y no reconozco ningún otro talento para explicar lo que he logrado. No tengo ninguna duda de que cualquier hombre o mujer pueden hacer lo mismo que yo he hecho, si tienen la misma paciencia y cultivan la misma fe que yo he cultivado.**
Gandhi reflexionaba aún más sobre esta idea: «Las personas suelen convertirse en lo que creen ser. Si estoy convencido de que puedo hacerlo, adquiriré con seguridad la capacidad de hacerlo, aunque pueda no tenerla al principio». Con la actitud adecuada, con el esfuerzo necesario, con la paciencia requerida y con una fe inquebrantable de fondo, cualquier

meta es posible. Nada, por otra parte, que no esté a disposición de cualquier persona. No se trata de superpoderes ni de pócimas mágicas.

8. **No hay camino para la paz, la paz es el camino.**
La paz, como la felicidad, no es una estación de llegada. La paz, como la felicidad, está aquí y ahora, en este momento. La paz tiene que ver con cada gesto cotidiano y diario. Porque la realidad no es otra cosa que la manifestación de la conciencia colectiva de la humanidad; el resultado del sumatorio de todas nuestras acciones (y no acciones) colectivas. Si el mundo está enfermo es porque nosotros estamos enfermos. El estado natural del universo es de armonía, y todos los desajustes existentes los introduce el ser humano con su comportamiento. Pero siempre hay esperanza, porque en cualquier instante podemos cambiar nuestro comportamiento. Gandhi precisaba: «No debemos perder la fe en la humanidad, que es como el océano: no se ensucia porque algunas de sus gotas estén sucias».

9. **El que quiera mantener una firme amistad con Dios debe permanecer solo o bien hacer del mundo entero su íntimo amigo.**
Y para ello es importante tener presente otra idea del pensador indio que a menudo se pasa por alto: «Tú y yo no somos más que una sola cosa: no puedo herirte sin hacerme daño». Todos somos uno y todo es la misma cosa. Una actitud negativa hacia los otros sólo trae más negatividad hacia la propia vida, mientras que una actitud positiva hacia los demás provoca el efecto contrario. Nuestra atención crea la realidad. Somos nuestra atención. Las personas somos energía vibrando en distintas frecuencias, y si esa energía es positiva, se traduce en circunstancias positivas, y si es negativa, se traduce en circunstancias negativas. Por decirlo de manera resumida: la vida no te sucede, la vida te responde.

10. **La verdad nunca daña una causa justa.**
La verdad sólo tiene un camino, aunque duela. Engañar siempre es mal negocio. Cuando uno no sigue los dictados de la ética, rara vez suele salir bien parado; antes o después, el engaño se vuelve en nuestra contra. No traiciones a los demás ni tampoco a ti mismo. Gandhi precisaba también: «Mucha gente, especialmente la ignorante, desea castigarte por decir la verdad, por ser correcto, por ser tú. Nunca te disculpes por ser correcto o por estar años por delante de tu tiempo. Si estás en lo cierto y lo sabes, que hable tu razón. Incluso si eres una minoría de uno solo, la verdad sigue siendo la verdad».

GUY KAWASAKI

Guy Kawasaki (1954) es uno de los mayores expertos en temas relacionados con las nuevas tecnologías y el marketing. En esta última actividad, fue responsable de Macintosh a mediados de los años ochenta, y con gran éxito. En unos años más que difíciles para la empresa fundada por Steve Jobs, su trabajo fue tremendamente valioso, lo que le sirvió para obtener el reconocimiento internacional. En la actualidad dirige Garage Technology Ventures, una de las empresas de capital riesgo más importante de Estados Unidos. Es autor de diferentes libros, como *El arte de empezar* y *El arte de cautivar*.

1. **No se trata de empezar siendo grande, sino de terminar siendo grande.**
   El error de muchos emprendedores es siempre el mismo: querer convertirse en millonario de un día para otro. Rara vez eso ocurre. Detrás de cualquier historia deslumbrante que aparece en las páginas salmón de los periódicos hay mucho tesón. La mejor filosofía es el «pasito a pasito»; sin prisas, pero sin pausa. Hay que empezar a caminar y no parar; cada día un poco. Lo importante es tener como obsesión el dar siempre lo mejor; y disfrutar mucho del camino. Si se hace así, el resultado, de una u otra manera, acabará llegando.

2. **Siempre hay, en algún lugar, dos tipos en un garaje planeando tu desaparición. O vas por delante de ellos, o lo lograrán.**
   La época de las ventajas competitivas duraderas ya pasó. Los competidores nunca están parados. Si tu negocio, produc-

to o servicio es bueno y tiene una demanda atractiva, te intentarán copiar o incluso hacerlo mejor. ¿Cómo sobrevivir? Siendo «eternamente jóvenes». Teniendo una actitud de mejora constante. ¿Es fácil? No, pero no existe otra opción.

3. **No hay que tener miedo al fracaso, es una parte más del camino hacia el éxito. Si estamos esperando a probar y probar y mejorar en exceso nuestro producto, jamás lo lanzaremos en el momento idóneo. Lánzalo y, después, que el usuario lo pruebe. Él te dirá si tiene éxito o no. No presupongas nada.**
En el mundo de los emprendedores casi siempre la mejor opción es «disparar primero y apuntar después». Hasta que no se lanzan los productos y servicios al mercado no se sabe cuál será la reacción de los consumidores. Se pueden intuir ciertas cosas, pero son los clientes los que finalmente confirman o rechazan nuestros presagios. No siempre se acierta: aquello que se pensaba que podría triunfar acaba pasando desapercibido, y aquello que se pensaba que no gustaría termina siendo un éxito. No hay que dar nada por supuesto. Lo mejor es poner en el mercado nuestra propuesta y esperar reacciones. Y, a partir de ahí, ajustar el tiro.

4. **Las organizaciones son exitosas debido a la buena implementación, no a los buenos planes de negocios.**
El papel resiste cualquier tipo de argumentación. Cualquier consultora de prestigio, con un poco de estudio y análisis, es capaz de hacer un buen diagnóstico y concluir qué hacer (líneas estratégicas) y cómo hacerlo (planes de acción). Pero el éxito está en convertir planes estratégicos en resultados. El éxito está en la ejecución, y ésta depende de dos factores: primero, del compromiso de la alta dirección con el proyecto; y segundo, de la capacidad de liderazgo de los directivos para que se haga realidad movilizando a los equipos y venciendo todo tipo de resistencias al cambio.

5. **Siempre hay un mercado nuevo o por explotar.**
No hay nada más mediocre que decir: «está todo inventado». Define a la persona que expresa esas palabras por su boca. Oportunidades siempre existen: en todos los mercados, en todas las industrias, en todos los países. El razonamiento es el inverso: «está todo por hacer». Y para intentar descubrir esas oportunidades es importante ser observador y curioso. El mercado siempre da pistas de por dónde avanzar y cómo obtener una diferenciación. Basta tener la sensibilidad para saber descifrarlas.

6. **El 90 % de las presentaciones son una mierda.**
En el mundo de la empresa todo son presentaciones: a clientes, a proveedores, a empleados, a inversores, a *partners*, etcétera. Y el éxito de una presentación está en su capacidad de impactar. Sin embargo, no es fácil encontrar profesionales que hagan buenas presentaciones: que tengan la duración adecuada («jamás he visto una presentación demasiado corta», Kawasaki *dixit*), la estructura correcta, el texto preciso, unas imágenes atractivas..., en definitiva, que cautiven. Cada presentación es una ocasión de vender, de ganar credibilidad, de mejorar la marca personal, por tanto, no debería dejarse el resultado final en manos de la improvisación y tendríamos que dedicarle tiempo y esfuerzo suficientes a su preparación. Las horas dedicadas a preparar una presentación no son gasto, sino inversión.

7. **Toda comunicación causa una impresión en términos de marketing, y todo el marketing debería comunicar algo con verdadero significado.**
No existe la posibilidad de «no comunicar». Todo es comunicación: palabras, gestos, forma de vestir, de participar en Twitter, de interaccionar en Facebook, de compartir en LinkedIn, de aportar en Google+. El propio Guy Kawasaki dice: «Una persona puede ser cautivada con una simple ac-

tualización de estado en Facebook». Por tanto, la cuestión es cómo aprovechar cada ocasión de comunicación para crear impacto y generar beneficios. Pero el marketing no sólo debe prestar atención a la «forma», al impacto emocional, sino también al «fondo», al sentido, que es lo que da lugar a relaciones duraderas y sostenibles a largo plazo.

8. **Sigue las reglas según tus intereses. Cambia el mundo.**
Las reglas hablan de normas, y hablar de normas es hablar de algo cotidiano y habitual. El éxito siempre está asociado a las excepciones, del tipo que sean, y se vincula a la posibilidad de ofrecer alguna diferencia respecto a lo estándar. Es cierto que apartarse de lo conocido exige valentía para asumir riesgo, y que cuando uno asume riesgo se puede equivocar, pero no hay otra alternativa si uno quiere tener éxito empresarial. De otro modo se acaba siendo uno más del montón. Como dice Kawasaki: «Al final, o eres diferente o eres barato».

9. **La mejor razón para comenzar una organización es que ésta tenga un sentido: el de crear un producto o servicio que haga de este mundo un lugar mejor.**
Pocos emprendedores tienen en cuenta este detalle: centrarse en el *why* (por qué) antes que en el *what* (qué) o en el *how* (cómo). El sentido de la compañía está más allá del intercambio comercial y lo estrictamente financiero. Las empresas que dejan huella, que sortean mejor las crisis y que tienen una reputación más sólida son aquellas que buscan algo más que la mera obtención de beneficios. Son negocios «con causa». Jack Trout, autor de *El poder de lo simple: una guía empresarial para eliminar lo absurdo y ser más racional*, lo explicaba bien: «Los que sólo viven para los números mueren por los números».

10. **La próxima vez que sientas que no puedes vivir sin algo espera una semana y comprueba si sigues vivo.**

No se trata de no gastar, sino de hacerlo oportunamente. Es importante hacer una distinción clara entre necesidades y deseos. Hay gente que convierte deseos en necesidades creándose presiones innecesarias que antes o después acaban volviéndosele en su contra. La austeridad es un concepto que nunca debe descuidarse si uno es emprendedor. Es importante no tirar la casa por la ventana cuando las cosas van bien, porque nada es eterno, y porque bajar de escalón siempre es complicado. Por otro lado, en momentos de bonanza es recomendable ir creando músculo financiero para cuando la cosa no sea tan boyante. Tener un colchón de liquidez suficiente nos permitirá no vernos obligados a cerrar por incapacidad para hacer frente a los compromisos financieros.

HENRY FORD

Henry Ford (1863-1947) fue el fundador de la compañía Ford Motor Company. Dio lugar al «fordismo», sistema que, gracias a la producción en cadena, permitió la fabricación de un gran número de automóviles a bajo coste. La introducción del Ford T en el mercado automovilístico revolucionó el transporte y la industria en Estados Unidos. Ford fue un inventor prolífico que registró casi doscientas patentes. Como único propietario de la compañía Ford, se convirtió en su época en una de las personas más ricas del mundo.

1. **Los que renuncian son más numerosos que los que fracasan.**
   La mayoría de las personas, al no ver resultados inmediatos, se da por vencida. No es que fracase, sino simplemente que ha dejado de intentarlo. Si siguiese, conseguiría el resultado deseado, pero al rendirse ha puesto punto final a su sueño. El 90 % del éxito consiste en seguir intentándolo. A fuerza de buscar senderos, de tocar puertas y de hacerse preguntas se acaba encontrando el camino para llegar allí donde previamente se deseó estar. El éxito es siempre una cuestión de perseverancia.

2. **Busco hombres que tengan la infinita capacidad de no saber lo que no se puede hacer.**
   La misión del cerebro no es descubrir la verdad, sino crear coherencia con sus creencias. Cuando el cerebro cree que algo es posible, busca alternativas para lograrlo; cuando cree que algo es imposible, busca excusas para confirmarlo. No

es casual que Henry Ford afirmase: «Tanto si piensas que puedes como si piensas que no puedes, estás en lo cierto». El cerebro es un excelente órgano buscador de soluciones cuando se le da una orden precisa o una meta que alcanzar. Para el cerebro, la claridad es fuerza. Dicho de manera resumida, una vez que se programa una meta en el subconsciente, ésta cobra vida propia. Y esto es así porque en el cerebro se pone en funcionamiento el SAR, o Sistema de Activación Reticular. El cerebro fija toda su atención en captar la información necesaria para hacer realidad las metas fijadas por anticipado. Sin embargo, cuando al inconsciente se le indica que algo es imposible, el cerebro da por zanjado el tema. Desconecta la búsqueda y registro de información. El SAR no hace ningún intento de hallar soluciones porque no tiene sentido. La respuesta ya la tiene: no hay solución. Ésa es la orden (meta) dada al cerebro.

3. **Imposible significa, simplemente, que no has encontrado la solución.**
Los únicos límites están en la creatividad, la cual no tiene límites. Es cuestión de investigar, probar y perseverar. Prueba y error. Un camino lleva a otro, y éste al siguiente. Y así, poco a poco, se avanza hasta que se va aclarando el panorama y uno da con la combinación que abre la caja fuerte. La historia de la civilización ha sido una continua búsqueda de soluciones a problemas. En cualquier época de la historia en la que ha habido progreso ha sido gracias a la creatividad humana. El hombre dominó el fuego, creó la rueda, inventó la escritura, ideó las matemáticas, descubrió la electricidad, el teléfono, el avión, el coche y todos los avances de los que disfrutamos y nos beneficiamos hoy día. Sustituye, en inglés, *Impossible* por *I'm possible*. Cuando no se ha encontrado la solución a un problema es que todavía no se ha trabajado lo suficiente en su resolución.

4. **Los hombres superficiales creen en la suerte y las circunstancias. Los fuertes creen en las causas y sus efectos.** Hay personas que hacen depender su vida de un golpe de suerte que les permita ser lo que quieren ser y vivir la vida que realmente desean vivir. Rara vez ésta aparece, y, cuando lo hace, habitualmente se va con la misma rapidez con que llegó. Es algo coyuntural, circunstancial, efímero. Otras personas, en cambio, crean su suerte provocando que las cosas sucedan. Con gran agudeza Victor Hugo llamaba «mezquina» a la suerte porque, según el escritor, «su falso parecido con el verdadero mérito engaña a los hombres». Hacer (o no hacer) ciertas cosas produce unos resultados; y hacer (o no hacer) otras cosas produce otros resultados. Es la ley de la acción-reacción, la ley de la causa-efecto.

5. **No te puedes crear una reputación basándote en lo que piensas hacer.** Tu reputación sólo depende de una cosa: de tus resultados, de lo que has logrado hasta el momento, de tu pasado y de tu trayectoria. El resto es palabrería y no es sostenible a medio y largo plazo. Da igual los títulos que tengas colgados en la pared de tu despacho, lo importante es lo que has demostrado con tu experiencia. No hay mejor aval que los logros conseguidos para generar una buena marca personal y vender más.

6. **El fracaso es simplemente la oportunidad de comenzar de nuevo, esta vez de forma más inteligente.** Edwin Herbert Land, fundador de Polaroid, decía: «Un error es un acontecimiento cuyos beneficios todavía no se han convertido en una ventaja». No es posible expresarlo de mejor manera. Hay que fallar cien golpes en la herradura para acertar una vez en el clavo. Las cosas casi nunca salen bien a la primera, a veces ni siquiera a la segunda o a la tercera. Tardan tiempo en llegar. Cada experiencia es una pieza más del puzle del

éxito que hay que saber digerir y encajar oportunamente sin desanimarse. El arte de vencer se aprende siempre de las derrotas.

7. **Los obstáculos son esas cosas espantosas que uno ve cuando aparta los ojos de la meta.**
Si algo es fácil, probablemente no merece mucho la pena. Toda rosa tiene espinas. Pero casi siempre la realidad tiene que ver mucho más con cómo se afronta que con cómo es en sí misma. Se pueden ver los obstáculos como problemas o como retos. Para ello, es importante que los sueños sean propios y no prestados, porque entonces la motivación siempre acaba imponiéndose a la desesperación. Cuando ocurre lo contrario, lo más habitual es abandonar. Los obstáculos son pruebas del universo para ver hasta dónde estamos dispuestos a luchar por nuestros sueños, para distinguir entre los que dicen que quieren algo de los que realmente lo quieren. Mientras los primeros desisten, los segundos insisten.

8. **La mayoría de la gente gasta más tiempo y energías en hablar de los problemas que en tratar de resolverlos.**
«No halle culpables, halle remedios», insistía una y otra vez Ford a su equipo. Es uno de los rasgos que distinguen a los perdedores de los ganadores. Los primeros buscan excusas; los segundos, soluciones. La gente de éxito no deja que nada le despiste de su objetivo, por eso no dedica ni un minuto a lamentaciones infantiles y concentra toda su atención y energía en cómo generar alternativas y sortear los obstáculos para seguir avanzando.

9. **Nada es duro si lo divides en tareas pequeñas.**
Cualquier meta es posible si uno no se exige lograrla de un día para otro. Precisamente, un error frecuente que se comete es intentar saltarse pasos y etapas, coger la vía del atajo rápido, pretender llegar demasiado rápido a destino. Ése es

el camino seguro de la frustración. A menudo, el problema está en que nos exigimos demasiado a corto plazo, y, como es lógico, al no poder responder a ese exceso de expectativas, nos venimos abajo y abandonamos. La filosofía del «pasito a pasito», que ya apuntábamos antes, es una recomendación que no tiene mucho *glamour*, pero sí resulta muy útil y eficaz. Un gran éxito no es otra cosa que la suma de muchos pequeños éxitos.

10. Una empresa totalmente dedicada al servicio no tendrá que preocuparse de los beneficios. Ellos serán grandes.
A los clientes no les importan los productos o servicios que ofrecemos, sino lo que esos productos o servicios pueden hacer por ellos, es decir, las soluciones que les aportan. Se trata de cambiar el enfoque del «cuánto gano» al «cómo sirvo». A partir de ahí, hay una oportunidad de ganar dinero. Enfoca el zoom en cómo solucionar la vida a la gente y en cómo hacerlo de la mejor manera posible incrementando el valor que se ofrece cada día. Ponte siempre en su lugar y te lo retribuirán oportunamente.

JACK CANFIELD

Jack Canfield (1944) es un conferenciante y escritor en temas de desarrollo personal. Es autor de *Sopa de pollo para el alma*, título que dio lugar a una serie de libros derivados que han vendido más de 112 millones de copias en cuarenta países. En 2004 creó The Transformational Leadership Council, que engloba a diferentes líderes y pensadores, para difundir las ideas de éxito en temas de liderazgo y *management*. Es autor, solo o en colaboración, de otras obras, entre las que destacan *Los principios del éxito* y *El poder de mantenerse enfocado*.

1. **No te preocupes por los fracasos, preocúpate por las posibilidades que pierdes cuando ni siquiera lo intentas.**
   El hecho de intentar algo, con independencia del resultado final, nos proporciona experiencia y nos coloca en una posición más privilegiada para ulteriores retos, y, en cualquier caso, siempre un paso por delante de aquellos que no intentaron nada, y por tanto, que se mantienen en la misma posición de partida. Puedes evitar fallar no arriesgando, pero a costa de lo más importante: evolucionar y crecer. Hay gente que nunca se ha equivocado, pero toda su vida es un error.

2. **Todo lo que quieres está ahí fuera esperando que lo pidas. Todo lo que quieres también te quiere a ti. Pero tienes que actuar para conseguirlo.**
   No hay otra alternativa. Si quieres algo, tienes que actuar. Ve a por ello. No te demores porque nada tarda tanto como lo que no se empieza. Ya lo decía Karen Lamb: «Dentro de un año te arrepentirás de no haber empezado

hoy». A lo mejor, lo conseguido durante el primer mes te parece poco. Espera seis meses y verás en qué se ha convertido. Espera un año y comprueba hasta dónde has llegado. Lo único importante en la búsqueda de tus sueños es que sean tuyos, porque si no es así, es fácil que la debilidad a lo largo del camino haga mella. Decide lo que quieres en la vida, empieza a actuar y date tiempo, las cosas acabarán funcionando.

3. **Defendemos nuestros malos hábitos como beber o fumar con lógica indefendible, e ignoramos los consejos útiles, dejamos de aprender nuevas habilidades, desperdiciamos el tiempo en los aspectos triviales de la vida, nos entretenemos en conversaciones inútiles, comemos alimentos poco saludables, no practicamos ningún ejercicio, gastamos más dinero del que ganamos, no invertimos en nuestro futuro, evitamos conflictos necesarios, nos abstenemos de decir la verdad, no pedimos lo que queremos, y luego nos preguntamos por qué nuestras vidas no funcionan.**
Nuestra vida es un reflejo de nuestros hábitos. Y si tu vida no es como te gustaría que fuese, probablemente tienes que modificar algunos de esos hábitos. Y ello exige esfuerzo. Un hábito no es otra cosa que un comportamiento que hacemos de forma natural, por tanto, cambiar de hábito implica hacer algo no natural, lo que supone luchar contra nuestra esencia, contra lo que somos, contra nuestra naturaleza, y eso reclama voluntad y trabajo duro, hasta que, a fuerza de repetir una y otra vez el comportamiento deseado, se interioriza y pasa a formar parte de nosotros. Cambiar de hábitos exige un plan, acciones concretas para materializarlo y disciplina férrea para cumplirlo sin saltárselo.

4. **La vida es demasiado corta para permanecer atascado en un trabajo que no se disfruta.**

El mismo Jack Canfield apunta: «Creo que hay en nosotros una genialidad interior, algo que nos encanta hacer, y que lo hacemos tan bien que prácticamente no creemos que debamos cobrar por hacerlo. Es algo que no nos cuesta trabajo y nos divierte. Si pudiéramos ganar dinero con esa actividad, la convertiríamos en nuestra forma de vida». Si tu trabajo es sólo un trabajo entonces no es tu trabajo. No desperdicies tu talento. Si eres bueno en algo, de lo que se trata es de ponerlo en valor, de profesionalizar tu pasión. El éxito consiste en llenar el frigorífico haciendo lo que a uno le gusta.

5. **Para poder tener éxito es necesario aprender a manejar el rechazo. El rechazo es parte normal de la vida. La gente que no acepta ser rechazada nunca logra nada.**
¿Cuál es el principal miedo a la hora de vender? El miedo al rechazo. ¿Cuál es el principal miedo que se esconde a la hora de pedir ayuda? El miedo al rechazo. Y existe tanto miedo porque a menudo se identifica un «no» con: no le gusto, no soy bueno, no soy capaz, etcétera. Debes saber que un «no» no es nada personal, no tiene que ver contigo, simplemente que la gente puede tener otras prioridades o no tener tiempo para atenderte. Siempre habrá ocasiones en que te van a decir «no». No le des más vueltas, y llama a otra puerta. Es bueno acostumbrarse pronto a que a uno «le den calabazas», porque, después de cada vez que ocurre, la siguiente duele menos, y luego llega un momento en que ya no te afecta en absoluto. Se llega así a un nivel superior en el que vas a «disparar» muchas más veces, con lo cual aumentan la probabilidades de que te digan «sí»; cuantos más disparos hagas, más posibilidades de dar en el blanco. Además, ¿cuál es el riesgo de que te digan que «no»? Quedarte como estabas, o sea, ningún riesgo.

6. **La persistencia es probablemente la cualidad más común de quienes alcanzan grandes logros.**

Todo el mundo que ha logrado algo grande se ha encontrado, en su escalada a la cima, con obstáculos desalentadores que invitaban a abandonar. Son gente que, cuando todo animaba a tirar la toalla, no perdieron nunca la esperanza y continuaron la marcha, haciendo suya la siguiente frase de Robert Frost: «Todo lo que he aprendido en esta vida se resume en dos palabras: sigue adelante». La perseverancia no es otra cosa que un compromiso firme que hacemos con nuestras metas.

7. **Siempre que se disponga a mejorar sus capacidades, cambiar su comportamiento o mejorar su vida, comience por incrementos pequeños. Querer hacer demasiado en poco tiempo sólo conseguirá desanimarlo.**
   Hay que evitar a toda costa las experiencias negativas. Si te exiges demasiado desde el primer día, fracasarás y te frustrarás, y ello te llevará a abandonar. Si te marcas metas pequeñas y las cumples, te sentirás bien contigo mismo, y ello te animará a seguir adelante. Ese poco sin importancia unido a otro poco sin importancia más otro poco que parece insignificante se acabarán convirtiendo en mucho un día. No te precipites. El amanecer sólo llega después de pasada la noche.

8. **La autoestima es un sentimiento basado en sentirse querido y sentirse capaz.**
   La autoestima, la opinión que tenemos de nosotros mismos, es muy importante para el éxito. Una autoestima saludable no significa creerse invencible, sino que uno siente que tiene todo lo que necesita para salir adelante con independencia de cuáles sean las circunstancias. Y para ello son fundamentales dos cosas: primero, sentirse querido, que tiene que ver con la calidad de las relaciones que tenemos; y segundo, sentirse capaz, que tiene que ver con la preparación y con los logros que alcanzamos. El éxito refuerza la autoestima y sirve de estímulo para nuevos retos.

9. **La regla del 18/40/60: a los 18 años uno se preocupa por lo que los demás piensan de él; a los 40 años a uno le da igual lo que los demás piensen de él; a los 60 años uno se da cuenta de que nadie nunca ha pensado en él.**
Si eres de los que se preocupan por lo que los demás piensan de ti, no te preocupes tanto. La mayoría de la gente está demasiado centrada en sus asuntos como para dedicar tiempo a pensar en los demás, y si piensan en uno simplemente es para saber qué opinan de ellos. Así que, relájate, haz lo que te apetece hacer y disfruta. Te sentirás más libre y serás más feliz.

10. **Hay esencialmente dos cosas que te harán sabio: los libros que lees y la gente que conoces.**
Mucha gente ha dejado su sabiduría impresa en papel. Aprovéchate del conocimiento y la experiencia de otros y acorta los períodos de aprendizaje. Leer no es otra cosa que incrementar los recursos con los que contamos para materializar nuestros objetivos. Leer es, en definitiva, aumentar nuestras posibilidades de tener éxito. Y dos, encárgate de aumentar tu red de contactos. Cultívala y cuídala. En esta vida todo son relaciones, y la calidad de tus relaciones determinará la calidad de tu éxito. Si no te gusta la gente, si no tienes una actitud positiva hacia las personas, si no cooperas con ella, si no eres cordial en el trato, si no mantienes el contacto, no llegarás muy lejos.

JACK WELCH

Jack Welch (1935-2020) ha sido uno de los directivos más aclamados de las últimas décadas. Entró a trabajar en General Electric (GE) en 1960, y en 1981 pasó a ser el octavo director general de la empresa. Durante su mandato, los beneficios de la compañía ascendieron a 400.000 millones de dólares, convirtiendo a GE en una de las empresas más grandes y admiradas del mundo. Fue elegido en diversas ocasiones mejor ejecutivo del siglo XX. Tras su paso por GE, Jack Welch se dedicó a asesorar a otras empresas a través de su propia compañía. Es autor de varios libros de empresa, como *Hablando claro y Winning (ganar): las claves para el éxito del ejecutivo más admirado.*

1. **Si no tienes nada diferente, no compitas.**
   El éxito siempre procede de la diferencia, por tanto, la primera pregunta que toda empresa debe hacerse es: qué tengo yo que los demás no tienen. Puede ser lo que ofreces, cómo lo ofreces, lo que haces sentir o incluso tu capacidad para ser notorio y tener visibilidad. En cualquier caso, si no tienes algo que te diferencia, tus posibilidades de éxito son muy limitadas. Y estarás en la media. Serás uno más.

2. **Enfrenta la realidad tal como es, no como era o como deseas que sea.**
   Uno de los rasgos que definen a los grandes líderes es que no niegan la realidad. Quieren saber lo que ocurre y con rapidez, porque entonces pueden adoptar acciones para enderezar el rumbo. A menudo disfrazamos la realidad de justificaciones y excusas infantiles con el objetivo de no asumir

nuestra responsabilidad o esperando que las cosas mejoren con el paso del tiempo. Pero las cosas no mejoran si tú no mejoras. Es más, suelen ir a peor.

3. **La gente que miente es simplemente débil. Dígales a sus empleados la verdad, porque, de todas formas, ellos saben la verdad.**
Afrontar los conflictos a cara descubierta define al líder. La honestidad, aunque a veces escueza, genera credibilidad. «Los líderes —dice Welch— crean confianza con su sinceridad y transparencia. Sea honesto con todo el mundo en la compañía.» Negar el conflicto o huir de él es propio de personalidades inseguras que son las menos aptas para ocupar un puesto de dirección. Los conflictos no son plato de buen gusto para nadie, pero hacer la vista gorda cuando éstos surgen los agranda. Eludirlos nos retrata como personas. La vida es un continuo conflicto (con los proveedores, los clientes, los empleados o el resto de las *stakeholders*), y el éxito está en su gestión. Bien gestionados, los conflictos te ayudan a crecer.

4. **La visión sin acción es un sueño. Acción sin visión es simplemente pasar el tiempo. Acción con visión es hacer una diferencia positiva.**
Primero: visión sin ejecución es alucinación. La visión (motivadora, retadora, estimulante) es la que nos permite ponernos en marcha, pero es la acción la que ejecuta y convierte sueños en realidades. Segundo: la acción tiene que tener un sentido y una lógica, de otro modo uno se pasa el día dando palos de ciego por aquí y por allá y anda como pollo sin cabeza. En resumen, las personas necesitamos metas que nos inspiren y aporten dirección como punto de partida, pero el auténtico liderazgo está siempre en la acción.

5. **Si tus acciones inspiran a otros a soñar más, a aprender más, a hacer más y a ser mejores, eres un líder.**

Toda persona que merezca el calificativo de líder tiene que ser inspirador, tiene que despertar entre su gente el espíritu de crecer, mejorar, evolucionar. Liderar es inspirar a otros a convertirse en aquello que desean ser. Un líder no puede ser una persona triste, apagada o gris. Los grandes líderes hacen que los demás también se sientan grandes e importantes. Todo avance logrado por la humanidad siempre ha sido estimulado por gente que ha sabido vender un «futuro ilusionante». El mismo Welch apunta: «El mundo será de los líderes apasionados y con empuje; gente que no sólo tenga una cantidad enorme de energía, sino que pueda proporcionársela a aquellos a quienes conducen».

6. **Cuando el ritmo de cambio fuera de la empresa es superior al ritmo de cambio dentro de la empresa, el final está cerca.**
La diferencia fundamental entre un líder y un gestor reside en cómo gestiona el cambio. Y si hay algo esencial en la gestión del cambio es la agilidad y la velocidad de respuesta a los movimientos del entorno. Es importante que las organizaciones tengan estructuras que faciliten la adopción de decisiones rápidas, así como su ejecución. Aunque no siempre, se da con mucha frecuencia que quien da primero, da dos veces. Actuar con rapidez ante los cambios del mercado suele producir jugosos réditos. Jack Welch decía: «La habilidad de una organización para aprender y convertir rápidamente lo aprendido en acción es su máxima ventaja competitiva. La burocracia es el Drácula de la empresa». Las empresas líderes son proactivas, nunca reactivas.

7. **La calidad es nuestra mejor garantía de la fidelidad de los clientes, nuestra más fuerte defensa contra la competencia y el único camino para el crecimiento y los beneficios.**
Cuanta más calidad, menos competencia; cuanta más calidad, más fidelidad por parte de los clientes; cuanta más calidad, más

beneficios. Tener como obsesión aportar valor y mejorar continuadamente son rasgos que definen a las empresas ganadoras, esas que sobreviven al paso de los años. Se ha dicho en alguna ocasión que la calidad se recuerda mucho tiempo después de olvidado el precio, y a menudo suele ser así. Steve Jobs, que tiene su propio capítulo en este libro, decía al referirse a Apple: «Comenzamos con una forma idealista de ver las cosas: hacer algo con la máxima calidad y hacerlo bien a la primera sería en realidad más barato que tener que volver a hacerlo».

8. **Las tres cosas más importantes que se necesitan medir en un negocio son: la satisfacción del cliente, la satisfacción del empleado y el *cash flow*.**
El mismo Welch lo explica: «La satisfacción del cliente lleva a incrementar la cuota de mercado; la satisfacción del empleado redunda en productividad, creatividad, calidad y orgullo; y el *cash flow* es el signo vital de la compañía». El análisis es claro. Primero, sin clientes, no hay ventas, y sin ventas, no se come. Toda organización debería preocuparse por tener una fuerte orientación al cliente. Segundo, las mejores organizaciones están orientadas a las personas. Empleados más satisfechos, empleados más felices; y es de sentido común que eso redunda en mayores beneficios en todos los ámbitos. Y, por último, hay que cuidar la caja de la liquidez. Muchas empresas no mueren porque no sean o no puedan ser rentables, sino porque no pueden cumplir con sus obligaciones financieras.

9. **Por encima de todo lo demás, los buenos líderes son abiertos. Van arriba y abajo, y dan vueltas por todos los rincones de sus organizaciones para llegar a la gente. No se quedan en los canales establecidos. Son informales. Son directos con la gente. Hacen que ser accesible se convierta en una religión para ellos.**

No se puede ser líder desde la distancia, entre cuatro paredes, instalado en el despacho sin contacto con la gente, metido en la cueva. El liderazgo es un deporte de contacto. El líder está permanentemente alrededor de su equipo, inspirándolo, compartiendo su visión y sus proyectos, pidiendo opinión y contrastándola con la suya. Una buena o mala comunicación es lo que hace que las relaciones personales fluyan o se enquisten. Sin comunicación no hay liderazgo. Por eso, un directivo no sólo debe ser accesible, sino que debe ser el que acceda a su gente. Si el diálogo no surge, está obligado a generarlo.

10. Los directivos inseguros crean la complejidad. Los directivos asustados y nerviosos utilizan libros de planificación muy gruesos y complicados, y diapositivas llenas de todo lo que han aprendido desde su infancia. Los líderes de verdad no necesitan confundir.

La gente necesita tener referencias claras sobre cuál es la estrategia general de la empresa, saber por qué se hacen las cosas y cuál es su papel dentro de la misma. Ello facilita enormemente la implicación y el compromiso, de otro modo, uno siente que es una pieza más de una cadena de montaje y el desánimo acaba aflorando. Para ello, como acabamos de apuntar, la comunicación desempeña un papel esencial; a la hora de comunicar es vital ser muy pedagógico, y la pedagogía siempre está unida a la sencillez. Welch resume muy bien esta cuestión: «Es increíble lo difícil que le resulta a la gente ser simple; cuánto miedo le da ser sencilla. A las personas les preocupa el hecho de que, si son simples, los demás pueden pensar que son tontos. En realidad, claro está, es justo al revés. La gente con la mente más clara y preparada es la más simple».

JEFF BEZOS

Jeff Bezos (1964) es el fundador y director ejecutivo de Amazon.com. Estudió Ingeniería Eléctrica e Informática en la Universidad de Princeton. Empezó trabajando para una compañía de fibra óptica, y más tarde lo hizo en Wall Street. En 1994 dejó su trabajo y se trasladó a Seattle, donde fundó, en 1995, Cadabra.com, una librería *online*. Tenía más de 200.000 títulos, y éstos se podían pedir también por correo electrónico. Poco después, la compañía pasaría a llamarse Amazon, por el río Amazonas. En 1996, Amazon tenía unos dos mil visitantes al día. Un año después, esa cifra se había multiplicado por veinticinco. En mayo de 1997, la compañía dio el salto al parqué bursátil. Y en diciembre de 1999, *Time Magazine* nombró a Jeff Bezos Personaje del Año.

1. **Tu marca es lo que los demás dicen de ti cuando no estás en la habitación.**
La marca personal no tiene tanto que ver con la realidad como con la percepción que el mercado tiene de ti. Lo relevante no es lo que eres, sino lo que los demás piensan que eres. Cada cosa que dices y haces te posiciona de una manera u otra, te guste o no. Es más, esa imagen existe aunque no digas ni hagas nada, porque la gente se formará una opinión sobre tu persona. Todo el mundo tiene una marca personal, aunque no sea consciente de ella. Lo que importa es si la gestionas o no, es decir, si los demás piensan de ti lo que tú quieres que piensen.

2. **Trabaja duro. Diviértete. Haz historia.**

No son cosas incompatibles trabajar duro y divertirse. De hecho, cuando se fusionan ocio y negocio, trabajo y placer, pasión y disfrute, entonces es posible alcanzar la tercera pata de la ecuación: hacer historia. El talento siempre está relacionado con el placer. La mayoría de la gente ve la actividad laboral como una carga diaria (trabajar para vivir), y así es difícil hacer una contribución trascendente a algo más grande que uno mismo, algo que marque diferencias y que motive de verdad. Es necesario trabajar para comer, pero el trabajo debe ser algo más.

3. **Es necesario anticipar un cierto grado de fracaso.**
Cuando uno está demasiado agarrotado a la hora de tomar decisiones por miedo al fracaso, termina moviéndose exclusivamente por terrenos conocidos, y eso es especialmente peligroso en entornos muy competitivos que exigen innovación permanente. El piloto Mario Andretti decía: «Si las cosas parecen estar bajo control, es porque no estás yendo suficientemente rápido». Un cierto fracaso forma parte de la vida del emprendedor. Nadie sabe a priori si algo funcionará o no; es el mercado en última instancia el que da el veredicto. Y no siempre se acierta. El propio Bezos explicaba una vez: «Estamos sembrando semillas de más porque puedo garantizar que todo lo que hacemos no va a funcionar».

4. **Debemos seguir aprendiendo. Si no lo hacemos y nos conformamos con nuestro negocio principal, los cambios se producirán sin nosotros, nuestros conocimientos se quedarán atrasados deprisa y estaremos en peligro.**
El éxito hoy día es más fácil que nunca, pero también es más efímero que en cualquier otra época de la historia. El aburguesamiento siempre ha sido contraproducente, pero en los tiempos actuales lo es aún más. Por ello, quien no tenga vocación y obsesión por la mejora continua lo pasará mal. No se trata de aportar valor al mercado, sino de ser capaz de

hacerlo de manera recurrente. Tal y como funcionan la mayoría de los mercados, hay que correr mucho simplemente para quedarse en el mismo sitio.

5. **La visión de Amazon es un mundo centrado en el cliente. Tenemos obsesión por el cliente.**
Empresas de éxito, empresas fuertemente orientadas al cliente. Si te pones en su lugar, te irá bien. Siempre con una mentalidad de servicio: mayor calidad, mejor precio, más sencillez, mejor atención posventa. Para ello es bueno hacerse siempre dos preguntas: qué mejorar y cómo hacerlo. Jeff Bezos decía: «Lo fundamental en el futuro va a residir en la personalización. Nuestro objetivo es confeccionar a cada cliente una tienda a su medida. Cuando usted entra en una librería tradicional, lo primero con lo que se topa es con los bestsellers, aunque jamás compre un bestseller. Y es que las tiendas físicas están pensadas para responder a los deseos del mítico consumidor medio. La verdad es que no tienen otra salida. No pueden reorganizar la tienda cada vez que un nuevo cliente llama a su puerta. En cambio, eso sí es posible en internet».

6. **Es más difícil ser amable que ser inteligente. La inteligencia es un don, la amabilidad es una elección.**
Y es una elección que depende de ti y que es muy rentable. Ser amable abre muchas puertas. A todo el mundo le gusta tener interlocutores agradables con los que compartir proyectos y jornadas. La gente amable transmite buenas vibraciones y atrae hacia sí multitud de oportunidades. Dicho de manera resumida: la amabilidad genera proyectos. Es de sentido común: ¿prefieres embarcarte en una aventura con una persona cercana y cálida en el trato o con otra fría, distante y conflictiva?

7. **No eliges tus pasiones, tus pasiones te elijen a ti. Uno de los grandes errores de la gente es querer tratar de forzar un interés en sí mismos.**

Lo que quieres ya lo sabes, sólo tienes que escucharte y dejar que se manifieste. Se trata de «estar abierto» y conectar con tu yo más íntimo. Hay mucha gente fuera de lugar, insatisfecha por dejarse seducir por el *glamour* de lo socialmente aceptable, de lo que está de moda, de lo que «pega»: *coaching*, *community manager*, *cool-hunter*, *personal shopper*, etcétera. Si lo haces, te alejarás de tu esencia, de tu autenticidad, y nunca podrás estar satisfecho, aunque económicamente te vaya bien. Cuando los sueños son prestados, los resultados suelen ser previsibles... para mal. La asesora de marcas Jan Marie Dore decía una vez: «La marca propia se refiere a determinar quién eres en lo más profundo de ti mismo, en lugar de inventar una marca con la que te gustaría ser percibido».

8. **Los libros no están muriendo, simplemente se están volviendo digitales.**
El ser humano es curioso por naturaleza, tiene necesidad de aprender y encontrar soluciones. Tenemos hambre y sed de conocimiento, y muchas respuestas están en los libros. Y éstos pueden adoptar diferentes tipos de formatos. Pero la esencia de lo que es un libro es difícil que desaparezca. Un buen libro no es sólo un libro. No son sólo datos e información. Es sabiduría, inspiración, esperanza, diversión, compañía… un soplo para la vida.

9. **Cuando tengas ochenta años, y en un momento tranquilo de reflexión, narrando sólo para ti la versión más personal de tu historia de vida, el relato que será más conciso y significativo será la serie de elecciones que hayas hecho. Al final, somos nuestras elecciones.**
La libertad individual siempre existe. Cada decisión, por pequeña e insignificante que parezca, va creando nuestro futuro. Cada decisión genera consecuencias en un sentido u otro. Y el sumatorio de todas esas decisiones conforma nuestro destino. Decidir hacer o no hacer una llamada pue-

de tener un gran impacto en nuestra vida; entablar o no entablar conversación con un desconocido, también; plantarle cara a tu jefe, lo mismo. Lo importante es que tú decides y eres siempre, para bien y para mal, el responsable de tus decisiones.

10. **Nos apoyamos sobre todo en el «boca a boca»; no en vano internet es una formidable caja de resonancia.**
Hoy día, en la red existe una inteligencia colectiva a la que acuden muchos consumidores a informarse. A la gente le gusta, primero, «presumir» de cosas buenas que han probado, y segundo, «recomendar» esas cosas buenas a su círculo de influencia. Les gusta ser *influencers*, erigirse en responsables de las decisiones de otras personas. Es una forma de obtener reconocimiento, y el reconocimiento no es otra cosa que una forma de aprecio, que es la necesidad humana más universal. Si lo que ofreces satisface al cliente, el cliente te satisfará a ti hablando bien y difundiendo tus productos, servicios o marcas. El «boca a boca» siempre ha sido una de las mejores armas de marketing, pero, en la actualidad, gracias a internet, tiene un efecto multiplicador que hace que su relevancia sea aún mayor.

JEFFREY GITOMER

Jeffrey Gitomer (1946) es un conferenciante, autor y formador estadounidense en temas de ventas, fidelización de clientes y desarrollo personal. Es autor de varios bestsellers incluidos en las listas de *The New York Times*, tales como *La biblia de las ventas* o *El pequeño «libro rojo» de las mejores respuestas en ventas*, traducido a catorce idiomas y del que se han vendido más de tres millones de ejemplares, además de ser incluido en la selección del libro *The 100 Best Business Books of All Time* [Los 100 mejores libros de negocios de todos los tiempos].

1. **Ama lo que haces. Si no lo haces, nunca te elevarás hasta la cima. Ámalo o déjalo.**
   Eso tiene un nombre: pasión. Es imposible ser bueno en algo con lo que no se disfruta. A lo sumo se obtendrá un cinco raspado y poco más. Todas las personalidades que vuelan alto y son halagadas por ser un referente en su sector, profesión o actividad están enamoradas de su trabajo. Steve Pavlina decía: «Es condenadamente difícil competir contra alguien que disfruta de lo que hace». El diez sólo es factible cuando talento natural y actividad profesional se fusionan. Cuando uno ama lo que hace siempre es más fácil dar lo mejor de uno mismo y estar un paso por delante de la competencia.

2. **La felicidad es «ahora». No una meta o un destino, sino «ahora».**
   Si no estás aquí, en este momento, no estás en ningún lado. Nada existe fuera del «ahora». En la película *El guerrero pa-*

cífico (2006), adaptación de la obra de Dan Millman, se da un interesante diálogo entre pupilo y maestro, un suculento mano a mano de preguntas y respuestas que encierran toda una filosofía de vida, como este diálogo:

—¿Dónde estás?

—Aquí.

—¿Qué hora es?

—Ahora.

—¿Qué eres?

—Este momento.

3. **El fracaso no viene de la falta de ventas, el fracaso viene de la falta de preparación.**

   La primera afirmación se centra en cuestiones externas, en endosar responsabilidades a terceros; la segunda afirmación se centra en cuestiones internas, en poner la responsabilidad en uno mismo. Como se ha dicho en más de una ocasión: uno no se ahoga porque se caiga al agua, sino porque no sabe nadar. Lo mismo es aplicable al mundo de las ventas. No hay que dejar de invertir jamás en la propia formación. Y hay que hacerlo cuando no hace falta (en épocas de vacas gordas) para estar preparados cuando haga falta (en épocas de vacas flacas). Hay que anticiparse. La mayoría de la gente reacciona demasiado tarde.

4. **Tu trabajo es ayudar a los clientes a visualizar el valor que obtendrán de ti.**

   Los clientes no quieren que les vendan nada sólo que les ayuden a resolver sus problemas y satisfacer sus necesidades. Sólo entonces compran. El éxito no está en comercializar atributos o productos, sino en vender beneficios. Poner en valor las soluciones (reducción de costes, ahorro de tiempo, mejora del estatus) que recibirá el beneficiario de aquello que ofrecemos.

5. **Los testimonios son fuerza de reputación y fuerza de ventas. ¿Cuántos tienes?**
No hay nada más eficaz que un cliente satisfecho que habla bien de nuestros productos o servicios. No hay recomendación más atractiva que la que nos hace un amigo directo o una persona que tiene credibilidad para nosotros. Muchas ventas tienen su origen en el «boca a boca» de personas conocidas de nuestro entorno. Ése es el mejor argumento de venta. De hecho, el 85 % de todas las ventas ocurren sólo después de que alguien dijera que el producto o servicio es bueno. Las opiniones de terceras personas siempre son mucho más creíbles que el autobombo que podamos hacernos a nosotros mismos. La «autopublicidad» siempre genera suspicacias.

6. **Primero da. Sé conocido como fuente, no como vendedor. Tu valor está ligado a tu conocimiento y tu disposición a ayudar a otros.**
Si quieres construir relaciones fuertes, preocúpate por ayudar a los demás a conseguir sus objetivos y solucionar problemas; entonces, ellos se preocuparán por ayudarte cuando lo necesites. Casi siempre nuestro comportamiento es el contrario: qué me das para que te dé. Nos han enseñado a relacionarnos bajo el enfoque de «a ver qué puedo sacar del otro». Pero no funciona así la cosa: el agricultor siembra, riega, poda, cuida la tierra y entonces obtiene la cosecha.

7. **Si haces una venta, puedes ganarte una comisión; si haces un amigo, puedes ganar una fortuna.**
La amabilidad es rentable, por tanto, éste es un asunto que no debería descuidarse bajo ningún concepto. Muchas veces compramos a quien nos cae bien. Gitomer lo tiene claro: «Si hay cien cualidades que debería tener un vendedor, la amabilidad está entre las tres primeras». La amabilidad cierra ventas; la amabilidad genera negocios; la amabilidad facilita la

continuidad de los contratos; la amabilidad ahorra muchas gestiones; la amabilidad, en definitiva, hace que las cosas fluyan mucho mejor. Y ¿qué es la amabilidad? Educación, respeto, sonrisas, cercanía, atención, generosidad, capacidad de escuchar y todos los comportamientos que dicta el sentido común de las buenas maneras. A todo el mundo le gusta tener un interlocutor de trato «cálido». La amabilidad cuesta poco y vale mucho.

8. **Pedirle a un cliente que te diga sus razones para comprarte te conseguirá cientos más de ventas del mismo tipo.**
   Primero, porque preguntarle a alguien acerca de su opinión sobre algún asunto es hacerle sentir importante, y eso siempre gusta, genera conexión y hace ganar puntos. Segundo, porque si escuchas y pones en práctica las razones expuestas, no tendrá alternativa para no comprarte. Tercero, porque probablemente sus sugerencias sean las mismas que las de otras personas con las mismas necesidades, lo que reportará múltiples beneficios.

9. **La razón por la que tienes que decir «¡confía en mí!» es que no te lo has ganado y te ves forzado a pedirlo.**
   La confianza, la lealtad o el afecto, por ejemplo, no se compran, no se piden, se ganan. Y sólo hay una forma de hacerlo: respondiendo a las expectativas generadas, o incluso, si es posible, superándolas. Y eso no es algo que se consigue de un día para otro. No. Es la coherencia demostrada al cumplir lo que se promete, de manera sistemática y a lo largo del tiempo. La marca (el crédito de confianza que tiene una persona o empresa) se cuece a fuego lento. Eso sí, cuando se logra, las cosas avanzan a otro ritmo, mucho más rápido. Y es así porque casi siempre es mucho menos importante qué se vende que quién lo vende. El porcentaje de ventas está muy relacionado con la capacidad de generar confianza.

10. **Los vendedores son conocidos por las preguntas que hacen.**
El mayor error que cometen los vendedores es hablar demasiado. Hay ventas que casi se pueden cerrar sin abrir la boca, simplemente mostrando interés en la otra parte y dejándola que hable ya está casi ganada. Dale al cliente la oportunidad de que se exprese sin interrupciones. Los buenos vendedores dejan que los clientes hablen y no cortan la conversación. Y, además, hacen preguntas, buenas preguntas, para que los clientes sigan hablando y mostrando sus inquietudes, preferencias y preocupaciones. Los vendedores de éxito han sabido hacer de escuchar y preguntar un arte.

JIDDU KRISHNAMURTI

Jiddu Krishnamurti (1895-1986) fue un conocido escritor y orador indio en temas filosóficos y espirituales como la meditación, las relaciones humanas, la naturaleza de la mente y cómo llevar a cabo un cambio positivo en la sociedad global. Autor de diferentes libros y ensayos, destacan, entre otros, *El arte de vivir* y *Libérese del pasado*. Recibió la medalla de la Paz de la ONU en 1984.

1. **La religión de todos los hombres debería ser la de creer en sí mismos.**
   Creer que se puede realizar algo, moviliza a ir a por ello; creer que no se puede, paraliza. Las creencias sobre nuestras posibilidades nos impulsan o nos reprimen, alzándonos o limitándonos en la consecución de nuestras metas. Dentro de cada persona existe un gran poder, la cuestión es si ese poder está activado o desactivado. Aprender a creer en uno mismo es el punto de partida para alcanzar objetivos. De otro modo se puede trabajar muy duro sin conseguir nada. Por eso, el primer reto de toda persona debería ser el de regar el jardín de la mente a través de la repetición de mensajes positivos que empiecen a interiorizarse y formar parte del subconsciente, que es el que gobierna nuestra vida.

2. **La intuición es el susurro del alma.**
   Ya hemos abordado el tema de la intuición a lo largo de estas páginas al citar a Bill Gates o Donald Trump, pero siempre acaba volviendo a aparecer en escena. La intuición es el conocimiento de algo que surge de manera involuntaria o

inconsciente. El problema de la intuición es que no se puede explicar, y todo juicio pide ser explicado. Con la intuición sabemos el «qué», pero no el «porqué». Pero el conocimiento obtenido por la vía de la intuición es tan válido como el obtenido por la vía de la razón. Eso sí, la intuición es tanto mejor cuantos mayores son nuestros conocimientos, nuestra experiencia y nuestra capacidad de observar.

3. **La sabiduría no ejerce ninguna autoridad, y aquellos que ejercen la autoridad no son sabios.**
La sabiduría es inspirar, nunca imponer. Es facilitar que cada persona siga su propio camino. Es sugerir y estimular, pero nunca decirle a nadie lo que tiene que ser o hacer, entre otras cosas, porque la verdad no es algo que se enseña, sino algo que se descubre: «Vivir —dice Krishnamurti— es descubrir por uno mismo aquello que es verdadero». El sabio (*coach*) siempre ocupa un papel secundario en cualquier proceso de desarrollo personal. El trayecto lo debe hacer cada persona por sí misma. No hay dos personas iguales y no hay dos caminos iguales. El *coach* orienta, impulsa y ejerce de facilitador, pero salvo contadas ocasiones, jamás le dice al *coachee* (o pupilo) la decisión que debe tomar, sino que es éste quien decide por sí mismo. Lo peor en cualquier proceso de *coaching* es que el *coach* se convierta en protagonista.

4. **Haced lo que teméis y el temor morirá.**
Cualquier emoción existe porque es útil, el problema es cuando esa emoción no cumple su función. El miedo es una emoción necesaria porque ante una amenaza nos permite reaccionar de manera inteligente. El problema surge cuando el miedo nos bloquea y anula. Existe un miedo «estimulante», que nos moviliza, y otro miedo «tóxico», que nos paraliza. El primero nos impulsa a dar lo mejor de nosotros; el segundo nos bloquea y nos lleva a refugiarnos en lo seguro. Las consecuencias son graves, ya que, en esta vida, o avanzas o retrocedes, no hay término

medio. El miedo se contrarresta haciendo, atreviéndose. Si uno por sí mismo tiene dificultades para «lanzarse», es bueno apoyarse en terceros que nos animen a hacerlo o incluso que nos empujen directamente. La mayoría de los miedos no son sino construcciones mentales que hacemos producto de nuestro instinto de supervivencia y que rara vez llegan a cumplirse. El escritor Jorge Luis Borges apuntaba: «Si naciera de nuevo viviría de manera diferente, porque he dedicado más del 80 % del tiempo a prepararme para problemas que nunca se presentaron».

5. **Por intensa que sea la tormenta, el espíritu ha de permanecer impasible.**
La serenidad no consiste en estar a salvo del temporal, sino en encontrar la paz en medio de ella. El hombre se mide en la adversidad. Para ganar, todo el mundo está preparado, pero es la derrota la que forja el carácter. Hay que aprender a fluir en medio de las adversidades. Hace años se llevó a cabo un estudio sobre las características más reseñables entre líderes de todo el mundo. Había una que aparecía a menudo; la mayoría de ellos había pasado por situaciones difíciles desde jóvenes: muerte de los padres, abandono, enfermedades o tener que trabajar desde muy temprana edad. El ser humano tiene una capacidad sorprendente para gestionar prácticamente cualquier situación y salir adelante. La historia está llena de ejemplos. La adversidad es absolutamente imprescindible para la modulación de la personalidad. Una persona que no ha enfrentado adversidades es una persona que no ha madurado.

6. **Si te preguntas si eres feliz, es que no lo eres.**
La felicidad no es una búsqueda, es un estado de serenidad interior que tiene que ver con estar cien por cien en el momento presente, aquí y ahora. No existe nada más. La felicidad no es una estación de llegada, no es un lugar al

que ir. La felicidad es el camino. Krishnamurti apunta: «La búsqueda se convierte en otra huida de lo que realmente somos». Tú ya eres felicidad, sólo tienes que aprender a conectarte contigo mismo.

7. **¿Has notado que la inspiración llega cuando no la estás buscando? Llega cuando toda expectativa se detiene, cuando la mente y el corazón se tranquilizan.**
Está comprobado que las mejores ideas casi siempre vienen fuera del ámbito del trabajo; cuando la mente está relajada y se siente libre para relacionar conceptos, ideas, experiencias y conocimientos; cuando uno deja que el espíritu fluya libremente. La palabra «inspiración» proviene de *inspiratio*, es decir, de *in* (dentro) y *spiratio* (espíritu); como si el espíritu estuviese dentro de nosotros y nos guiase. En definitiva, cuando estamos inspirados actuamos como si Dios (inteligencia divina, poder superior, energía suprema o como le queramos llamar) actuase a través de nosotros. Muchos autores así lo han confirmado. Por ejemplo, el artista Rafael decía: «A veces tengo la impresión de que fuerzas sobrenaturales guían mi pincel». Algo parecido apuntaba el escritor francés Alfred de Musset: «Yo no trabajo. Es como si alguien me susurrara palabras al oído». Y el pensador indio Patanjali señalaba: «Cuando estás inspirado, las fuerzas, las facultades y los talentos latentes cobran vida».

8. **Sembrando trigo una vez, cosecharás una vez. Plantando un árbol, cosecharás diez veces. Instruyendo al pueblo, cosecharás cien veces.**
Educar es facilitar que cada persona se busque la vida por sí misma. Nada hay peor en el ámbito educativo y social que generar dependencias. Es poner la vida en manos de terceros y quedar expuesto a que se den las circunstancias idóneas para entrar en acción y alcanzar resultados. Educar no es otra cosa que ayudar a que cada persona se responsabilice

de ella misma, y promover en ella hábitos que la inspiren a encontrar caminos y soluciones para llegar allí donde desea.

9. **Lo decisivo para traer paz al mundo es vuestra conducta diaria.**
La realidad es, a cada instante, la suma conjunta de todas las acciones de la humanidad. El poeta Francis Thompson decía: «Todas las cosas están unidas entre sí, de tal modo que no puedes agitar una flor sin trastornar una estrella». Cada comportamiento (cada gesto, palabra o pensamiento) construye o destruye, suma o resta, nos une o nos separa. Cada acción está provocando consecuencias en un sentido u otro. Construir un mejor mundo no es complicado si cada persona aspira a convertirse en la mejor versión de sí misma. El mundo no tiene que cambiar, son los seres humanos los que tienen que cambiar. El mundo no necesita nada, son los seres humanos los que están necesitados. El mundo es perfecto, somos los seres humanos los que lo hacemos imperfecto.

10. **La sabiduría es la suprema vulnerabilidad a lo verdadero.**
Sólo cuando nos sentimos vulnerables estamos abiertos al cambio. La sabiduría está muy relacionada con la humildad. La soberbia, por el contrario, nos hace aferrarnos fuertemente a nuestros paradigmas e ideas preconcebidas, evitando cualquier transformación. La sabiduría no es un estado, es un proceso; un aprendizaje continuo que jamás finaliza, y, para ello, es necesaria una actitud de apertura que sólo se produce cuando uno actúa con humildad. El poeta persa Rumi decía: «Vende inteligencia y compra asombro».

JIM ROHN

Jim Rohn (1930-2009), empresario, autor y conferenciante, ha sido una de las figuras más destacadas del desarrollo personal y se le ha considerado el gran «filósofo de los negocios». Sus conferencias y seminarios han sido escuchados por más de trescientos millones de personas en todo el mundo. Autor de más de treinta libros, su obra ha influido en muchos expertos actuales como Anthony Robbins, Mark Victor Hansen, Brian Tracy o Jack Canfield, entre otros. Entre sus libros destaca *Siete estrategias para alcanzar riqueza y felicidad*.

1. **No pidas menos problemas, desarrolla más habilidades, los problemas nunca desaparecen.**
   Todo logro que merece la pena está plagado de dificultades a lo largo del camino. Hay trabas burocráticas, hay injusticias, hay escasez de medios, hay conflictos... en definitiva, hay problemas. La mayoría de las personas, cuando aparecen los primeros inconvenientes, suele dar un paso al lado. Sólo unos pocos se atreven a seguir hacia delante y ponen el foco en cómo abordar los obstáculos. Evitar problemas es cómodo, pero impide desarrollarse. Si quieres conseguir metas grandes, tienes que aprender a gestionar problemas. Crecer es ir superando y sorteando problemas a cada paso. Tienes que verlos como retos, como una ocasión para ensanchar tu zona de comodidad. Un dicho inglés sentencia: *Life doesn't get easier, you just get stronger* («La vida nunca es más fácil, es uno el que se vuelve más fuerte»).

2. **El éxito no es otra cosa que la aplicación diaria de la disciplina.**
La consecución de resultados funciona según el siguiente esquema:
éxito = hábitos
hábitos = repetición
repetición = disciplina
No basta con tener motivación, que es la que nos anima a empezar, sino que hay que crear hábitos, que son los que nos permiten conseguir metas. Las personas de éxito son personas que aplican los hábitos del éxito. Y los hábitos se adquieren por repetición, a base de practicar una y otra vez la misma tarea. Y para ello es fundamental una variable, la disciplina, que no es otra cosa que hacer lo que se tiene que hacer sin excusas. Lo que hay que hacer, a menudo, es lo más incómodo de hacer. Por eso mucha gente no consigue resultados. El mismo Jim Rohn afirmaba: «La gente es demasiado perezosa para ser rica».

3. **Podemos tener más de lo que tenemos porque podemos convertirnos en más de lo que somos.**
No hay mejor inversión que la que se hace en uno mismo. Tu desarrollo personal es tu destino. Cada libro que lees, cada conferencia a la que asistes, cada curso que realizas, cada contacto que conoces suma y te hace crecer. Jim Rohn siempre lo tuvo claro: «El aprendizaje es el comienzo de la riqueza. El aprendizaje es el comienzo de la salud. El aprendizaje es el comienzo de la espiritualidad. Buscar y aprender es donde los milagros tienen sus comienzos». Lo que obtienes es siempre como consecuencia de la persona en la que te has convertido.

4. **Si no te gusta lo que te sucede, cámbialo; tú no eres un árbol.**
Ya sabemos que la peor frase que se puede escuchar en la vida tiene cinco palabras: «Es que yo soy así». Eso supone instalar-

se en la alternativa fácil del determinismo victimista que nos excluye de responsabilidades y de entrar en acción; es echarle el muerto a las circunstancias. Jim Rohn despeja las dudas: «Para que las cosas cambien, tú tienes que cambiar; para que las cosas mejoren, tú tienes que mejorar. Debes aceptar tu responsabilidad. No puedes cambiar las circunstancias, las estaciones o el viento, pero puedes cambiarte a ti mismo. Eso es algo que depende de ti».

5. **El tiempo vale más que el dinero. Siempre puedes obtener más dinero, pero nunca puedes obtener más tiempo.** Cada hora que pasa ya no vuelve. El tiempo es el que es, y se agota. Lo peor de todo es malgastar un día y pensar que no ocurre nada. Sí ocurre, y mucho. Tú decides a qué dedicas tu tiempo. Tú decides si lo inviertes en una cosa o en otra. Tú decides si ves televisión o lees un libro. Lo importante es que tú decides. Las personas de éxito son personas que cuidan escrupulosamente su tiempo. Está claro que si el tiempo es la variable más valiosa de la vida, la pérdida de tiempo es el peor de los derroches.

6. **Lo peor que puedes hacer es no intentarlo, ser consciente de lo que quieres y no ir a por ello, pasar años en el silencio que hiere, preguntándote si alguna vez se hubiera hecho realidad.**
Dicho de otra manera: si no luchas por tus sueños, acabas luchando contra tu realidad. En la vida siempre debemos sufrir una de dos cosas: o el dolor de la disciplina (por ir en busca de lo que deseamos) o el dolor del arrepentimiento (por no atrevernos a hacerlo). Y, como precisa Jim Rohn: «El dolor de la disciplina pesa kilos, pero el dolor del arrepentimiento pesa toneladas». No hay nada más triste que querer algo y no pelear por ello. ¿De qué sirve perder antes de luchar?

7. **La gente de éxito tiene grandes bibliotecas; el resto, grandes televisores.**
Leer no es una posibilidad, sino una necesidad, siempre que quieras avanzar en la vida. Leer es una forma de acelerar la consecución de tus metas. Mucha gente de éxito ha tenido la generosidad de dejar su legado por escrito. Saca tajada de ello. Cuando Jack Canfield (incluido en este libro) fue a visitar por primera vez a su mentor, el empresario W. Clement Stone, la primera pregunta que le hizo fue:
—¿Cuántas horas ves televisión al día?
Canfield le contestó:
—Dos horas.
Y Stone concluyó:
—Redúcelo a una hora, y la otra dedícala a leer.
Si analizamos los datos podemos comprobar que una hora al día son 365 horas de lectura al año. Teniendo en cuenta que una semana laboral normal son cuarenta horas, vendría a ser el equivalente a nueve semanas de lectura, con lo que si un mes son cuatro semanas, es como si estuviésemos dos meses consecutivos yendo a trabajar sólo para leer. Siendo conservadores, leyendo un mínimo de dos libros a la semana, hacen un total de dieciocho libros al año. Eso hace una gran diferencia al cabo del tiempo.

8. **La autorresponsabilidad es el primer requisito del liderazgo.**
Es uno de los rasgos que mejor definen a las personas de éxito. Se responsabilizan al cien por cien de su vida. Cuando las circunstancias no son las más apropiadas, no buscan culpables, sólo se centran en hallar soluciones. Que las leyes no son las más favorables, buscan cómo sortearlas; que un país está de capa caída, ven la forma de emigrar; que se cierra una puerta, llaman a otra. No caen en lamentaciones inútiles ni pierden un minuto con lo que podría ser, sino que actúan

en un determinado sentido con la vista al frente y sin perder de vista jamás sus metas.

9. **Aléjate del 97 % de la gente. No uses su vocabulario, no uses sus excusas, y únete al 3 % restante.**
Si quieres que te vaya bien, aprende de los mejores. Y los mejores son los que consiguen resultados. Y los consiguen porque hacen cosas que otros no saben que hay que hacer o, simplemente, no están dispuestos a hacerlo. Nuestra vida es el resultado de la media de las cinco personas con las que más nos relacionamos. Es fundamental estar en los entornos adecuados, así que ten mucho cuidado con quién te juntas. Si quieres ganar dinero, muévete en ámbitos de gente con dinero; si quieres emprender, acércate a emprendedores de éxito; si quieres mejorar tus dotes como docente, únete a aquellos que tienen gran capacidad pedagógica; si quieres ser un buen *speaker*, observa qué hacen los más laureados. Jim Rohn señalaba: «El éxito no es algo mágico ni misterioso, simplemente es la consecuencia de aplicar consistentemente unos principios básicos». Identifica a los mejores, descubre los principios que aplican y, después, ten la disciplina de practicarlos hasta dominarlos con maestría.

10. **Quienquiera que preste un buen servicio a muchas personas se pone a sí mismo en la línea de la grandeza: gran riqueza, gran retorno, gran satisfacción, gran reputación y gran disfrute.**
Ya hemos hablado sobre este tema, pero conviene hacerlo de nuevo. Obsesiónate con cómo aportar valor y en cómo hacerlo de manera excelente. Contribuirás a la comunidad, te sentirás satisfecho y obtendrás ganancias. Jim Rohn lo expresaba así: «Mira cada día como una oportunidad para invertir en la vida. Una oportunidad para compartir tu experiencia con alguien más. Cada día es una oportunidad de crear milagros en la vida de otros».

JOHN C. MAXWELL

John C. Maxwell (1947) es un conferenciante, formador y autor en temas de liderazgo y desarrollo personal. Ha escrito más de cincuenta libros, de los que ha vendido millones de copias, algunos de los cuales han aparecido en las listas de bestsellers de *The New York Times*. Entre otros, destacan: *El poder de las relaciones*, *Las 21 leyes del liderazgo*, *Desarrolla el líder que hay en ti* y *Cómo ganarse a la gente*.

1. **Es difícil encontrar un terreno común con otros cuando el único en el que te concentras es en ti mismo.**
   Las relaciones tienen mucho que ver con el interés que muestras por los demás. Si utilizas demasiado el pronombre «yo», es momento de cambiar. A la gente le encanta hablar de lo que a ellos les gusta y saben. Dales la oportunidad de hacerlo, de que se explayen, de que se luzcan. Pregúntales sobre sus intereses. Da igual si es sobre finanzas, viajes, moda, coches o gastronomía. Las personas tienen simpatía hacia aquellas personas que se interesan por ellas, que les preguntan por su vida, en definitiva, que les prestan atención.

2. **Trabajar duro no es suficiente; tampoco ser excelentes en lo que hacemos; para ser exitoso tienes que aprender a establecer relaciones.**
   La habilidad para relacionarse con la gente es uno de los principales factores explicativos del éxito. Se ha dicho en alguna ocasión, medio en broma medio en serio, que la suerte es el resultado de estar muy bien relacionado. La falta de

capacidad para relacionarse resta muchas posibilidades de desarrollo profesional. Pero hacer *networking* no es intercambiar tarjetas, ni siquiera conocer a mucha gente; es algo más; *networking* es, sobre todo, conectar con personas, que haya sintonía, química, entendimiento. Y para ello es fundamental evitar caer en la tentación de juzgar a la otra parte. Cuando eliminamos los juicios y desarrollamos la empatía, es más fácil conectar con los demás. Venderás más y participarás en más proyectos en la medida que te lleves bien con un mayor número de gente diversa.

3. **No se trata de establecer relaciones, sino de mantenerlas.** El *networking* empieza después de conocer a las personas. Conocerse es el primer paso, pero lo relevante es estar en contacto. Todos los días se conoce mucha gente, pero lo importante es la conexión emocional que establecemos con las personas. Y para ello es fundamental verse, llamarse, quedar, en definitiva, estar en contacto. A partir de ahí se pueden construir cosas. Y otro aspecto importante es aportar valor. Si vas saltando de evento en evento, pero no tienes nada valioso que ofrecer, simplemente estás sumando gente a tu agenda, pero sin construir nada.

4. **La primera vez que dices algo se escucha; la segunda, se reconoce; la tercera, se aprende.**
Para ser eficaz, la comunicación tiene que ser redundante. Puede chocar, pero es así. Es uno de los principios básicos de la comunicación. Para que un mensaje cale y se interiorice es necesario repetirlo constantemente y durante un período dilatado de tiempo. Hay que prestar atención, primero, a la «fuerza», es decir, al número de veces que se repite, y segundo, a la «intensidad», esto es, durante cuánto tiempo. Si uno se olvida de la segunda variable, a medida que pasan los días, esa intensidad pierde fuelle debido a que la presencia del mensaje en la mente se diluye. ¿Sabes quiénes son las perso-

nas más «pesadas» del mundo? Las madres, porque repiten insistentemente una y otra vez una idea hasta que queda incrustada en la cabeza del hijo o de la hija.

5. **Las personas no recuerdan lo que nosotros creemos importante, sino lo que es importante para ellas.**
   Es otro de los graves errores que se cometen a la hora de comunicar: dirigirse al público y a los clientes sin pensar en ellos; preparar el discurso como si la audiencia fuese uno mismo. Si quieres impactar de verdad ponte siempre en el otro lado del mostrador. Lo volvemos a subrayar: a la gente le interesa lo que para ellos es relevante. Salvo contadas ocasiones, no quieren escucharte a ti, sólo quieren oír las soluciones que les aportas para resolver los problemas de su empresa o de su vida, y nada más.

6. **Como tu rostro hablará de ti aunque no quieras, es preferible que comunique algo positivo.**
   El 90 % de nuestro impacto en otras personas no tiene nada que ver con lo que decimos, sino con nuestra actitud, con lo que transmitimos; así que lo mejor es preocuparse porque esa actitud sea buena. La gente lo capta, lo percibe. No hay nada que cause más rechazo que tener cerca a gente que desprende una aura de negatividad alrededor: triste, quejica, victimista. Tu actitud es tu destino. Tu buena actitud redunda en buenos proyectos; tu mala actitud te priva de ellos. Olvídate de las quejas, de los lloros, del pesimismo. Sonríe, inspira e irradia energía positiva a tu alrededor, y te acabarán pasando cosas buenas. Y si no te sientes bien, hazlo igualmente. Dar lástima te puede surtir efecto en alguna ocasión, pero no es una estrategia sostenible a medio y largo plazo.

7. **Baja autoestima es como conducir nuestra vida con el freno de mano echado.**

Cuando la autoestima está deteriorada, las posibilidades de éxito son muy limitadas. Si no crees en ti, tampoco nadie lo hará. Baja autoestima es como deambular por la vida encadenado. No vivimos a la altura real de nuestras posibilidades, sino de nuestras creencias mentales. Los límites de cada persona son los límites de sus creencias. Cuando conseguimos liberarnos de todos esos límites que nos asfixian, entonces cualquier meta nos está esperando para ser materializada.

8. **La creencia de que una persona sola puede hacer algo grande es un mito.**
   Todos tenemos talento, pero cada uno para una cosa diferente. Cometer el pecado de caer en la autosuficiencia nos absorbe tiempo, nos consume energía y nos dispersa de nuestra área de *expertise*, de nuestra genialidad interior. Además, una persona que quiere abarcarlo todo, acaba exhausta, estresada, su carácter se arisca y, al final, todo acaba saltando por los aires. Lo más inteligente es buscar ayuda y colaboración. Céntrate en lo tuyo y búscate la vida para que el resto lo hagan otros.

9. **Los líderes no ven a las personas como son, sino como pueden llegar a ser.**
   Eso es creer en el potencial de cada persona y en las posibilidades del ser humano. Eso es creer en el valor del desarrollo personal. Liderar es inspirar a otros a ir en busca de lo que anhelan de verdad. Liderar es inspirar a cada persona para que crea en ella misma. Liderar es inspirar a cada persona para que se atreva a ir más allá de su zona de comodidad. ¿Cómo podemos conocer los límites si nunca nos atrevemos a intentar superarlos?

10. **El temor es un interés que se paga por una deuda que no tienes.**

El miedo, si no se gestiona adecuadamente, nos arrincona, nos tortura, nos anula y nos aleja de nuestro verdadero potencial. El consultor David Fischman dice: «El miedo es una muralla que separa lo que eres de lo que podrías llegar a ser». Por eso, no hay otra alternativa que plantarle cara y derrocarlo. Algunas propuestas:

- Primero: busca retos motivadores; cuando deseas algo de verdad, siempre acabas atreviéndote; cuando los sueños son prestados, los miedos te dominan.
- Segundo: apóyate en otros; estar rodeado de gente que cree en nosotros nos ayuda a lanzarnos; nos sentimos más seguros cuando otros nos alientan.
- Tercero: empieza de menos a más; conseguir pequeños éxitos empuja a ir a por otros más grandes; ser demasiado ambiciosos genera ansiedad y provoca más miedo.
- Cuarto: inspírate en otros; ver que otros también han conseguido lo que a ti te gustaría conseguir facilita dar el paso.
- Quinto: visualiza tus éxitos; el éxito refuerza la autoestima; detenerte en todo lo que has conseguido sirve de acicate para seguir hacia delante; la autoestima es una forma de la memoria; no te minusvalores y aprecia tus logros.
- Sexto: relativiza; como decía Antonio Gala, «la felicidad es darse cuenta de que nada es demasiado importante»; *take it easy*; pon un poco de humor en tu vida, el humor lo relativiza todo.

LAO-TSÉ

Lao-Tsé está considerado uno de los filósofos más relevantes de la civilización china. La tradición china establece que vivió en el siglo VI a.C., aunque otros expertos señalan que pudo haber vivido en el siglo IV a.C. Es autor de una obra esencial del taoísmo, el *Tao Te Ching*, un tratado místico que cubre muchas áreas de la filosofía, desde la espiritualidad individual hasta las técnicas de buen gobierno. De acuerdo con este libro, el tao («el camino») puede verse como el cambio permanente y éste es la verdad universal.

1. **El que domina a otros es fuerte; el que se domina a sí mismo es poderoso.**
   La principal batalla que debemos librar es con nosotros mismos. No son los hechos los que nos alteran, sino nuestra interpretación sobre esos hechos. No son las personas las que nos alteran, sino nuestros juicios sobre esas personas. No siempre puedes controlar lo que ocurre o las reacciones de los demás, pero siempre puedes controlarte a ti mismo. Para ello es muy útil no estar continuamente etiquetándolo todo en bueno o malo. Cuando desaparece el juicio, la vida adquiere otra dimensión, otro color. Dan Millman, en su obra *El guerrero pacífico*, dice: «Ni tu decepción ni tu cólera son provocadas por la lluvia. La lluvia no es más que una manifestación normal de la naturaleza. Tu decepción a causa de la merienda estropeada y tu alegría al regresar el sol son ambas frutos de tus pensamientos». Cuando te dominas a ti mismo nada te puede alterar: ni la adversidad, ni las personas, ni nada; por eso eres poderoso.

2. **No sólo eres responsable de lo que haces, también eres responsable de lo que no haces.**
   No sólo generamos consecuencias con nuestras acciones, sino también con nuestras «no acciones». Provocamos que ocurran ciertas cosas ya sea por acción (hacer) u omisión (no hacer). No hacer nada también es hacer algo. Cualquier movimiento que hacemos, en un sentido u otro, genera reacciones de una u otra índole. Somos nuestras decisiones y «no decisiones». Es un error pensar que el inmovilismo, el quedarse quieto y parado, no produce consecuencias.

3. **De esta manera, existencia e inexistencia, lo difícil y lo fácil, lo largo y lo corto, lo alto y lo bajo permiten conocer lo uno y lo otro.**
   Es la integración de los opuestos, no su enfrentamiento. Algo diferente al planteamiento del pensamiento occidental. La aproximación cambia radicalmente. Es el ying y el yang, centro de la filosofía taoísta. A menudo, lo dividimos todo en contrarios (día y noche o bueno y malo), cuando en realidad todo está en equilibrio: la oscuridad contiene la claridad o en toda pérdida (de amor, de trabajo, de posesiones, etcétera) hay algo de ganancia. Bajo este paradigma subyace una mirada más equilibrada de la vida que permite conectar con esa parte beneficiosa de cualquier situación negativa. Cada final de una cosa es el comienzo de otra. Lao-Tsé señala: «Aprende a confiar en lo que está ocurriendo. Si hay silencio, déjalo aumentar, algo surgirá. Si hay tormenta, déjala rugir, se calmará».

4. **Si eres flexible, te mantendrás recto.**
   La rigidez conduce a la infelicidad; la flexibilidad a su contrario. La flexibilidad nos permite mantenernos «rectos» al adaptarnos con calma y serenidad a cada una de las situaciones que surgen. Es una virtud altamente recomendable para la empresa, en particular, y para la vida, en general. La

mayoría de las personas piensan que el mundo tiene que ser de cierta manera, y, cuando no encaja en esa idea preconcebida, se desconciertan y se frustran. Se trata de fluir con el cambio, con las contrariedades y las contradicciones. La escritora Maya Angelou decía cierta vez: «He aprendido que puedes descubrir mucho acerca de una persona si te fijas en cómo se enfrenta a estas tres cosas: perder el equipaje, un día de lluvia y una ristra enredada de luces de Navidad». Son, sin duda, tres ejemplos que ponen a prueba nuestra flexibilidad.

5. **La perfección del que imparte órdenes es ser pacífico; del que combate, carecer de cólera; del que quiere vencer, no luchar; del que se sirve de los hombres, ponerse por debajo de ellos.**
Si el liderazgo es algo, el liderazgo es vocación de servicio. Es el concepto de *servant leadership*. En una de las escenas de la película *La vida es bella* (1997), ganadora de tres premios Oscar, se da una conversación entre Guido (Roberto Benigni) y su tío Eliseo, director del Gran Hotel, y este último le dice: «Servir es el arte supremo. Dios es el primero en servir». Tenemos una idea equivocada de lo que es el liderazgo, que es algo más normal y sencillo de lo que parece a primera vista. Algunos, sin embargo, confunden liderazgo con popularidad, prestigio o *glamour*. Nada que ver con eso. La función de líder es estar a disposición de su gente porque es la gente la que hace que las cosas ocurran.

6. **El hombre corriente, cuando emprende una cosa, la echa a perder por tener prisa en terminarla.**
Toda gran marcha comienza con un primer paso. Y un paso, más otro paso, más otro paso, más otro más, acaban haciendo todo el camino si uno se da el tiempo suficiente. La mayoría de las personas se rinden pronto porque quieren éxitos rápidos, lo que las lleva a ir de flor en flor sin consolidar nunca nada. Es la virtud que más se echa en fal-

ta en los procesos de desarrollo personal: la paciencia. La naturaleza y la vida tienen sus tiempos (¿se siembra hoy y se recoge mañana?), y, cuando no se respetan, uno puede acabar frustrándose. Querer ir demasiado rápido y saltarse estaciones intermedias no da resultado. Pensar lo contrario es una ingenuidad. Conviene citar a Woody Allen, quien con su ironía habitual, decía: «Me ha llevado diez años tener éxito de la noche a la mañana».

7. **El que sabe atar no usa cuerdas ni nudos, y, sin embargo, nadie puede desatar lo que él ha unido.**
Todo lo que es forzado es difícil que sobreviva a largo plazo. Antes o después acaba rompiéndose, desvaneciéndose. Por el contrario, todo lo que se hace desde el convencimiento, desde el bien y la ganancia mutua, suele perdurar con el paso de los años. Las cosas importantes de la vida (afecto, lealtad, compromiso) no se pueden comprar, incluso por mucho dinero que uno esté dispuesto a pagar por ellas. Hay que ganárselas. Se pueden retribuir ocho horas de presencia física en un trabajo, pero nunca el compromiso de una persona. Las cosas más valiosas que podemos aportar los humanos son las que damos libremente. Y para ello conviene recordar que antes de pensar, sentimos. Liderar es movilizar emociones. Los grandes líderes dan un gran sentido al trabajo de las personas. Antonio Damasio, premio Príncipe de Asturias de Investigación Científica, lo expresa bien: «No somos máquinas pensantes que sienten, sino máquinas con sentimientos que piensan».

8. **En el mundo no hay nada más sumiso y débil que el agua. Sin embargo, en atacar lo que es duro y fuerte, nada puede superarla. Lo débil y lo tierno vencen lo duro y lo fuerte.**
El agua no tiene una forma definida, pero pulveriza las rocas. Es el *soft power*. El humanista Brian Bowling afirmaba:

«La diplomacia te saca de un problema en el que el tacto te hubiera evitado meterte». Así funcionan las relaciones personales. La verticalidad a la hora de tratar con la gente no suele ser la mejor praxis. La dureza, a menudo, destruye; la suavidad, con frecuencia, esculpe. Conquistar por la fuerza la voluntad de los demás no es la estrategia más idónea. La mejor manera de imponer una idea a los demás es que sean ellos mismos los que crean que la han generado. Lao-Tsé precisa: «Un líder es mejor cuando la gente apenas sabe que existe. Cuando su trabajo esté hecho y su objetivo cumplido, ellos dirán: nosotros mismos lo hicimos».

9. **El que sabe contentarse con lo que tiene, siempre será feliz.**
Si no estás contento con lo que tienes, tampoco lo estarás con lo que tengas. La satisfacción o insatisfacción de la vida comienza por la gratitud. Todo nace de ahí. La gratitud nos mantiene «conectados» con la vida. Si quieres saber si una persona es feliz, observa si es agradecida. A menudo somos «obscenamente» afortunados y no somos capaces de apreciarlo. Eckhart Tolle dice: «Si la única palabra que pronunciásemos fuese "gracias", bastaría». Evidentemente, no se trata de renunciar a ser ambiciosos ni a perseguir nuestras metas, sino de no tener que esperar a conseguirlas para disfrutar de todo lo bueno que ya se tiene.

10. **Si das pescado a un hombre hambriento, le nutres durante una jornada. Si le enseñas a pescar, le nutrirás toda su vida.**
Educar es ayudar a cada persona a ser independiente, a volar por sí misma. Formar personas es ayudarlas a «buscarse la vida», a encontrar soluciones por sí solas con independencia de las circunstancias. La auténtica educación no genera dependencias, sino libertad. Educar es, ante todo, ayudar a que cada persona crea en ella misma.

LOUISE HAY

Louise Hay (1926-2017) fue una escritora y conferenciante estadounidense, autora de varios libros sobre la relación mente-cuerpo, célebre a raíz de la publicación, en 1984, de su obra *Usted puede sanar su vida*, de la que se han vendido más de tres millones de ejemplares en todo el mundo y que estuvo doce semanas consecutivas entre los libros más vendidos en las listas de *The New York Times*. A partir de su experiencia personal de superación de un cáncer, la autora explica en este libro cómo es posible sanar nuestro cuerpo y nuestro espíritu cambiando nuestras creencias limitadoras. Dicho libro dio lugar, en 2008, al documental homónimo en el que participaron numerosos rostros conocidos, como Wayne W. Dyer o Gregg Braden. Entre sus otros libros destacan también *El poder está dentro de ti* y *El mundo te está esperando*. Es fundadora de la editorial Hay House.

1. **A veces preferimos morir a cambiar de hábito.**
Sí, suena fuerte, pero casi siempre los cambios auténticos y verdaderos son producto de las crisis, de situaciones de catarsis: un accidente, una enfermedad grave, un despido inesperado, la quiebra de nuestra empresa, la muerte de alguien cercano. Pocas veces el ser humano cambia por iniciativa propia, sino que lo hace cuando no le queda más remedio. La costumbre casi siempre tiene más poder sobre nuestras vidas que el deseo de mejorar. El doctor Valentín Fuster, director de la Unidad de Cardiología del Hospital del Monte Sinaí (Nueva York), decía en una ocasión: «Lo mejor para dejar de fumar es un infarto». El impacto emo-

cional de esa situación es tan grande que suele dar lugar a una reacción positiva por parte del paciente que de otro modo no hubiese ocurrido.

2. **Cada enfermedad es sólo un síntoma de una causa más profunda, algo de ti con lo que no conectas y que no aceptas.** La enfermedad es un discurso de nuestro cuerpo que no cesa de hablar buscando el equilibrio. Es un conflicto entre quiénes somos y la vida que llevamos. La enfermedad (del tipo que sea) es un indicador de que algo no marcha bien en nuestra vida. Christian Flèche, padre de la teoría de la descodificación biológica, decía: «Las enfermedades son una tentativa de autocuración, una reacción biológica de supervivencia frente a un acontecimiento emocionalmente incontrolable, de manera que cualquier órgano dañado corresponde a un sentimiento preciso y tiene una relación directa con las emociones y los pensamientos». Dicho de otra manera, el estado de salud de una persona no es otra cosa que la manifestación exterior de su mundo interior, de cómo de bien (o mal) gestiona su mundo emocional.

3. **Todo en el universo refleja lo que tú irradias. No atraes lo que quieres, atraes lo que eres.** Louise Hay escribe: «Creamos situaciones y después renunciamos a nuestro poder culpando a otros de nuestras frustraciones. No hay persona, lugar ni cosa que tenga ningún poder sobre nosotros. En nuestra mente, sólo pensamos nosotros». De una manera u otra, todo lo que ocurre en nuestras vidas lo atraemos, aunque sea de forma inconsciente, sin darnos cuenta. Nuestros pensamientos y sentimientos, que se traducen en palabras y comportamientos de un signo u otro (positivos y constructivos o negativos y destructivos), producen una cadena de consecuencias del mismo tipo. También Hay dice: «Para cambiar tu vida por fuera debes cambiar tú por dentro. En el momento en que te dispones

a cambiar, es asombroso cómo el universo comienza a ayudarte y te trae lo que necesitas».

4. **El universo no responde a tus palabras, pero éstas son un reflejo de tus sentimientos, que son energía vibratoria, ya sean de creación o destrucción.**
La felicidad es un estado interior fuertemente relacionado con la gratitud. La gratitud es una emoción positiva que nos indica el grado de conexión o desconexión con la vida. Cicerón señalaba: «La gratitud no es sólo la mayor de las virtudes, sino la madre de todas las demás». A partir de ahí comienza todo. La persona que despotrica de todo y todos es una persona que no está contenta consigo misma. Las palabras no son más que el reflejo exterior de sus sentimientos de insatisfacción; y cuanta más negatividad manifiesta con su lenguaje, más negatividad atrae a su vida. Somos imanes. Cada vez que permites que el descontento more en tu mente, eso es lo que estás alimentando. Si quieres que se produzcan cambios positivos en tu vida, hay una forma sencilla de empezar: siendo agradecido de manera explícita con todo lo bueno que ya se tiene. A la gente agradecida le van mejor las cosas.

5. **La principal debilidad humana es que nos infravaloramos. El principal problema que aqueja a la gente es que cree que no son suficientemente buenos.**
También Louise Hay dice: «Sólo hay una cosa que sana todo problema: amarse a uno mismo». A menudo pecamos de «complejo de inferioridad», de creer que no somos capaces de hacer algo, y esa creencia es la que nos reprime de ir a por aquello que realmente deseamos. Tenemos el convencimiento de que nuestras carencias son algo estructural que no podemos cambiar, pero no es así. La limitación no está en nuestra incapacidad para alcanzar lo que deseamos, sino en la convicción de que somos incapaces. Quizá por eso el psi-

cólogo Abraham Maslow dijo: «Lo que es necesario cambiar de una persona es su visión de sí misma».

6. **Todas las teorías del mundo son inútiles a menos que haya acción.**
   El éxito nunca está en la erudición y las palabras bonitas, sino en los comportamientos y los hechos. Los libros y la reflexión son necesarios porque dan pautas y guías de seguimiento, pero nunca pueden suplir a la experiencia y la práctica. A vivir se aprende viviendo, exponiéndose a que ocurran cosas. Quien evita el dolor no aprende, no crece. Las teorías no sudan. La interiorización de enseñanzas se produce siempre a partir de la experiencia en primera persona. Se puede aprender algo sin experimentarlo, pero nunca pasará a formar parte de uno hasta que no se viva en carne propia.

7. **La conciencia es el único camino hacia la sanación y la curación.**
   Es muy difícil que cualquier cambio tenga lugar desde la «no conciencia». La conciencia es aquel estado que permite saber por qué ocurren las cosas. Es un estadio superior que permite entender el juego del universo: por qué las cosas son como son. La conciencia es lo que queda cuando se elimina todo lo innecesario. Por desgracia, el grado de conciencia social es muy bajo, en general, y por eso andamos tan desconectados de nosotros mismos. ¿Qué sentido tiene correr cuando estamos en la carretera equivocada? Ninguno. La consecuencia es clara: insatisfacción e infelicidad.

8. **El perdón es la respuesta a casi todos los males.**
   Primero, hay que aprender a perdonarse a uno mismo. Para ser feliz es imprescindible reconciliarse con el pasado, pasar página y mirar hacia delante. Todos cometemos errores. No te flageles. No seas demasiado duro contigo mismo. El desequilibrio emocional nace muchas veces de un pasado

negativo que no se ha sabido cicatrizar. Por otro lado, hay que aprender a perdonar a los demás, ya que a menudo somos «víctimas de nuestras víctimas». Nadie puede dar lo que no tiene, y muchos comportamientos destructores de otras personas no son otra cosa que el resultado de la falta de afecto. Sólo si uno se perdona a sí mismo y perdona a los demás, puede vivir en paz. No hacerlo activa las ansias de revancha y causa mucha frustración. Cuando no se hace, el resentimiento ocupa espacio en la cabeza y resta energía para construir. Walter Riso escribía: «El perdón es un descanso para el corazón».

9. **El enfado es un mecanismo de defensa. Si estás a la defensiva, es porque tienes miedo.**
Cuando alguien te enfada (entendiendo por enfado un bloqueo emocional que te hace perder el control) es porque internamente estás diciendo: «Lo que tú piensas de mí me importa más que lo que yo pienso de mí mismo». Si los comentarios de terceras personas te hacen sentir mal, es en realidad porque actúas movido por el ego (el yo falso), el disfraz de apariencia con el que te vistes. Te identificas con lo que te valoran (reconocimiento) y temes perderlo. Cuando has aparcado tu ego, nadie te puede hacer daño, porque lo que tú eres es independiente de valoraciones externas. Has alcanzado una serenidad de espíritu (equilibrio en el orden interior) que trasciende esas valoraciones y no te identificas con ellas. En la medida que el ego desaparece, también lo hace el miedo: no hay nada que temer porque no hay nada que perder.

10. **Una tragedia puede llegar a ser el mayor de nuestros bienes si nos la tomamos de una manera que nos permita crecer.**
Así es, aunque nos cueste mucho aceptarlo. La adversidad no es un plato agradable para nadie, pero antes o después

llama a las puertas de todas las casas. Es inevitable. Sin embargo, la diferencia entre unas personas y otras no reside tanto en los problemas que tenemos que afrontar (realidad objetiva) como en la forma en que respondemos a los mismos (realidad subjetiva). Mientras que algunas personas se hunden, otras salen fortalecidas, convirtiendo las dificultades en crisis de crecimiento y madurez. Hellen Keller, que se quedó ciega y sorda al poco tiempo de nacer, y que llegó a graduarse en la universidad, a escribir varios libros y a ser una activista política destacada, dijo una vez: «El mundo está lleno de sufrimiento, pero rebosa de personas que lo han vencido y que, en su lucha, descubrieron algo valioso».

LUIS ROJAS MARCOS

Luis Rojas Marcos (1943) es un psiquiatra, profesor, investigador y escritor español. Profesor de psiquiatría en la Universidad de Nueva York y miembro de la Academia de Medicina de Nueva York y de la Asociación Americana de Salud Pública. Fue director del Sistema Psiquiátrico Hospitalario Municipal de Nueva York (1982-1992), responsable máximo de los Servicios de Salud Mental, Alcoholismo y Drogodependencias (1992-1995), y presidente del Sistema de Hospitales Públicos, cargo que ocupó desde 1995 hasta 2002 y desde el que vivió en primera persona los atentados del 11 de septiembre de 2001. Desde el año 2004 se dedica a la investigación, docencia y escritura. Es autor de numerosos libros como: *La fuerza del optimismo* (2005), *La autoestima: nuestra fuerza secreta* (2007), *Superar la adversidad: el poder de la resiliencia* (2010) o *Secretos de la felicidad* (2012).

1. **Las personas que comparten y expresan sus sentimientos se adaptan mejor a los cambios. Hablar alarga la vida.**
   El aislamiento emocional, el guardarse las cosas, el no verbalizar el dolor, conduce habitualmente a una mirada triste de la realidad, y eso repercute en nuestra felicidad, en nuestra capacidad de encontrar soluciones a los problemas y también en nuestra salud. Un estudio realizado entre más de mil personas durante cincuenta años concluyó que los pesimistas morían prematuramente con más frecuencia que los optimistas. Contar nuestros problemas, miedos y fracasos a personas de confianza que saben escuchar —sin juz-

gar y comprendiendo— reduce la intensidad emocional del sufrimiento. Compartir lo que nos pasa sirve de alivio psicológico. Hablar es muy sano para aceptar, comprender y superar las crisis emocionales. Sirve para canalizar ciertas emociones que no digeridas oportunamente son una fuente de rencor, odio o venganza. La conversación sana.

2. **A menudo somos adictos a la queja. Todos nos podemos quejar de algo. A todos nos duele algo. Sin embargo, estamos hablando de la manía de enfocar solamente el aspecto negativo. No hay que negar los problemas pero vamos a no negar lo bueno que hay en nuestra vida.**
   Hay una variable que define a la gente de éxito: su actitud ante la vida, sobre todo, en los malos momentos. Avanzar en la vida tiene mucho que ver con la actitud que mostramos ante los acontecimientos menos agradables de la existencia. Los momentos de dificultad no son agradables para nadie, pero siempre esconden algún aprendizaje. El compositor Ludwing van Beethoven decía: «Es la misma lluvia la que en la tierra inculta hace crecer zarzas y espinas, y en los jardines, flores». Una buena actitud es selectiva con nuestros recuerdos, sabe sacar jugo del presente y mira al futuro con esperanza.

3. **Lo que más me ha sorprendido del ser humano es la capacidad para superar la adversidad.**
   «La capacidad de sufrimiento del ser humano no tiene límite. Vivir o morir no es tan importante como luchar», decía Albert Espinosa i Puig que pasó más de diez años en hospitales por una grave enfermedad por la que tuvieron que amputarle una pierna (catorce años), extirparle un pulmón (dieciséis años) y parte del hígado (dieciocho años). El ser humano tiene una capacidad de adaptación —resistencia y flexibilidad— más allá de toda lógica; y no sólo de

adaptación sino de sacar lecciones y crecer como resultado de la gestión de la adversidad. La adversidad sirve, a veces, para despertar talentos ocultos que no habían tenido la posibilidad de manifestarse; nos ayuda a ser más agradecidos y valorar todo lo tenemos; a vivir el presente con más intensidad; a descubrir qué es lo realmente importante en la vida; y a mirar el futuro con menos miedo. Asimismo, Espinosa i Puig decía después de abandonar el hospital: «Cuando sales, pierdes el miedo a la muerte. Y perder el miedo a la muerte es una de las cosas que me dio el cáncer».

4. **Las relaciones con otras personas son la fuente principal de nuestra satisfacción con la vida. Las personas que forman parte de un grupo —ya sea una pareja, la familia o un grupo social— tienden a sentirse más satisfechas con la vida en general.**
Somos nuestras relaciones. Pero las relaciones, como todo, florecen o se desvanecen según el cuidado y los detalles con las que las atendamos. *Lo que abandonas, te abandona.* El jardín hay que regarlo todos los días para que esté lustroso. Da igual que hablemos de los jardines más bellos del mundo —los de Keunkenhof, en Holanda, que así están considerados—, si esos jardines tan lustrosos se dejan de mimar, de quitarles la maleza, de podar sus ramas, en definitiva, de alimentarlos, acaban por perderse, desvaneciéndose su magia y su encanto, igual que esas casas abandonadas que uno ve por la carretera a ambos lados de la calzada. Las relaciones dan sentido a la vida: en los buenos momentos, porque los logros compartidos saben mejor; en los malos momentos, porque permiten superar los aguijonazos que nos da la vida con mayor confianza, fe y comprensión. El psiquiatra dice: «Internet es positivo porque nos une, nos conecta, incluso a las personas mayores. El estar conectado no solamente añade años a la vida, sino vida a los años. En la esencia del ser humano está que nos comuniquemos unos con

otros, ya que algo fundamental para una vida tranquila y satisfactoria es formar parte de una red de otros seres humanos».

5. **A menudo la gente me preguntaba qué tenía que hacer para ser feliz. Empecé a dar recetas. El resultado era que fallaba en el 80 % de los casos. En lugar de ello, comencé a preguntar a las personas tres cosas que les hacían estar contentos, y les sugerí que las hiciesen el mayor tiempo posible. Y funcionó.**

   La felicidad es como un hábito, hay que cultivarla, y para ello, no se trata tanto de luchar contra nuestros pensamientos negativos como de evitar que esos pensamientos negativos surjan. La metodología consiste en hablar y hacer la mayor parte del tiempo aquellas cosas que nos hacen sentirnos bien. Cuando nos sentimos bien, los pensamientos son siempre positivos. La parte del cerebro que regula las emociones influye en los pensamientos —como tú te sientes, así piensas—, de forma que si potenciamos las situaciones de nuestra vida que nos resultan agradables tendremos más pensamientos positivos. Si una persona lo está pasando bien y se le pregunta qué piensa, sus respuestas no tienen un contenido negativo. Por tanto, de lo que se trata es de evitar aquellas situaciones que nos revuelven por dentro —escuchar noticias, ver ciertos programas de televisión, pasar el tiempo con ciertas personas...— y dedicar la mayor de tu tiempo a aquellas actividades que para nosotros son estimulantes: pasear, leer, hacer deporte, ver cine, viajar o lo que sea.

6. **Para cambiar de rutinas hace falta tiempo, pero también esa voluntad que sólo se posee cuando somos conscientes de que debemos cambiar.**

   Por decirlo de otro modo: la gente no hace lo que tiene que hacer porque no tiene un motivo suficientemente fuerte para hacerlo. El cambio transformador surge cuando encontramos nuestro «porqué», nuestra causa, nuestra razón. De otro modo, los impulsos iniciales de cambio suelen quedarse en agua de borrajas. La fuerza de voluntad, por mucho que se la encumbre, no es suficiente por sí sola; la fuerza de voluntad si no está sustentada sobre algo más grande, se agota pronto. La utilidad de la fuerza de voluntad sin más es un desgaste de energía demasiado grande. La fuerza de voluntad necesita de un motivo —de una razón, de un porqué— para que despliegue todas sus posibilidades. Un ejemplo: imagínate que vas al médico a una revisión y te dice que tienes una enfermedad extraña y que si no haces ejercicio tres días completos a la semana morirás. ¿Lo harías? ¿Tendrías una razón —un «porqué»— para hacerlo sin excusas? Seguro que sí. No existen las personas perezosas, sólo personas que todavía no han encontrado metas que les inspiren. Cada persona tiene uno o varios «porqué» y todos debemos encontrar los nuestros.

7. **El optimismo saludable no implica un falso sentido de invulnerabilidad ni un estado alocado de euforia. Por el contrario, es una forma de sentir y pensar que nos ayuda a emplear juiciosamente las habilidades propias y los recursos del entorno, y a luchar sin desmoralizarnos contra las adversidades.**
Optimismo no es ingenuidad. El optimismo (pesimismo) no es otra cosa que la forma en que vemos la vida, si en tonos más tristes o en tonos más alegres. El optimismo es una forma de ver y percibir la vida. No consiste en ser incapaz de detectar lo negativo, sino en detenerse más en lo bueno que en lo malo. El optimista ha aprendido a poner el foco en lo que merece la pena. Ese optimismo se refleja en cómo miramos tres momentos del tiempo: pasado, presente, futuro. Hay personas que echan la mirada atrás y son demasiado duros consigo mismos: no se perdonan ni cicatrizan.

Es fundamental pasar página. También hay personas que miran al futuro y lo ven todo negro, cayendo en la resignación al creer que el futuro no les pertenece, y no depende de ellos. Y también hay personas que miran (y viven) el presente sin vivir, instalados en lo que fue o en lo que será, dejando que el día a día se les escape de las manos sin saborearlo, sabiendo que cada momento es único e irrepetible y ya no volverá. Hay personas que cargan con tres problemas a la vez: los que tuvieron, los que tienen y los que esperan tener.

8. **La verdadera reinvención no consiste en cambiar las actitudes, sino en modificar las conductas.**
Reinventarse no sólo consiste en creer en cosas en las que antes no se creía, sino en tener otros comportamientos. Ese es el auténtico reto. La actitud es importante porque es una predisposición, pero lo realmente relevante en nuestras vidas son los hábitos. La clave está en ser capaces de alterar viejos hábitos por otros nuevos, y eso supone tener en cuenta que es un proceso que no dura dos días. Y para ello es fundamental diseñar y alinear una serie de estrategias para conseguirlo, porque de otra manera el fracaso está asegurado. Lo primero, el factor necesidad: nadie cambia si no piensa que es para mejor. Hay que encontrar un motivo; segundo, es bueno contar con un entorno emocional que apoye y no hunda; tercero, es recomendable contar con ayuda experta —por ejemplo, un *coach*— que nos obligue a ser disciplinados y ante la que rendir cuentas; cuarto, es fundamental saber que los cambios son graduales y nunca lineales en los que hay momentos de bajón, duda y confusión. Todo ello es normal y aceptable, se trata de no renunciar y seguir pedaleando; y quinto, es importante establecer metas intermedias y felicitarse por cada logro conseguido.

9. **Sólo contrato a los que sonríen y tienen buen humor. Si seleccionas a alguien que no sonríe, vas mal.**
Por humor no nos referimos a carcajadas y risa fácil, sino a tener una actitud de deportividad ante los acontecimientos según vayan viniendo. La vida y la empresa nunca son una realidad en la que todo es de color de rosa, y los problemas, las contrariedades, las vicisitudes y los inconvenientes están a la orden del día. Sólo con buen humor es posible afrontar esos avatares con solvencia y mirando al futuro con optimismo. ¿Con qué humor te has levantado hoy? ¿Con qué humor afrontas ese nuevo cambio? ¿Con qué humor te has tomado esa noticia que te han dado? El humor es la disponibilidad mental ante cualquier hecho. Como apostilla Rojas Marcos: «Todos los botiquines de urgencia deberían incluir una dosis de buen humor. El mal humor hay que controlarlo». Sin buen humor la vida es más áspera.

10. **Hay que revisar y eliminar ese conjunto de pensamientos negativos automáticos que nos invaden a menudo y que no están fundamentados.**
A lo largo del día tenemos miles de pensamientos, la mayoría de ellos negativos. Los pensamientos automáticos nos dominan y hacen suyos impidiéndonos disfrutar más de la vida. La mayoría de personas piensa que no puede controlar sus pensamientos. Entiende que es algo que se produce de manera automática y sobre lo que no puede actuar. Pero sí se puede. La primera pauta para cambiar los pensamientos «negativos» por otros «positivos», es lo que vendría a ser la «atención consciente». Es pararte de manera consciente a neutralizar lo que no te conviene para elegir lo que te conviene. El propio psiquiatra contaba una vez como volviendo de Nueva York a España, en el aeropuerto del JFK, una señora se acerco a saludarle y charlar con él. Después de un rato le dice:

—España está fatal.

Y Luis Rojas Marcos le pregunta:

—Pero ¿por qué está fatal?

A lo que responde:

—Estamos rodeados de maltratadores y terroristas.

Y el psiquiatra le vuele a preguntar:

—¿Y usted cuántos conoce?

Ahí la señora se vio sin escapatoria y contestó que ninguno. Cada vez que salta un pensamiento automático negativo, propio o de los demás, hay que cuestionárselo; pararse y pensar si tiene sentido ese pensamiento. Y la mayoría de las veces no lo tiene. Somos lo que somos por lo que pensamos la mayor parte del tiempo. La buena noticia es que tenemos en nuestras manos elegir nuestros pensamientos.

MADRE TERESA DE CALCUTA

La Madre Teresa de Calcuta (1910-1997) fue una monja católica de origen albanés, de nombre verdadero Agnes Gonxha Bojaxhiu. Fundó la congregación de las Misioneras de la Caridad en Calcuta en 1950. Durante más de cuarenta y cinco años atendió a pobres, enfermos, huérfanos y moribundos, al mismo tiempo que guiaba la expansión de su congregación, primeramente en la India y luego en otros países del mundo. Obtuvo el premio Nobel de la Paz en 1979 y el más alto galardón civil de la India, el Bharat Ratna, en 1980, por su labor humanitaria, además de otros muchos reconocimientos internacionales. Su vida y obra aparecen en diferentes películas y documentales. Tras su muerte, Teresa de Calcuta fue beatificada por el papa Juan Pablo II.

1. **A veces creemos que lo que hemos logrado es sólo una gota en el océano, pero sin ella el océano estaría incompleto.**

   El día a día está formado por cientos de actos cotidianos que pasan desapercibidos para la mayoría de nosotros, pero que contribuyen de manera insospechada a que el mundo mejore. Pequeñas decisiones en todos los ámbitos de nuestra vida (en el consumo, en el trabajo, en las relaciones personales, etcétera) van configurando de manera silenciosa el futuro de la sociedad. La misma Madre Teresa decía: «No podemos hacer grandes cosas, pero sí cosas pequeñas con un gran amor». Y cada una de ellas tomada individualmente puede parecer insignificante, pero todas ellas sumadas hacen una gran diferencia. Existe un enorme poder colectivo del que no somos conscientes, y a menudo caemos en el «no hago nada porque es muy poco lo que puedo hacer», lo cual provoca que las cosas no avancen o no vayan tan rápido como podrían ir.

2. **No hay mayor pobreza que la soledad.**
Victor Hugo afirmaba: «El infierno está todo en esta palabra: soledad». Estar en contacto con otras personas es una necesidad. No obstante, se puede estar rodeado de mucha gente y al mismo tiempo estar solo. La sociabilidad no tiene que ver con el número de personas que hay alrededor, sino con conectar emocionalmente con ellas. Dado que el ser humano es un ser social por naturaleza, si la red de amigos no es amplia, conviene tomar la iniciativa y apuntarse a actividades que permitan estrechar vínculos. El aislamiento, salvo excepciones, va consumiendo a la persona y fomenta una visión más pesimista de la vida. Eduardo Punset escribía en un artículo: «La falta de una red de amigos y familiares repercute en la salud tanto como el tabaquismo». La evidencia empírica también lo corrobora. En un estudio llevado a cabo en Suecia con 180.000 personas durante seis años, se concluyó que aquellos que se sentían más aislados tenían un riesgo cuatro veces mayor de morir prematuramente. La sociabilidad refuerza las defensas de nuestro organismo. Cuanto más sociable era la persona, menos riesgo de contraer enfermedades tenía. La soledad continuada debilita. Estamos hechos para compartir. Tenemos un cerebro social y para sobrevivir necesitamos los unos de los otros. Compartiendo nuestros estados emocionales con otras personas nos sentimos más conectados a la vida. Los logros en solitario siempre saben peor; las penas en solitario siempre se hacen más cuesta arriba. Que la vida se construye en plural se constata al comprobar cómo los momentos especiales de nuestra vida reúnen dos requisitos: primero, son momentos asociados a emociones positivas de alegría, entusiasmo o solidaridad; y segundo, son momentos compartidos con aquellas personas

que consideramos importantes en nuestra vida: amigos, familia, pareja.

3. **La disciplina es el mejor amigo del hombre, porque lo lleva a realizar los anhelos más profundos de su corazón.** En la vida abundan las «personas gaseosa»: comienzan con mucha fuerza una actividad, pero en seguida esa explosión inicial pierde fuelle para dejar paso de nuevo a la actividad rutinaria. Está bien estar motivado, nos impulsa a ponernos en marcha, pero la clave está en cultivar hábitos. Y es que no se trata de apuntarse a inglés o al gimnasio e ir el primer día, sino de cumplir religiosamente superando la tentación de quedarse en casa cuando la pereza o el cansancio hacen acto de presencia justificándose con «por un día no pasa nada». Pero casi siempre ese día acaba convirtiéndose en dos, luego en tres, y así hasta que finalmente se abandona. En el momento que dejas de practicar un buen hábito comienzas a instalarte en uno malo.

4. **Nosotros predicamos un Dios bueno, comprensivo, generoso y compasivo. Pero ¿lo predicamos también a través de nuestras actitudes? Si queremos ser coherentes con lo que decimos, todos deben poder ver esa bondad, ese perdón y esa comprensión en nosotros.** La vida sólo acepta un lema: hechos y no palabras. Los hechos son los que mueven el mundo y sirven de ejemplo a la humanidad. La gente siempre puede dudar de tus palabras, pero jamás de tus hechos. Las palabras son fácilmente manipulables y engañosas; basta decir lo que el público quiere escuchar. Es suficiente lanzar lo que es socialmente aceptable y, de este modo, recaudar el aplauso social. Los hechos, por el contrario, son irrefutables: nos ensalzan o nos condenan. Todos somos parecidos por lo que afirmamos o defendemos, sin embargo, lo que diferencia a unas personas de otras son los actos concretos. Que no nos pase como a Giovanni

Boccaccio, quien afirmaba con fina ironía: «Haced lo que digo, pero no lo que hago».

5. **Las críticas no son otra cosa que orgullo disimulado. Un alma sincera nunca se rebajará a la crítica. La crítica es el cáncer del corazón. Si juzgo a una persona, no tengo tiempo de amarla.**
Criticar casi siempre es una forma de verbalizar la envidia. Es el arma preferida del envidioso, porque, como todo es susceptible de ser criticado, ello supone un gran alivio para el envidioso, que tiene dónde agarrarse para atacar a los demás y poder salirse con la suya. Si a una persona le va bien en el mundo de los negocios, le dirán que desatiende a su familia; si cumple con sus obligaciones familiares, le recriminarán su falta de ambición. Y así con todo. La envidia siempre tiene coartada. Pero la envidia siempre es una derrota personal, una muestra de la insatisfacción con la propia vida. La persona que es feliz no tiene tiempo de criticar a los demás, está centrada en su felicidad y en sus objetivos.

6. **La paz comienza con una sonrisa.**
El teólogo y creador de cómics José Luis Cortés afirmaba: «A veces sonreír es la mejor forma de contribuir a cambiar el mundo». Una sonrisa no significa otra cosa que «me gusta usted» o «eres bienvenido a mi ámbito personal», por eso resulta siempre tan eficaz y es un buen punto de partida en cualquier relación. La sonrisa tiene un gran poder de conexión emocional con las personas. Su esbozo genera cercanía. Cuando la gente se encuentra cómoda, está más receptiva, y la comunicación fluye mejor y todo resulta más fácil. La sonrisa no conoce fronteras, ni culturas, ni razas, ni edades, ni estatus, ni sexo. Con independencia de la latitud en que nos encontremos, una sonrisa triunfa siempre. Su presencia genera «buen rollo» allí donde haga acto de presencia, y por tanto, crea un buen punto de partida para construir.

7. **En la Tierra hay suficiente para satisfacer las necesidades de todos, pero no suficiente para satisfacer las necesidades de unos pocos.**
El mundo es abundancia en todos los sentidos, pero esa abundancia no es suficiente para las ansias de poder de algunos. En el planeta vivimos cerca de 7.000 millones de personas, y con el sistema de agricultura actual se podrían alimentar (teniendo en cuenta la necesidad de 2.700 calorías por persona) a 12.000 millones de seres humanos. Cada día mueren 100.000 personas por desnutrición; cada cinco segundos muere un niño de menos de diez años, y 856 millones de personas (una de cada seis del planeta) viven gravemente desnutridas. ¿Por qué ocurre esto? No es difícil de descifrar: porque interesa. Jean Ziegler, que trabajó en la ONU entre 2000 y 2008, lo explica bien: «Las personas que mueren diariamente de hambre actualmente en el planeta son "asesinadas" por la especulación criminal que de forma global se hace con los productos de primera necesidad. Siete grandes bancos dominan el comercio mundial de trigo, cereales, arroz y alimentos del mundo. Treinta y siete países dependen todos los años de compras suplementarias en los mercados mundiales para alimentar a su población entre el fin de las existencias de la cosecha anterior y la nueva cosecha. La gente muere de hambre por culpa de las cotizaciones bursátiles».

8. **La paciencia lo alcanza todo.**
La paciencia siempre es cómplice del triunfo. Los logros subrayables demandan contar con el imponderable factor del tiempo. Si no es así, hay que empezar a sospechar que aquello que se ha conseguido fue construido sobre terrenos frágiles, y que, con la misma facilidad que se levantó, se puede venir abajo. Un dicho inglés lo concreta bien: *easy come, easy go*. En la sociedad del siglo XXI (la sociedad de la inmediatez) existe demasiada prisa por alcanzar resultados y

eso es ir contra natura. Querer gratificaciones apresuradas es luchar contra la ley del sentido común. Eso no da resultado.

9. **Si no se vive para los demás, la vida carece de sentido.** La felicidad está asociada al servicio. Desde el egoísmo es muy difícil estar satisfecho, con independencia de que a uno le vaya bien económicamente. El éxito es, sobre todo, estar bien con uno mismo. En su libro *Todo es posible* (2002), Christopher Reeve, el actor neoyorkino protagonista de la película *Superman* (1978), cuenta su experiencia vital después de que, en mayo de 1995, quedase paralizado de cuello para abajo tras una caída del caballo durante una competición. Allí relata: «Desde muy joven busqué un significado de espiritualidad en mi vida y nunca lo hallé. Al final, tuve que sufrir un accidente y perder el uso de casi todo mi cuerpo para encontrar la respuesta». Y prosigue: «Mi identidad y mi autoestima habían estado siempre basadas en el mundo físico. En un instante, la parálisis creó en mí un vacío indescriptible. Siguiendo el consejo de mi familia y amigos creyentes, traté de rezar, pero no sentía ningún alivio, ni conectaba lo más mínimo con Dios. Me angustiaba pensar que no era capaz de sentir la más mínima conexión con algún poder superior. Finalmente decidí no atormentarme más. Con el paso de los meses me di cuenta de que mi espiritualidad se reflejaba en cómo me comportaba con quienes me rodeaban. Al final descubrí el sentido de mi espiritualidad en las palabras de Abraham Lincoln: "Cuando hago el bien me siento bien; cuando hago el mal me siento mal. Ésa es mi religión"».

10. **No debemos permitir que alguien se aleje de nuestra presencia sin sentirse mejor y más feliz.** La medida del éxito viene definida en buena parte por cuántas personas ven mejorar su vida gracias a tu existencia. Cada vez que lo consigues sumas: te sientes bien y haces

sentir bien a los demás. Presta atención a cuáles de estos comportamientos repites más asiduamente: ¿animas o desanimas?, ¿criticas o elogias?, ¿envidias o admiras?, ¿construyes o destruyes?, ¿aportas o entorpeces? Hay personas que cargan de energía y hay otras que chupan energía. Las primeras alegran el día, las segundas lo estropean. Las emociones son contagiosas, así que antes de abrir la boca conviene pensar bien lo que uno va a decir y cómo se va a dirigir a la otra persona. Si no se mejora el silencio, no está de más quedarse callado.

MICHAEL PORTER

Michael Porter (1947) es profesor de la Escuela de Negocios de Harvard en temas de estrategia de empresa, desarrollo económico de naciones y regiones, y aplicación de la competitividad empresarial a la solución de problemas sociales, de medio ambiente y de salud. Es presidente del Instituto de Estrategia y Competitividad (de dicha escuela) y dirige, también en la Universidad de Harvard, el programa dedicado a nuevos consejeros delegados y presidentes de grandes corporaciones. Ha recibido numerosos premios por su trayectoria y es autor de numerosos libros, algunos de ellos bestsellers, como *Ventaja competitiva* y *Estrategia competitiva*.

1. **El éxito no está en ser el mejor; el éxito está en ser diferente.**
   Dedícate a ser el mejor siendo diferente. Todo parte de ahí: descubre tu rareza, tu singularidad, tu particularidad. No hay otro camino. Si no tienes nada que te diferencie, no tendrás una ventaja competitiva, estarás en la media y tus ingresos serán limitados. Preocúpate de encontrar algo que te haga sobresalir y destacar de alguna manera. No se trata de ser extravagante, sólo diferente. Intentar ser el mejor casi nunca es la estrategia más recomendable; es demasiado costoso, una alternativa reservada habitualmente para los pesos pesados de la industria. Si entras a competir con ellos, te llevarás las migajas.

2. **Las empresas pobres se desentienden de sus competidores; las empresas del montón copian a sus competidores;**

las empresas ganadoras marcan el camino a sus competidores.
La auténtica ventaja competitiva duradera reside en la capacidad de innovar constantemente. El éxito está en ser diferente, y el éxito recurrente está en ser diferente de manera recurrente. No se puede vivir de ventajas competitivas estáticas. Todo tiene fecha de caducidad, y en períodos cada vez más cortos. La autocomplacencia, el acomodamiento y el aburguesamiento conducen a la desaparición. Dicho con otras palabras: quien siempre ofrece lo mismo y del mismo modo, acaba por dejar de hacerlo. La capacidad de aprender continuamente y de ser joven toda la vida es esencial para competir.

3. **Si usted intenta servir a todos con todo, no le será posible obtener una ventaja competitiva. Todas las buenas estrategias crean clientes descontentos. ¿Por qué? Porque sólo sirven a un grupo de clientes.**
No hay nada más imprudente que intentar caerle bien a todo el mundo. Definir tu *target* supone que parte del público estará insatisfecho; ya sea por el grado de calidad, de precio, de atención o de lo que sea. Posicionarse implica no gustar a unos cuantos, a aquellos a los que tu propuesta de valor no les parece interesante. Pero no pasa nada; es el resultado lógico del posicionamiento. Posicionarse supone decir no a muchas cosas. No se puede ser todo: rápido, barato y grande. Lo peor es ser indiferente. Estar en todos los charcos no es rentable.

4. **El 75 % de las empresas carece de estrategia y se limita a copiar.**
Todos somos bastante innovadores en nuestros discursos, pero también bastante burócratas en nuestros comportamientos. Aunque todo el mundo alaba las bondades de la diferenciación, luego son pocos los que realmente consiguen diferen-

ciarse. Primero, porque la diferenciación hay que buscarla y trabajarla; segundo, porque diferenciarse implica arriesgar; y tercero, porque la diferenciación hay que ser capaz de renovarla (casi todo se copia demasiado rápido), y eso requiere esfuerzo y constancia. Lo decía Steve Jobs: «Seguir innovando durante años exige mucha disciplina».

5. **No existe eso que algunos llaman el buen marketing. Existe sólo el buen marketing para determinada estrategia.**
   Uno de los errores que se cometen habitualmente al hablar de marketing o *management* es universalizar los consejos y los mensajes. Éstos son útiles en la medida en que están particularizados para un determinado contexto. Nada es bueno o malo por sí mismo, sino bueno o malo para una situación o estrategia concreta. No tener en cuenta este aspecto suele pasar factura. La causa final es lo último en la consecución, pero lo primero en la intención. Lo primero de todo es preguntarse siempre «para qué».

6. **La clave para retener a los clientes es la satisfacción. Un cliente muy satisfecho se mantiene leal más tiempo, compra más, habla favorablemente acerca de la empresa y sus productos, presta menos atención a la competencia y es menos sensible al precio.**
   Concretar ventas es importante, pero lo es aún más ser capaz de lograr la fidelidad de los clientes. No basta vender, hay que generar lealtad, ver al cliente más allá de una mera transacción. Lo primero suele dar resultados a corto plazo, lo segundo es rentable a medio y largo plazo. A clientes más satisfechos, mayores beneficios. Y para ello hay que pensar todo el tiempo en cómo dar más por menos: mejor calidad, mejor precio, mejor atención, mejor distribución. Hay que obsesionarse con pulir y sacar brillo a la propuesta de valor continuamente.

7. **El vendedor de éxito se preocupa primero por el cliente, y luego por los productos.**
Ésa es la verdadera filosofía de los negocios. Ponerse en la piel del cliente para saber qué necesidades tiene y, a partir de ahí, construir el producto o servicio. Muchas veces se opera en sentido inverso: se diseña un producto o servicio y luego se intenta «colocar» en el mercado, algo que muy a menudo no funciona. A veces el problema no está en no ser capaces de vender, sino en que lo que se ofrece no le interesa al cliente. Si quieres tener éxito, desarrolla la empatía, ponte en el lugar del cliente y descifra lo que quiere de verdad.

8. **La mejor publicidad es la que hacen los clientes satisfechos.**
Toda publicidad que salga de la propia boca está siempre bajo sospecha y genera recelos, mientras que, cuando son otras personas las que hablan de nuestros productos y servicios, la credibilidad aumenta. No hay nada más rentable que un cliente satisfecho, ya que hará una publicidad gratuita muy jugosa a través del «boca a boca», con el efecto multiplicador que ese impacto tiene hoy en día a través de las diferentes redes sociales. Pero, en sentido inverso también funciona, y de manera mucho más contundente. Según las estadísticas, se habla siete veces más de lo negativo que de lo positivo. Un cliente insatisfecho puede ser muy dañino para una organización. Por eso, preocuparse por la satisfacción de los clientes no es una cuestión secundaria.

9. **Ya no basta con satisfacer a los clientes, ahora hay que dejarlos encantados.**
La competencia en todos los sectores es brutal. En muchas industrias se vive una situación de «empate técnico». Los beneficios tangibles de los productos se copian en tiempo real. Los precios también están bastante ajustados. La estandarización está de moda. Los mercados cada vez maduran

con mayor rapidez, y, en mercados maduros, la diferenciación más rentable viene de la calidad de servicio y de la capacidad para suscitar percepciones valiosas. Cada vez más, la diferenciación emocional es una obligación. Cuando las diferencias (en precio o calidad) eran más evidentes, la comunicación de las empresas con su entorno era más sencilla, y ésta se limitaba a destacar los atributos o el precio. Ahora las reglas del juego son otras. La comunicación se ha vuelto más compleja, y ello exige un mayor esfuerzo por dotar de personalidad a las marcas. Es necesario generar una «conexión emocional» con el público en la que se vinculen sensaciones y experiencias positivas con marcas. Hemos pasado de la era de lo irremplazable a la era de lo irresistible.

10. **Valor compartido no es responsabilidad social, filantropía, ni sostenibilidad. Es una nueva forma de alcanzar el éxito económico.**

El profesor de Harvard apunta: «Pasamos de la filantropía a la RSE [responsabilidad social empresarial] y a la sostenibilidad, y ahora hay que pasar a la creación de valor compartido. El valor compartido no es teoría, ya es una realidad. La eficiencia en la economía y el proceso social no son opuestos. Valor compartido es crear valor económico a partir de la generación de beneficios sociales. Las empresas que no lo abracen quedarán atrás». Hoy día, mentir, engañar y trampear es más complicado que nunca. La transparencia es mayor. Todo acaba sabiéndose y a mayor velocidad. Vivimos en un mundo con mucha más interconexión. Y quien no lo tenga en cuenta lo acabará pagando. Otra cosa no es sostenible. Nunca lo ha sido, la diferencia es que en los tiempos actuales el engaño es más evidente y se contrarresta de manera más rápida. Valor compartido no es otra cosa que ser conscientes de que todos estamos en el mismo barco.

NAPOLEON HILL

Napoleon Hill (1883-1970) fue un escritor estadounidense considerado uno de los autores de referencia en el mundo de la superación personal. Fue asesor de varios presidentes de Estados Unidos, como Woodrow Wilson y Franklin Delano Roosevelt. Su libro *Piense y hágase rico* es una de las obras más vendidas en el mundo. En 1908 tuvo la gran oportunidad de su vida al poder entrevistar a Andrew Carnegie, el hombre más rico del planeta en aquella época, quien le reveló que era posible identificar en las personas de éxito características que podían ser puestas en práctica por cualquier persona. Napoleon Hill dedicó más de veinte años a esta labor, cuyas conclusiones plasmó en el citado libro. También escribió *La actitud mental positiva* y *La clave de la riqueza*, entre otros.

1. **El ser humano que hace más de aquello por lo que le pagan pronto recibirá más de lo que hace.**
Excede expectativas y te irá bien. No te limites a cumplir. Eso lo hace la gente que está en la media. La gente de éxito siempre intenta dar el máximo en cada reto. Se compromete. Por eso siempre recibe nuevas oportunidades y propuestas. Mucha gente no da lo mejor de ella misma porque se siente injustamente recompensada y busca una forma de «vengarse». Es una alternativa, pero esa actitud no soluciona nada y, además, es como tirar piedras contra el propio tejado, ya que nos aleja de nuestro verdadero potencial al no desarrollar todo nuestro talento. Napoleon Hill decía: «Siempre he pensado que un hombre debe hacer las cosas lo mejor que puede, a pesar de cuánto reciba por sus servicios

o el número de personas que se sirvan de ello o la clase de personas a las que sirve».

2. **Un deseo débil trae resultados débiles, de la misma manera como una pequeña cantidad de fuego crea poco calor.** En 1953 se llevó a cabo una conocida investigación en la Universidad de Harvard que conviene recordar. Se les preguntó a los estudiantes de MBA (Master in Business Administration) si tenían claras sus metas para el futuro y, además, si éstas estaban puestas por escrito. Sólo el 3 % había puesto sus metas por escrito; un 10 % tenía pensadas sus metas, pero no las había puesto por escrito; y el 87 % restante no tenía definidas sus metas. Veinte años después, en 1973, se comprobó el progreso que habían hecho aquellos alumnos, y las diferencias resultaron notables. El grupo del 10 %, que tenía objetivos definidos aunque no escritos, tenía el doble de ingresos de media que el grupo del 87 %, que aseguraba no tener metas. Lo más sorprendente fue que los del grupo del 3 %, que habían escrito sus objetivos, estaban ganando de media diez veces más que el 97 % restante. El propio Napoleon Hill escribe: «Cuando tu deseo es lo suficientemente fuerte, llegarás a tener superpoderes para lograrlo. El deseo es el punto de arranque de todo logro, no una esperanza, ni un anhelo, sino un ardiente deseo que trasciende todo».

3. **Edison se equivocó diez mil veces antes de inventar la luz eléctrica. No te desanimes si llegas a fallar algunas veces. Cada adversidad, cada fracaso, cada dolor de cabeza, lleva consigo la semilla de un beneficio igual o similar.** En España, sólo un 33 % de los emprendedores que fracasan con un proyecto vuelve a intentarlo, mientras que en Francia el porcentaje de gente que se da otra oportunidad supera el 50 %, y en el caso de Estados Unidos es del 80 %. Diversos estudios concluyen que una persona tiene que cerrar

3,8 negocios de media antes de tener una empresa de éxito. ¿Hacen falta más datos? Lo que diferencia a menudo a unas personas de otras es que cuando el fracaso llama a la puerta, la mayoría abandona y muy pocos deciden seguir adelante. Para ello es importante mentalizarse por anticipado de que, a pesar de cualquier contratiempo, uno continuará luchando por su sueño. Napoleon Hill añade: «Cada persona que emprende debe estar dispuesta a eliminar completamente de su mente todas las posibilidades de abandonar. Sólo de esa manera puede estar segura de mantener un estado mental propicio para el éxito, que no es otra cosa que un deseo ardiente de conseguir aquello que desea».

4. **¿Quién dijo que no podía hacerse? Y ¿qué grandes victorias se le reconocen a esa persona que la capaciten para juzgar a otras correctamente?**

Te lo diré yo: ninguna. Todo el mundo que ha alcanzado grandes cimas ha luchado titánicamente contra multitud de obstáculos que parecían insalvables, por eso la palabra «imposible» y la frase «no se puede» no saldrán jamás de su boca. Grandes logros, grandes soñadores. Si eres una persona demasiado razonable, nunca lograrás nada excepcional. Transitas por lo estándar, común y previsible. Thomas Carlyle decía: «Aquellos que usan a menudo la palabra imposible tienen muy poca suerte en la vida». No te fíes del sentido común, nos engaña. Es útil para nuestro día a día, para automatizar tareas y evitar desgaste de energías, pero los grandes cambios de la humanidad siempre se han producido violando el sentido común. El sentido común nos dijo que la Tierra era plana, hasta que Galileo Galilei plantó cara a esta afirmación. Otro ejemplo: hasta el siglo XVI, todos los barcos que se construían eran de madera, y era así porque se pensaba que tenían que estar construidos de un material que flotase, hasta que alguien decidió desafiar al sentido común y demostró que lo que hace que un barco flote no depende del material del que está construido, sino de la cantidad de agua desalojada.

5. **Si debes hablar mal de alguien, mejor no lo hagas, escríbelo en la arena del mar, cerca del agua.**
¿Qué ganas con ello? Cada vez que te dedicas a despotricar de alguien alimentas en tu interior sentimientos negativos de odio, rencor, ira, resentimiento, que ocupan espacio en tu mente, que no te aportan nada y que te quitan energía para dedicarla a lo realmente importante, conseguir aquello que añoras. Céntrate en lo tuyo, tus objetivos y tu felicidad, y no dediques ni un minuto a otros temas menores. Nunca olvides estas palabras: «Sé consciente de la diferencia entre análisis amigable y crítica destructiva. Observa si el propósito de tus palabras es ayudar, desahogarte o hacer daño». Si eres de los que te gusta criticar, el tiempo que dedicas a esa labor lo puedes invertir en leer algunas páginas de un buen libro, verás lo provechoso que resulta al cabo de una temporada.

6. **La fe es el elemento químico primordial de la mente. Cuando la fe se mezcla con el pensamiento, el subconsciente capta la vibración, la traduce en su equivalente espiritual, y la transmite a la Inteligencia Universal, como en el caso de la plegaria.**
«Fe» es quizá la palabra más importante del diccionario, que sirve de aliada a la consecución de cualquier logro. La fe no es otra cosa que creer firmemente en algo antes de verlo materializado. Napoleon Hill dijo: «Creo en el poder del deseo respaldado por la fe, porque he visto cómo ese poder elevaba a hombres desde comienzos humildes a posiciones de poder y riqueza». Lo que uno desea (quiere) acompañado de la fe (de lo que cree) no tiene obstáculo que impida alcanzarlo. Pero ojo, el deseo sin fe sirve de poco. El inconsciente no responde a tus palabras, sino a lo que sientes como verda-

dero. Desear no es «decir» lo que se quiere, sino «sentir» lo que se quiere. Y añadió Napoleon Hill: «Puedes llegar a ser lo que quieras, si sólo lo crees con la convicción suficiente y actúas en concordancia con tu fe; porque cualquier cosa que la mente pueda concebir y creer será algo que la mente podrá lograr».

7. **No esperes. Nunca va a ser el momento justo. Empieza en donde te encuentras y trabaja con las herramientas que puedas tener a tu disposición ahora; irán apareciendo mejores herramientas a medida que vayas avanzando.** El exceso de planificación paraliza. La acción es la perfección de la decisión. Decisión sin acción es alucinación; piruetas mentales. Personas de éxito, personas de acción. No desperdicies ni un día. Empieza hoy. Ya. Comienza a mover tu primera ficha. Cada movimiento que haces te aporta información valiosa sobre el siguiente paso que dar. La sabiduría está en la acción. El propio Napoleon Hill señalaba: «Crea un plan definitivo para llevar a cabo tu deseo y comiénzalo de una vez, sin importar que estés listo o no para poner ese plan en acción. Si no puedes hacer grandes cosas, haz cosas pequeñas de forma grandiosa. No esperes grandes oportunidades. Aprovecha las cotidianas y engrandécelas».

8. **Primero viene el pensamiento, luego viene la organización de ese pensamiento en ideas y planes, luego la transformación de esos planes en realidad. El comienzo, tal como puedes ver está en tu imaginación, en tu deseo.** Un pensamiento es un impulso de energía, pero, según sea la intensidad del mismo, puede ser más o menos poderoso. Lo determinante es que el pensamiento tenga fuerza. Por tanto, no se trata de pensar (pensar, pensamos todos), sino de pensar de una determinada manera, con intensidad, con fe. Entonces, ponte en movimiento y la «sincronicidad» del universo te apoyará en tu camino hacia la consecución de

lo que deseas. Dijo Napoleon Hill: «Los pensamientos predominantes magnetizan nuestro cerebro, y, aunque nadie sabe bien cómo, esos imanes atraen hacia nosotros fuerzas, gente y circunstancias vitales acordes a esos pensamientos predominantes».

9. **Cuando las riquezas empiezan a aparecer, lo hacen con tanta rapidez, y en tal abundancia, que uno se pregunta dónde habían estado escondidas durante todos esos años de necesidad.**
Lo hemos dicho en la introducción del libro, pero volvemos a repetirlo. Los procesos de desarrollo personal funcionan de una manera similar al bambú chino. Después de plantar la semilla, no se ve nada en la superficie durante cinco años, pero la planta está echando raíces subterráneas. Entonces, al final del quinto año, el bambú chino crece de una manera sorprendente hasta alcanzar los veinticinco metros de altura. Napoleon Hill escribió: «Antes de que el éxito aparezca en la vida de un hombre, se encontrará con algunas decepciones. Cuando una "derrota" aparece en la vida de un hombre, lo más fácil y más lógico de hacer es renunciar, y eso es exactamente lo que la mayoría de los hombres hace». Pero si uno, a pesar de las sequías, sigue insistiendo y no pierde la paciencia, hay un momento en el que todo se precipita favorablemente. Es un punto de inflexión que marca la frontera entre el antes y el después.

10. **Es literalmente cierto que puedes lograr más éxito y de una manera más rápida, ayudando a otros a tener éxito.**
Una de las leyes que rigen las relaciones personales es la ley de la reciprocidad. Las personas nos sentimos obligadas a hacer algo por aquellas personas que nos han ayudado primero. Es la devolución del favor. Es el hoy por ti, mañana por mí. Por ejemplo, México sufrió un severo terremoto en 1985 que dejó al país seriamente tocado. Uno de los pri-

meros en ofrecer su ayuda fue Etiopía. ¿Por qué? Porque, en 1935, el país azteca apoyó al país africano cuando fue invadido por Italia. Medio siglo después del seísmo, el sentimiento de reciprocidad seguía vivo entre los mexicanos. Si ayudas a los demás cuando lo necesitan, ellos te ayudarán cuando tú lo necesites.

NELSON MANDELA

Nelson Mandela (1918-2013), abogado y político, fue el primer presidente de Sudáfrica elegido democráticamente por sufragio universal, cargo que ocupó entre 1994 y 1999. En 1962 fue arrestado y condenado a cadena perpetua. Estuvo veintisiete años en la cárcel. Tras su liberación, el 11 de febrero de 1990, lideró su partido en las negociaciones para conseguir una democracia multirracial en Sudáfrica, cosa que logró en 1994. Ha recibido numerosos reconocimientos internacionales, entre ellos, el premio Nobel de la Paz, en 1993. Su autobiografía se recoge en *El largo camino hacia la libertad*, y se han escrito otros libros sobre su vida, como *El legado de Mandela*, de Richard Stengel, y *El factor humano: Nelson Mandela y el partido que salvó a una nación*, de John Carlin, obra que inspiró la película *Invictus* (2009), dirigida por Clint Eastwood.

1. **Todo parece imposible hasta que se hace.**
   Así ha sido siempre a lo largo de la historia. Por eso la palabra «Imposible» es la palabra más peligrosa del diccionario, ya que desactiva la búsqueda de soluciones. Cuando nuestro cerebro procesa que algo no está a su alcance, nuestra mente deja de buscar, desconecta y da por finiquitado el asunto. Cuando creemos que algo es posible, entonces permanecemos alerta para encontrar todo tipo de recursos y alternativas que nos permitan hacerlo realidad. No hay nada imposible.

2. **No es valiente aquel que no tiene miedo, sino el que sabe conquistarlo.**

No hay que desterrar el miedo, sino la cobardía; los valientes también tienen miedo, pero aceptan el reto. Mientras el cobarde se deja dominar por él, el valiente le hace frente. No te inquietes cuando tengas miedo. No intentes eliminarlo, acéptalo y busca la forma de dominarlo. Al miedo no se le derrota de una vez, sino poco a poco y cada vez que lo afrontamos. Cuando no lo evitamos y no huimos, el miedo se hace más pequeño, se achica y se diluye. Así es como se gana confianza en uno mismo. «No te conviertas —dice Mandela— en algo menor de lo que puedes ser.»

3. **¡Viva la libertad! El sol nunca ha iluminado un logro humano más glorioso.**
La libertad es el valor más importante para una persona. Porque la libertad supone, sobre todo, una cosa: la opción de ser uno mismo. Libertad es tener la posibilidad de decidir quién queremos ser y de tener opciones de llegar a serlo. Sentirse libre es sentirse más feliz. Por eso, señala Mandela, «los verdaderos líderes están dispuestos a sacrificarlo todo por la libertad de su pueblo». Algunos siglos atrás, el personaje de Don Quijote también se lo decía a su escudero: «La libertad, Sancho, es uno de los más preciosos dones que a los hombres dieron los cielos, con ella no puede igualarse los tesoros que encierran la tierra y el mar; por la libertad, así como por la honra, se puede y debe aventurar la vida». Existen muchas cadenas que coartan la libertad: algunas visibles y otras no tanto. Por ejemplo, las dependencias materiales, sociales y emocionales que nos atan.

4. **La prisión es una tremenda educación en la paciencia y la perseverancia.**
A menudo, la adversidad es una gran aliada para descubrir talentos ocultos o para obligarnos a desarrollar ciertas habilidades. Desde la comodidad de la rutina es muy complicado desafiar nuestros límites. Sin embargo, cuando nos

vemos empujados por las circunstancias a salir de nuestra zona de confort, muchas cualidades que no habían tenido la posibilidad de manifestarse o desarrollarse lo acaban haciendo, descubriéndonos así parcelas de nosotros mismos que desconocíamos. Casi siempre, los momentos fuertes de aprendizaje tienen que ver con situaciones de incomodidad. Muchos talentos nacen de la necesidad.

5. **El perdón libera el alma, elimina el miedo. Por eso es una herramienta tan poderosa.**
«El resentimiento —señala Mandela— es como tomar veneno y esperar que mate al enemigo.» No hay más fórmula para la tranquilidad interior que el perdón. Pedir perdón demuestra fortaleza; aceptarlo, mucho más aún. Pero perdonar no es sólo hacerlo de palabra, sino, sobre todo, demostrarlo con los hechos. El líder sudafricano decía: «Si quieres hacer las paces con tu enemigo, tienes que trabajar con tu enemigo. Entonces él se vuelve tu compañero». Eso es el perdón encarnado, el perdón auténtico.

6. **La mayor gloria no es no caer nunca, sino levantarse siempre.**
El éxito consiste en ponerse de pie cada vez que uno se cae al suelo. Si te caes siete veces, levántate ocho. Todas las biografías de éxito reconocido (repetimos, *todas*) han pasado por calamidades (algunas muy duras) en su periplo hacia el éxito. A pesar de ello, no desistieron, se levantaron y continuaron hacia delante. Lo peor en la vida es resignarse, darse por vencido. Sólo entonces el juego termina.

7. **No soy un santo. Al menos que para ti un santo sea un pecador que simplemente sigue esforzándose.**
Muchas veces creemos que detrás de éxitos excepcionales hay personas excepcionales, y no es así. Son seres humanos de carne y hueso, personas corrientes (como todos lo so-

mos) que tenían muy claro lo que querían, que han trabajado duro, que han demostrado resistencia emocional en las adversidades, y que jamás perdieron la fe. Son personas que, cuando empezaron a construir su sueño, decidieron por anticipado jugárselo todo a esa carta en lugar de ir saltando de reto en reto cuando las cosas no marchaban como esperaban. Eso tiene un nombre: determinación.

8. **La educación es el arma más poderosa que se puede usar para cambiar el mundo. Nadie nace odiando a otra persona por el color de su piel, por su origen o por su religión. La gente tiene que aprender a odiar, y si ellos pueden aprender a odiar, también se les puede enseñar a amar.**
La educación es la inversión más rentable que existe. Invertir en educación es invertir en una sociedad mejor en todos los aspectos: más justa, más amable, más comprometida. No somos plenamente conscientes del valor de la educación. La educación siembra actitudes en la infancia que recoge conductas rectas en la vida adulta. Somos nuestra educación, y aunque siempre existe margen para modificar conductas, es más fácil formar a un niño que corregir a un adulto.

9. **Mucha gente en este país ha pagado un precio antes de mí, y muchos pagarán un precio después de mí.**
Todo avance social siempre nace de algo previo. El mundo llevaba mucho tiempo girando cuando aterrizamos en él. Estamos donde estamos y hemos llegado donde hemos llegado gracias a las contribuciones que han hecho otras muchas personas con anterioridad. Por eso, primero, hay que estar agradecido por todo lo que tenemos a nuestro alcance, y, segundo, debemos darlo todo con nuestra misión y aportación personal para no sólo ser beneficiarios, sino también ser benefactores. Es una cuestión de justicia social.

10. Me gustan los amigos que tienen pensamientos independientes, porque suelen hacerte ver los problemas desde todos los ángulos.

No hay nada peor que la uniformidad. En realidad, cuando hay dos personas que piensan igual es como si sólo hubiese una. Fomentar un cierto espíritu de crítica y diversidad es algo muy estimulante y sano para las personas y las organizaciones. Cuando se está en un puesto de gestión, lo peor es estar rodeado de aduladores, algo que ocurre con bastante frecuencia. El agasajo de los colaboradores es a menudo producto de dos causas: el miedo al rechazo y el miedo a la autoridad. Con frecuencia, el personal se guarda mucho de decir al jefe lo que piensa por si no es de su agrado, temiendo que podría causar represalias directa o indirectamente. Sólo generando un clima de confianza es posible que la gente se sienta libre para expresar su opinión sin tapujos.

OG MANDINO

Og Mandino (1923-1996) fue ensayista y psicólogo, y es considerado uno de los principales especialistas en el mundo en la escritura de libros de desarrollo personal. Su principal mensaje es «hazlo ahora», con el objetivo de formar buenos hábitos a través de los comportamientos reiterados. Sus trabajos están fuertemente influenciados por Napoleon Hill, W. Clement Stone y Emmett Fox. Su obra más conocida es *El vendedor más grande del mundo*, traducido a numerosos idiomas y del que se han vendido alrededor de cincuenta millones de copias. Otros libros suyos son: *Misión: ¡éxito!* y *La universidad del éxito*.

1. **Haz algo ahora, porque el ahora es todo lo que tienes. Y disfruta hoy la felicidad de hoy.**
   Sólo existe el ahora. Nada más. Og Mandino escribió: «Las tareas de mañana no las puedo hacer hoy, por eso las dejaré para mañana; hoy hago las de hoy y bien hechas». Es uno de los consejos más útiles para alcanzar metas y ser felices, y al mismo tiempo, uno de los consejos más frecuentemente olvidados. Centrarse en el presente implica, primero, no rumiar el pasado, que no se puede cambiar, y, segundo, no inquietarse por el mañana, ante el que no se puede hacer nada. Todo tiene su momento. El secreto está en hacer especial cada momento. Poner todo el corazón y toda la mente en lo que hacemos, ya sea en tiempo de trabajo o de asueto.

2. **Muchos dejan de ser hombres para ser filósofos.**
   La verdad no se aprende, se vive; no se descubre desde la teoría, sino desde la práctica. Es cierto que la filosofía, la lec-

tura y la reflexión son herramientas de indudable ayuda en el proceso de transformación personal, pero jamás sustituyen a la experiencia propia, que es la auténtica maestra de la vida. Tú eres tu propio maestro. Platón afirmaba: «El que aprende y aprende y no practica lo que sabe, es como el que ara y ara y no siembra». Y Aristóteles decía: «Lo que tenemos que aprender tenemos que aprenderlo haciéndolo». La sabiduría tiene que ver con las vivencias personales.

3. **Aprende que el que da con una mano recogerá siempre con las dos.**
La generosidad siempre produce réditos en todos los planos. Primero, en el personal, porque nos ayuda a sentirnos bien con nosotros mismos. Hay estudios que han demostrado empíricamente cómo las personas que se implican en actividades solidarias son más felices. Y segundo, porque siempre que se hace algo por otra persona, ésta tiene una cierta necesidad de compensar esa buena acción con otra que la supere. Dar es la forma más inteligente de recibir.

4. **Hay que practicar el arte de la paciencia, porque en la naturaleza nada se hace apresuradamente.**
La naturaleza es sabia y si uno observa su funcionamiento puede descifrar muchas claves y pautas de comportamiento enormemente útiles para nuestra vida diaria. Una de ellas es que nada sucede por azar, todo efecto es producto de una causa, aunque a priori no sepamos identificarla; y otra es que las cosas que merecen la pena llevan su tiempo antes que convertirse en realidad. No se planta hoy la semilla para que su fruto esté disponible al día siguiente. La paciencia es una virtud que siempre aparece cuando se repasan las biografías de personalidades que han dejado huella a lo largo de la historia.

5. **Ponga su singularidad en exhibición para el mercado.**
El arquitecto Frank O. Gehry, artífice del Museo Guggen-

heim de Bilbao, decía: «Tu mejor obra es la expresión de tu propia persona. Tienes que comprender que tu firma es única. Si partes de ahí, tienes una oportunidad». Eres especial porque eres único, exactamente como ocurre con el resto de las personas. Tienes conocimientos y habilidades que te diferencian, de lo que se trata es de darles una oportunidad para que se expresen y manifiesten. Si estás alienado con tu talento, siempre surgirá una demanda para que ese talento brille y cubra un hueco del mercado. Y lo más importante, te sentirás a gusto contigo mismo. Pero tienes que creer en ti, tener fe y actuar en consecuencia.

6. **Los pequeños intentos, repetidos, completarán cualquier empresa. La insistencia sistemática e inteligente es la llave del éxito.**
Ron Scolastico apuntaba: «Si todos los días vas a un árbol muy grande y le das cinco hachazos, finalmente tendrá que acabar cayendo». No se trata de hacer cosas extraordinarias puntualmente, sino de hacer cosas ordinarias todos los días. La constancia es un factor clave del éxito. El *expertise* o el profesionalismo en cualquier área es cuestión de horas de dedicación. Así lo revelan diferentes investigaciones que señalan que ser un referente en cualquier disciplina exige diez mil horas de trabajo duro. Y hay dos enemigos que nos alejan de este objetivo: el primero, ir saltando de un asunto a otro sin llegar a dominar ninguna disciplina; y el segundo, tener prisa por alcanzar resultados. En definitiva, la ausencia de foco y la falta de paciencia nos alejan del objetivo.

7. **La gente siempre responde positivamente a la alegría y al entusiasmo.**
La alegría abre puertas. Los seres humanos somos seres sociales, y nos gusta estar rodeados de gente amable, simpática, entusiasta, alegre, divertida, que sonríe, con energía… Si ésa es tu actitud, te ocurrirán cosas buenas. Te ofrecerán

oportunidades para que te incorpores a proyectos y empresas. Tu actitud determina en gran parte tu vida. Por muchos títulos y reconocimientos que acumules, si tu actitud no es la más adecuada, si no eres una persona con espíritu de equipo (egoísta, prepotente, soberbia, individualista) quedarás muy lejos de tu potencial.

8. **La naturaleza no conoce la derrota.**
Toda experiencia, tanto en el plano personal como en el profesional, y más allá del desenlace final, es una ocasión de aprender y crecer. Toda experiencia es, por sí misma, un éxito, una información útil que, bien digerida, ayuda a seguir avanzando. Tener una actitud de apertura ante la vida es estar en mejores condiciones para lograr nuestras metas. Para el universo sólo existen consecuencias, y, según cómo se interpreten, adquieren uno u otro cariz. El fracaso es sólo una idea, un concepto, algo subjetivo que unos ven como derrota y otros como aprendizaje. Nuestro desarrollo personal y profesional tiene mucho que ver con cómo interpretamos todo lo que nos pasa.

9. **¿Qué es el éxito sino un estado de ánimo?**
Las personas somos estados de ánimo con piernas, y, según éstos sean de uno u otro calibre, los resultados también serán de uno u otro cariz. Para ello hay tres cosas que son importantes. Primero, el diálogo interno que tenemos con nosotros mismos; hay que cultivar la mente con pensamientos positivos. Segundo, cuidar en qué ámbitos y entornos nos movemos; hay que evitar a toda costa a los pesimistas y derrotistas, porque las emociones se contagian. Y tercero, conviene saber que podemos cambiar nuestro estado de ánimo a través de nuestras acciones; es decir, actuar con alegría (aunque estemos tristes) nos hace sentirnos alegres. De lo que se trata es de provocar un cierto estado de la mente, de dirigir nuestro cerebro de tal manera que nuestros estados

de ánimo sean tales que generen comportamientos que produzcan resultados excelentes. La forma de sentir determina la forma de actuar, y por tanto, lo que se logra o deja de lograr.

10. **Borraré de mi vocabulario palabras como «no puedo» o «imposible», porque son palabras de personas que no tienen fe en sí mismas.**
La ley del éxito es la ley de la fe: creer para ver. De hecho, eso que algunos llaman «milagros» no es más que la manifestación material, palpable y tangible de la fe. Y hablamos de una fe que, sobre todo, se tiene cuando los demás no creen en nosotros. Allí reside el verdadero mérito, en continuar nadando a contracorriente. La tenista Venus Williams dijo cierta vez: «Tienes que creer en ti cuando nadie lo hace. Eso es lo que te hace un ganador». Sin confianza en uno mismo, ningún logro es posible.

OPRAH WINFREY

Oprah Winfrey (1954) es presentadora de televisión, productora, empresaria y filántropa. Ha sido varias veces ganadora del premio Emmy por *The Oprah Winfrey Show*, el *talk show* más visto en la historia de la televisión. Según la revista *Forbes*, fue la persona afroamericana más rica del siglo XX y la única de origen negro en poseer más de mil millones de dólares durante tres años consecutivos. También fue la mujer más «poderosa» del año 2005, según la citada publicación. La revista *Life* la ha clasificado como la mujer más influyente de su generación, y la revista *Time* la ha nombrado una de las cuatro personas que han dado forma al siglo XX y al inicio del siglo XXI. En 2005, la revista *Business Week* la clasificó como la filántropa de origen negro más relevante en la historia de Estados Unidos. Y, en 2010, la revista *Forbes* la catalogó como la famosa más influyente del mundo. Su biografía está en el libro *Oprah Winfrey: la verdadera historia de una de las mujeres más poderosas del mundo*, de Kitty Kelley.

1. **Hacer lo mejor posible en este momento nos deja en la mejor posición para el siguiente momento.**
Es una buena filosofía de vida para el éxito. Si lo das todo a cada instante, en cada proyecto, en cada reto, como si fuese la oportunidad de tu vida, al final esa oportunidad acaba surgiendo. Comprométete al cien por cien con cada tarea, y verás cómo irán apareciendo en tu vida retos y proyectos más estimulantes. Las oportunidades crecen en la medida en que se aprovechan.

2. **Tú te conviertes en lo que crees. Que estés donde estás hoy en tu vida se basa en todo lo que has creído.**
En aquello que crees, en eso te conviertes, quieras o no. Tus creencias determinan tus realidades, porque tus creencias te impulsan a actuar de una u otra manera; creencias estimulantes dan lugar a comportamientos ganadores; creencias limitantes dan lugar a comportamientos perdedores. Como apuntaba Robert Oxton Bolt, escritor y guionista británico ganador de dos premios Oscar: «Una creencia no es simplemente la idea que la mente posee, es una idea que posee a la mente». Contundente, pero cierto.

3. **El gran secreto de la vida es que no hay ningún secreto. Sea cual sea tu objetivo, puedes llegar a él, si estás dispuesto a trabajar.**
Una de las causas habituales que explica por qué mucha gente no alcanza objetivos está en la pereza. No está dispuesta a sacrificarse. Y sacrificarse implica incondicionalidad. El personaje de William Wallace en la película *Braveheart* (1995) grita: «Todos acabamos muertos, la cuestión es cómo y por qué». Cada alternativa tiene un precio. Siempre. Tú decides si quieres o no pagarlo. Si realmente deseas llegar a algún lado, nada ni nadie te lo impedirá. Las circunstancias pueden apartarte temporalmente de tu objetivo, pero finalmente acabarás encontrando la forma de llegar allí donde anhelas.

4. **Creo que todo sucede por una razón, incluso cuando no estamos lo suficientemente preparados para verlo.**
En algún momento, las piezas del puzle acaban encajando perfectamente. Sólo hay que tener un poco de paciencia y dejar que las cosas vayan siguiendo su curso. Toma cada experiencia como un aprendizaje, aunque alguna duela en un primer momento. Con el tiempo acabarás entendiendo el porqué. La vida se vive hacia delante, pero se comprende

mirando hacia atrás. No intentes comprenderlo todo de manera inmediata, acepta lo que ocurre y continúa tu marcha al frente.

5. **Si quieres que tu vida sea más gratificante, tienes que cambiar tu forma de pensar.**
Los pensamientos, para bien y para mal, nos dominan. Nos impulsan en un sentido u otro. La clave está en ser capaz de transformar todos esos pensamientos negativos diarios que nos boicotean por otros de signo contrario. Cada vez que te venga un pensamiento negativo, haz una parada y mira a ver si tiene sentido. Es lo que se llama la «atención consciente». Según diferentes investigaciones, hay un cuarto de segundo de retardo entre el momento en el que una persona siente un impulso y el momento en el que actúa. Si te das ese cuarto de segundo de poner «atención consciente», te puedes cuestionar las decisiones. La «atención consciente» es algo así como: me paro para elegir lo mejor. Los pensamientos, cuando no se dominan, pueden hacer de la mente una especie de campo de concentración. Un estudio de la Universidad de Harvard concluye que el 92 % de las preocupaciones que tenemos nunca sucederán.

6. **La integridad real es hacer lo correcto sabiendo que nadie se dará cuenta de si lo hizo o no.**
Las personas no se comportan de la misma manera cuando saben que están siendo observadas que cuando piensan que nadie las mira. La falta de ética se produce a menudo como consecuencia de que la persona que realiza el comportamiento antiético piensa que no la «pillarán», ya que, si lo pensara, no actuaría de ese modo. La auténtica integridad no consiste sólo en actuar correctamente de cara a la galería, sino también, y sobre todo, cuando uno no está siendo observado. En eso reside «hacer el bien por el bien mismo» más allá de otras consideraciones.

7. **Yo no creo en el fracaso. No es fracaso si te gustó el proceso.**
No todo hay que interpretarlo bajo el prisma de «ganar o perder». Hay que tener amplitud de miras y saber mirar a largo plazo. A veces sólo se trata de aprender y sumar experiencias con independencia del resultado final. A menudo, el fracaso es simplemente la opinión que alguien tiene (su opinión) sobre cómo deberían hacerse las cosas. Cada lección es un adoquín más del asfaltado del camino hacia nuestras metas. Oprah señala: «Hay una lección en todo lo que ocurre, y aprender esa lección nos permite seguir avanzando».

8. **Todo el mundo quiere ir contigo en la limusina, pero lo importante es tener a alguien dispuesto a coger contigo el autobús cuando la limusina se estropea.**
La amistad, como casi todas las cosas valiosas de la vida, hay que ponerla a prueba; florece o se desvanece en épocas difíciles. Samaniego lo explicitaba bien: «En casa pequeña y camino largo se conoce al amigo». Hay dos pruebas fundamentales para ello: la del fracaso (ya sea económico, profesional o afectivo), cuando se nota si el amigo verdadero está a tu lado; y la del éxito, porque el triunfo siempre despierta muchas envidias alrededor, sobre todo, entre los más cercanos.

9. **Se puede tener todo en la vida, pero no al mismo tiempo.**
Y esta idea está relacionada con «centrarse», con saber que elegir una alternativa implica renunciar a otras. Todos los «más» tienen sus «menos». El universo es un catálogo de infinitas posibilidades a tu disposición. No existen límites, pero tienes que decidir qué quieres conseguir para poder enfocarte y obtenerlo. Si pretendes ir a por todo, al final no conseguirás nada.

10. Lo único que sé con certeza es que lo que das vuelve a ti. Y añadiríamos que, además, vuelve multiplicado. Obsesiónate con poner tus conocimientos, experiencia y habilidades al servicio de los demás. Por encima de todo, intenta ser lo más útil que puedas y hazlo con tanta gente como te sea posible. La vida es como un *boomerang*, y aquello que uno siembra es lo que recoge. Quien es grande de espíritu hace del servicio a los demás su modo de vida. Es la estrategia más inteligente, la que más beneficios reporta y la que más satisfacción produce.

OSHO

Osho (1931-1990) fue un místico indio, filósofo, profesor y maestro espiritual que obtuvo un gran seguimiento internacional. Sus enseñanzas enfatizan la importancia de la meditación, el amor, la valentía, la creatividad y el sentido del humor. Las enseñanzas de Osho han tenido un notable impacto en el pensamiento de la llamada Nueva Era en Occidente, y su popularidad ha aumentado considerablemente tras su muerte. Es autor de numerosas obras como *Aquí y ahora*, *¿Qué es la meditación?* y *El arte de morir*.

1. **No os resignéis a la mediocridad porque es un pecado contra la vida.**
   No hay nada peor en esta vida que conformarse. A menudo, adoptar una actitud conformista ante la vida es producto de la cobardía o del egoísmo; de la cobardía, porque, para evitar fallar, muchos no se atreven, con lo cual sus resultados no pasan del cinco; del egoísmo, porque, cuando no das lo mejor de ti, no estás contribuyendo con tu verdadera esencia y tus talentos a cumplir tu misión en la vida. Estás desaprovechado. Vas en contra de la existencia si no la embelleces, si la dejas simplemente como te la encontraste.

2. **Nunca pidáis que la vida carezca de riesgos, y jamás pidáis seguridad, porque eso es pedir la muerte.**
   Cuando uno deja de asumir riesgos, deja de vivir. Es el misterio de la incertidumbre el que hace interesante el viaje de la vida. La vida es un continuo apostar, un no saber nunca lo que va a ocurrir por anticipado. La certidumbre nos ins-

tala en la comodidad y nos vuelve esclavos. La gente huye de la incertidumbre por miedo al fracaso, pero el fracaso no existe. Uno de los errores habituales que cometemos es hacer depender en exceso nuestra satisfacción del resultado final. Lo vemos todo como una bendición o una maldición, y de lo que se trata también es de disfrutar mucho del camino. De una manera u otra, toda experiencia es una enseñanza si uno sabe darle un sentido.

3. **La gratitud prepara el camino para la abundancia. Sentíos tan agradecidos a la existencia como os sea posible; y también por cosas pequeñas, no sólo por las grandes; por el simple acto de respirar.**
Jean de la Bruyére afirmaba: «Sólo un exceso es recomendable en el mundo: el exceso de gratitud». La gratitud tiene el poder de eliminar todo tipo de negatividad de nuestra vida y atrae más abundancia. Cuando no eres agradecido por todas las cosas buenas que tienes a tu alrededor, enfocas la vida desde la carencia y no desde la riqueza. Y atraes más de eso a tu vida, ya que en eso consiste la ley de la atracción: aquello en lo que pones tu atención se expande. A la ley de la atracción le da igual lo que quieres o no quieres, simplemente refleja aquello en lo que te concentras. La mayoría de la gente adopta una postura quejica y victimista que le lleva a enfocarse en lo que no quiere en lugar de en lo que quiere, contribuyendo así a generar más negatividad en su vida.

4. **Cuando buscáis, el futuro es importante, el objetivo es importante. Y cuando no buscáis, el momento presente es todo lo que hay. No hay futuro, de modo que no podéis postergar cosas. No podéis decir: ¡mañana seré feliz!**
La búsqueda de la felicidad genera infelicidad. No existe otra cosa que el ahora, el aquí, este momento. Cuando esto se olvida, la insatisfacción hace acto de presencia. No se trata de no tener metas, sino de que no te esclavicen y te pierdas

el momento presente. Osho lo explica con estas palabras: «La iluminación no es un logro, es comprender que no hay ningún sitio al que ir. La vida es vivir. No hay otro dios que la vida misma. No hay forma de conocer lo que es la vida más que viviendo, estando vivo, fluyendo, discurriendo con ella. La vida no te está esperando en ninguna parte, te está sucediendo. No se encuentra en el futuro como una meta que has de alcanzar, está aquí y ahora, en este mismo momento, en tu respirar, en la circulación de tu sangre, en el latir de tu corazón».

5. **Cuanto más oscura es la noche, más brillan las estrellas.**
La adversidad puede ser una aliada muy útil en nuestro desarrollo personal si se gestiona bien. Muchas veces es un regalo, aunque al principio cueste entender su mensaje. En ocasiones despierta talentos adormecidos; a veces ayuda a encontrar el sentido de la vida; sirve para aprender a ser agradecido y valorar todo lo que se tiene; impulsa a encontrar nuestra verdadera vocación; nos permite afrontar el futuro con menos miedo; y, muy a menudo, facilita distinguir lo importante de lo accesorio.

6. **En el momento que os ilumináis, toda la existencia se ilumina. Si estáis en la oscuridad, entonces toda la existencia está a oscuras. Todo depende de vosotros.**
El viaje es siempre hacia dentro. El problema es que buscamos en el exterior lo que sólo podemos resolver en el interior. Tu vida no refleja otra cosa que el respeto que te tienes a ti mismo. La verdad está dentro de cada persona. No hay que buscarla en ninguna otra parte. Osho dice: «Tú eres lo único que falta en tu vida». Cambiar de actitud lo cambia todo, por eso, aunque nada cambie, si uno cambia, todo cambia.

7. **No hay muchos caminos. Hay muchos nombres para el mismo camino, y este camino es la conciencia.**

El camino de la conciencia es uno, pero adopta formas muy diversas, tantas como personas hay en la Tierra. Tomar conciencia no es otra cosa que despertar a la vida, comprender su profundo significado. Por eso, a mayor conciencia, mejores decisiones, mejores comportamientos, mejor todo. La conciencia nos dice qué merece y qué no merece la pena. La conciencia nos libera; su ausencia nos esclaviza.

8. **Pensar no es otra cosa que un hábito de interpretación. Cuando el pensar desaparece, el lago queda silencioso, en calma y sereno. Entonces no hay más olas ni ondas... nada se distorsiona, la luna se refleja a la perfección.** Y todo cobra un cierto sentido. Osho también apunta: «La vida es muy sencilla. Hasta los árboles la están viviendo. No puede ser muy complicada, incluso las aves, las rocas y los ríos la están viviendo. ¿Por qué se ha vuelto tan complicada para el hombre? Porque el hombre puede teorizar sobre ella». El pensamiento existe porque cumple su función, el problema se da cuando esa función se desvirtúa, cuando el pensamiento empieza a categorizar, a introducir en sus divagaciones las etiquetas, los conceptos de bueno y malo, a establecer cómo deben o no deben ser las cosas: «La mejor forma de perder la vida —precisa Osho— es tener una cierta actitud ante ella. Las actitudes tienen su origen en la mente, y la vida supera la mente. Las actitudes son nuestras creaciones, son nuestros prejuicios, nuestras invenciones. La vida no es creada por nosotros; al contrario, nosotros somos sólo ondas en el lago de la vida. Todas las actitudes son egoístas, todas las actitudes son estúpidas».

9. **Empezad a establecer tantos contactos con la existencia como os sea posible. Sentaos junto a un árbol, abrazadlo y sentid que os estáis fundiendo y reuniendo con él. Nadad, cerrad los ojos y sentid que os estáis fundiendo con el agua, dejad que haya unión.**

El universo es un todo del que todos participamos y en el que todos estamos interconectados. La naturaleza está en permanente comunicación con nosotros aunque no le prestemos atención. El mar habla, la montaña habla y los animales hablan, aunque no utilizan el lenguaje de la palabra. Xavier Molins y Carme Corretgé son una pareja catalana de viajeros que ha dado la vuelta al mundo y ha escrito diversos libros. En uno de ellos, *Todo al 69: una vuelta a un mundo en crisis*, explican: «Cuando uno viaja es inevitable sentir que se va desarrollando un inconmensurable amor hacia el universo. Nace un vínculo inquebrantable, ultrapoderoso. Este amor surge porque cuanto más mundo se conoce, más inequívoca es la sensación de pertenecer a él. Maltratar al mundo en el que uno vive es un signo de que se está desvinculado de él. Viajar, para nosotros, es una manera de recuperar la unicidad con el universo, porque es imposible andar por el mundo y que no nazca en ti la imperiosa necesidad de protegerlo».

10. No creéis ningún conflicto entre extraviaros y permanecer centrados. Flotad. Si sentís miedo de extraviaros, entonces existe la posibilidad de que lo hagáis, porque aquello que intentáis suprimir adquiere importancia.
La flexibilidad nos hace más felices. Flexibilidad es fluir con la vida. Aprender a caminar y andar según las circunstancias de cada momento extrayendo el máximo de cada situación. Querer que las cosas sean de una determinada manera en cada momento genera mucha frustración. Osho también señala: «Desprendeos de vuestras ideas fijas. Entonces, podréis disfrutar más de la confusión. Y no os confundirá, será un caos creativo. Un hombre necesita caos creativo en el corazón para dar nacimiento a danzantes estrellas. No hay otra manera. La vida consiste en explorar, en ir hacia lo desconocido. Sé valiente y sacrifica todo por la vida; nada vale más que ella. No sacrifiques tu vida por pequeñas cosas: di-

nero, seguridad, estabilidad. Nada de ello tiene valor. Uno tiene que vivir su propia vida tan totalmente como sea posible; entonces, la alegría llega. Sólo entonces es posible una desbordante dicha». Y añade: «Aquellos que quieren vivir realmente tienen que afrontar muchos riesgos. Tienen que adentrarse más y más en lo desconocido. Tienen que aprender una de las lecciones más fundamentales: que no existe hogar, que la vida es un peregrinaje sin principio ni fin. Sí, hay lugares donde puedes descansar, pero son simplemente para pasar la noche, y a la mañana siguiente te tienes que ir de nuevo. La vida es un continuo movimiento, nunca llega a ningún final».

PETER F. DRUCKER

Peter Ferdinand Drucker (1909-2005) está considerado el padre del *management*, y su obra ha dejado una gran influencia en numerosos autores. Fue discípulo de John Maynard Keynes y de John Schumpeter. Nació en Austria y vivió en Alemania e Inglaterra. En la segunda guerra mundial se exilió a Estados Unidos, donde comenzó a trabajar como profesor, escritor, consultor y pensador del *management*. Recibió numerosas distinciones y fue nombrado doctor honoris causa por múltiples instituciones educativas. Entre sus obras destacan: *La práctica del management*, *El management del futuro* y *La sociedad postcapitalista*.

1. **Una empresa son dos cosas: innovación y marketing.**
   O lo que es lo mismo: diferenciación + venta. Ésa es la ecuación. Primero, obsesiónate con esta pregunta: qué me hace diferente. Y en segundo lugar, pon todas tus energías en la comercialización de tus productos o servicios. Si no se vende, no se come. Todas las empresas (Repsol, Telefónica, Inditex, Telecinco o cualquier *freelance*) viven de lo mismo: de vender. El propio Drucker afirmaba: «La prueba de una innovación no es su novedad, ni su contenido científico, ni el ingenio de la idea... es su éxito en el mercado».

2. **Todas las organizaciones desarrollan a las personas: o las forma o las deforma.**
   El liderazgo (o falta de liderazgo) de los directivos es el factor más crítico del éxito (o fracaso) de las organizaciones. A pesar de ello, no es algo de lo que puedan presumir muchas

compañías. Según un estudio de la consultora McKinsey & Company más del 50 % de los altos directivos considera que su incapacidad para desarrollar el liderazgo es un gran obstáculo para conseguir resultados. Datos del Conference Board revelan que sólo el 54 % de las empresas tiene el liderazgo que necesita y tan sólo el 8 % piensa que sus directivos tienen un liderazgo excelente.

3. **A los elefantes les cuesta mucho adaptarse, las cucarachas sobreviven a todo.**
En la empresa y en la vida, los mejores son los que tienen mayor capacidad de adaptación a los cambios. Porque eso es la inteligencia, la capacidad de adaptarse al entorno y sacar partido. La versatilidad es uno de los rasgos que mejor definen a los grandes líderes. No es lo mismo gestionar una empresa en un entorno macroeconómico de crecimiento que en otro de crisis; en un entorno de restricción del crédito que en otro de fácil acceso a la financiación. La capacidad de gestionar el cambio, de moverse en contextos diversos, es lo que garantiza la supervivencia y permite que una empresa sortee los temporales y no encalle cuando las circunstancias no son las más propicias: aparición de competidores, productos sustitutivos o caída de márgenes del mercado, entre otras.

4. **Gestión es hacer las cosas bien; liderazgo es hacer lo correcto.**
No vale la pena hacer bien lo que, para empezar, no vale la pena hacer. Lo primero es saber qué es lo que debe hacerse, y después hay que ser capaces de ejecutarlo correctamente. Drucker afirmaba: «Ante un problema organizativo, pregúntese: ¿cuál es la mejor solución? Y después: ¿qué se puede hacer?». Ésa es la «mentalidad ganadora», la que pone continuamente el foco en resolver los problemas, pero no de cualquier manera y para salir del paso, sino buscando la mejor solución y, después, poniendo todo el énfasis en hallar

alternativas para hacerla realidad, dejando de lado excusas y quejas que no aportan ningún valor.

5. **Donde hay una empresa de éxito, alguien tomó una decisión valiente.**
Siempre ha sido así: éxito = capacidad de asumir riesgo. Es el factor que mejor define a los emprendedores. Dar el paso hacia delante y casi siempre a contracorriente de lo que opina el resto de la gente. El emprendedor suele ser un visionario, y como visionario, un incomprendido. Ve ciertos aspectos de la realidad que a buena parte de la gente se le escapan. Capta matices, detalles, cosas que a muchos les pasan desapercibidas. Tiene una cierta sensibilidad para «ver lo que no se ve», para descifrar la realidad más allá de lo evidente, de lo explícito. Y luego no tiene inconveniente en lanzarse a por aquello en lo que cree.

6. **El 60 % de los problemas empresariales son consecuencia de una mala comunicación.**
Nosotros diríamos, con el permiso de Drucker, que son el 60 % como mínimo. No existe relación humana donde no existan problemas de comunicación. A menudo surgen conflictos entre lo que se quiere decir, lo que se dice, lo que se interpreta, los prejuicios previos... Sin embargo, el éxito de cualquier relación (ya sea de pareja, amistad o profesional) reside en un buen grado de comunicación. Una comunicación deficiente arruina cualquier relación humana; y hay una variable que engrasa oportunamente la comunicación: la confianza; de otro modo, uno se mantiene hermético e inaccesible, oculta datos y hasta miente. Sin confianza es difícil que la comunicación sea fluida, que se pueda hablar sin tapujos y poner las cartas al descubierto. Un líder está obligado a manejar muy bien la comunicación si quiere conseguir resultados.

7. **La mejor estructura no garantiza los resultados ni el rendimiento. Pero la estructura equivocada es una garantía de fracaso.**
La mejor estructura organizativa fracasa si no cuenta con las personas y el liderazgo adecuados para ejecutar eficazmente el modelo de negocio. Dicho esto, las estructuras son facilitadoras o aniquiladores del potencial de las personas, permitiendo o entorpeciendo que se consigan resultados. Estructuras organizativas burocráticas, con exceso de niveles jerárquicos y poco flexibles, dan lugar a ineficiencias, conflictos y problemas de comunicación.

8. **Lo más importante que hay que tener en cuenta en cualquier empresa es que los resultados no están en el interior de sus paredes. El resultado de un buen negocio es un cliente satisfecho.**
La función de la empresa es crear clientes. Sin clientes no hay negocio. Y sin clientes satisfechos se desaparece a medio y largo plazo. Cualquier empresa debe tener una fuerte orientación al cliente: cómo darle más por menos. Crear valor de manera consistente a lo largo del tiempo. Ésa es la única ventaja competitiva sostenible. Cada día es más complicado, ya que prácticamente en cualquier industria se da el «síndrome de la infoxicación», es decir, una intoxicación por exceso de información y alternativas. La competencia es más fuerte que nunca, y, como consecuencia, la lealtad es más frágil que nunca.

9. **Demasiados ejecutivos piensan que son maravillosos con las personas porque hablan bien. No se dan cuenta de que ser maravillosos con las personas significa escucharlas bien.**
Pocas cosas causan tan buen impacto en los clientes «internos» (empleados) y en los clientes «externos» (consumidores) como pedirles opinión sobre algún tema o atender con interés sus inquietudes y necesidades. Cuando una persona

siente que se la escucha con atención, se siente reconocida e importante. Pero escuchar bien no es fácil, implica una actitud atenta y sincera con la otra persona. Decían de Sigmund Freud que era un gran escuchador. Una de las personas que trató con él explicaba un día: «Me impresionó tanto que no lo olvidaré jamás. Tenía cualidades que nunca he visto antes en ningún otro hombre. Nunca había visto una atención tan concentrada. Sus ojos eran cálidos y afables. Su voz era grave y bondadosa. Gesticulaba poco. Pero la atención que me prestó y su captación de lo que yo decía, aun cuando me expresara mal, eran extraordinarias. Es indescriptible lo que se siente cuando uno es escuchado así». En la empresa y en la vida, las relaciones personales son, si no todo, sí mucho, y saber escuchar es una ventaja competitiva de enorme valor para que esas relaciones fluyan oportunamente.

10. La planificación a largo plazo no es pensar en decisiones futuras, sino en el futuro de las decisiones presentes.
Nuestro hoy determina nuestro mañana; y hoy estamos donde decidimos estar ayer con nuestras decisiones y acciones. Todo se basa en el establecimiento de metas (qué quiero conseguir), en el diseño de planes (cómo lo voy a conseguir) y en la concreción de acciones (cómo se ejecutan los planes). Ya lo apuntó en su día Dwight David Eisenhower, presidente de Estados Unidos entre 1953 y 1961: «Los planes son inservibles, pero planificar es imprescindible». La flexibilidad es algo esencial para ir adaptándose a las circunstancias del momento, pero es importante tener una hoja de ruta que marque el camino para no andar desorientados y quedar expuestos a los impulsos y las apetencias de cada momento.

PHILIP KOTLER

Philip Kotler (1931) es economista y especialista en marketing, titular, desde 1988, de la cátedra de Marketing Internacional S. C. Johnson & Son, en la Escuela de Management Kellogg (Universidad Northwestern, de Illinois), seis veces considerada por *BusinessWeek* la mejor facultad en administración de empresas de Estados Unidos. Se licenció en la Universidad de Chicago y obtuvo el doctorado en Economía en el MIT (Massachusetts Institute of Technology). Realizó trabajos posdoctorales en matemáticas, en la Universidad de Harvard, y en ciencias del comportamiento, en la Universidad de Chicago. Ha sido galardonado con numerosos premios y fue elegido líder en Pensamiento de Marketing por la AMA (American Marketing Association), en 1975. Es doctor honoris causa por las universidades de Estocolmo, Zúrich, Viena, Atenas y DePaul, entre otras. Es autor de numerosos libros, entre los que destacan: *Principios de marketing*, *Dirección de marketing* y *Marketing lateral*.

1. **Las mejores empresas están orientadas a las personas.** Así de claro, así de simple… pero qué difícil de entender por muchas organizaciones. Lo mejor que tiene Apple no son sus iPhones o sus iPads, sino sus ingenieros, los que diseñan y hacen esos artilugios. Lo mismo ocurre en todas las empresas, porque son las personas las que hacen que las cosas ocurran. Las empresas no hacen nada, lo hacen las personas que trabajan en ellas. Las mejores organizaciones, aquellas que mejor sobreviven al paso de los años, son las que tienen en el centro de su estrategia y su negocio a las personas. O, como dicen los anglosajones: *What helps people, helps business.*

2. **Para que una empresa sea amada por el mercado, primero debe de ser amada por sus colaboradores.**
¿Es posible que ocurra de otro modo? Difícil. El orgullo de pertenencia (sentir los colores, la camiseta) es muy importante para que una empresa sea referente en cualquier sector o industria. Toda organización tiene una cultura (coloquialmente, la forma de hacer las cosas en cada casa), con sus pros y contras, y las personas que trabajan en ellas, o se adaptan o se marchan o son despedidas. Cuando las personas no sintonizan con la cultura empresarial sólo es posible estar en medio del pelotón. Empresas de éxito, empresas con empleados orgullosos de pertenecer a ellas.

3. **Cuatro características de empresas con más de cien años: cautos con el dinero, atentos al entorno, mejora continua e innovación.**
En definitiva: primero, no excederse en el derroche. Cuando las cosas van bien es cuando hay que invertir y consolidar para que cuando lleguen las vacas flacas no nos pille con el pie cambiado; segundo, hay que estar en permanente contacto con el mercado para saber por dónde van los tiros; tercero, hay que evitar caer en la autocomplacencia y tener una cierta obsesión por mejorar cada una de las fases de la cadena de valor; y cuarto, ser innovadores para renovar las ventajas competitivas.

4. **Los consumidores tienen hoy más poder que las marcas.**
Ellos pueden atacar o alabar las marcas con gran euforia o sin piedad en ese mundo infinito que es internet y las redes sociales, que permiten la difusión de contenidos y opiniones a velocidad de vértigo. Éste es uno de los mayores cambios en los últimos años: el poder ha pasado de estar ostentado por las marcas a tenerlo los consumidores. Éstos pueden ejercer cada vez una mayor influencia ante la posibilidad de manifestar sus quejas y malas experiencias de forma pública a una gran au-

diencia, por lo que exigen más respeto, mejor trato y atención. Una compañía puede trabajar muy duro su imagen, pero se puede colapsar si los clientes descontentos alzan la voz. Por este motivo, la relación de verticalidad empresa-consumidor del pasado ya no es válida. Hay que anticiparse y escuchar a los consumidores, animarles a participar, cuidarles y hacerles sentir importantes. Se trata de convertir a los clientes en fans. En la era del marketing 3.0 la idea es que el consumidor no sólo compre, sino que recomiende y se involucre.

5. **Quienes tienen buena reputación siguen haciendo más de lo mismo, por inercia. Al final, sólo una crisis o una pérdida de cuota les hacen examinar qué ocurre de verdad.**
Es difícil reflexionar desde el éxito, pero, para ser una empresa innovadora de verdad, siempre hay que estar indagando sobre cómo mejorar; y eso se debe hacer en épocas de bonanza, cuando uno puede pensar con más claridad y frescura. A la mayoría de las empresas les entran las prisas cuando cambia el viento y ya es demasiado tarde. La autocomplacencia, conviene recordarlo de nuevo, es probablemente el mayor enemigo de cualquier organización. Es conocida la historia de un suicida que salta de un rascacielos y al pasar por el tercer piso le preguntan: «¿Qué tal?». A lo que él contesta: «Hasta ahora todo bien». Muchas organizaciones se comportan de forma similar. Como las cosas marchan bien, no se cuestionan nada.

6. **Vamos hacia una era de marketing de precisión y *micro-targeting*.**
Disparar a todo lo que se mueve no parece lo más acertado en los tiempos que corren. Es desperdiciar tiempo, esfuerzos y dinero. El mercado responde a nichos de mercado más pequeños y especializados con necesidades mucho más concretas. Si se trata de ser todo para todos, al final se acaba siendo

nada para nadie. Por decirlo de alguna manera, hoy día, para triunfar hay que ser un «especialista en especialización».

7. **Si en cinco años sigues en el mismo negocio en el que estás ahora, estarás fuera del negocio.**
Frase contundente, pero que da una idea de la velocidad del cambio. Porque lo que es nuevo no es el cambio («todo cambia, nada permanece», decía Heráclito en el siglo VI a. C.), sino la celeridad a la que transcurren los acontecimientos. Y ello exige tres cosas: primero, mucha capacidad de observación para anticiparse; segundo, mucha flexibilidad para reaccionar con velocidad; y tercero, mucho pragmatismo para no caer en la «parálisis por el análisis». Quien no lo haga ya sabe lo que le espera.

8. **Todo negocio es un negocio de servicios: su empresa no es un negocio de productos químicos, sino un negocio de servicios de productos químicos.**
Esto a veces se olvida: se venden productos, pero a través de las personas; se ofrecen servicios, pero a través de las personas. Cualquier empresa es un entramado de relaciones entre personas (proveedores, empleados, medios de comunicación, administraciones) cuyo último eslabón son los clientes (también personas), que son el centro de la actividad mercantil. Sin clientes no hay venta, y sin venta no hay negocio. Hay que tener una fuerte disposición hacia el cliente, porque, al final, el cliente es quien paga todos los gastos de la compañía: nóminas, alquileres, viajes o comidas. Sam Walton, fundador de Walmart, decía: «Hay un solo jefe: el cliente. Y él puede echar a todos, desde el presidente de la empresa para abajo, simplemente yendo a gastar su dinero en otro lado».

9. **Para generar pasión por una marca hay que mezclar lo emocional, lo racional y lo espiritual.**

Una marca se construye atendiendo a varias cosas. Lo primero es ser capaz de despertar el interés y emocionar; ya lo hemos dicho: antes de pensar, sentimos. Pero no se puede vender humo, y hay que ser capaz de aportar valor al cliente. No basta con tener una buena fama, sino que la fama tiene que ser real. Otra cosa no es sostenible. Y, por último, las marcas «auténticas» y «verdaderas» no sólo piensan en términos de beneficios económicos, sino también de beneficios sociales. Van más allá de la cuenta de resultados y buscan contribuir al bien común y a la colectividad.

10. El marketing no es el arte de vender lo que uno produce, sino de saber qué producir.

En los negocios hay que dominar especialmente dos factores: diferenciación y venta. Y por este orden, porque en el mundo de la empresa no se cumple la propiedad conmutativa y el orden de los factores sí altera el producto final. Se pueden diseñar de manera impecable numerosas acciones orientadas a la venta, que si lo que se ofrece al mercado no le interesa, la probabilidad de tener éxito comercial es muy reducida.

RALPH WALDO EMERSON

Ralph Waldo Emerson (1803-1882) fue un escritor, filósofo y poeta estadounidense. Fue a la Universidad de Harvard y con posterioridad estudió Teología y se ordenó sacerdote en 1829. Un año después abandonaría la carrera eclesiástica y se trasladaría a Europa, por donde estaría viajando hasta que, en 1834, regresó a su país. *Naturaleza* (1836) fue su primer libro de ensayos publicado, donde desarrolla su teoría del trascendentalismo, en la que resalta aspectos como el individualismo intelectual, el espíritu crítico o el conocimiento intuitivo. Ralph Waldo Emerson fue un influyente intelectual en su época. Entre sus otras obras también destacan: *Confianza en uno mismo* y *Ensayos*.

1. **La confianza en uno mismo es el primer secreto del éxito. Si una persona perdiera la confianza en sí misma, tendría al universo en contra. En la confianza en uno mismo están comprendidas todas las virtudes.**
Todo empieza por ahí, por creer en uno mismo, porque esa fe desencadena una serie de consecuencias que propician la culminación de aquello que deseamos. El propio Emerson apuntaba: «Lo que está delante de nosotros y lo que está detrás es poco importante comparado con lo que reside en nuestro interior». Hay que acceder a esa fuerza interior que todos tenemos, de otro modo, es complicado alcanzar cimas altas. Tenemos en nuestro interior recursos insospechados, sólo hay que aprender a liberarlos.

2. **Carácter firme es aquel que puede pasar sin éxitos.**

Para el triunfo todos estamos preparados, pero las grandes gestas se forjan en los momentos de adversidad. Un mar en calma nunca hizo a un marinero experto. Los buenos líderes se precisan en los momentos difíciles porque en los buenos momentos todos los líderes son excelentes. Todas las personas que han conquistado cotas reseñables son personas que han soportado estoicamente infinitas vicisitudes. El propio Emerson escribía: «No conozco don más indiscutible que el de la tenacidad de propósito, que, a través de todos los reveses, jamás cambia, impávida en los buenos y malos pasos, venciendo toda oposición hasta llegar al puerto». Eso es el carácter, mantener una actitud de serenidad cuando la tormenta asoma, sin dejarse vencer por ella.

3. **Sin ambición no se empieza nada. Sin trabajo no se termina nada.**
   Todo el mundo tiene ambiciones, pero muchos menos tienen voluntad. Mucha gente empieza con mucha fuerza, pero en seguida empieza a flaquear y se viene abajo cuando los resultados no llegan. La ambición por lograr cosas es necesaria, nos arrastra a ponernos en marcha, pero lo que realmente permite materializar sueños en realidades son los hábitos adquiridos gracias a la fuerza de la disciplina diaria. Albert Einstein precisaba: «Hay una fuerza motriz más poderosa que el vapor, la electricidad y la energía atómica: la voluntad».

4. **No ha aprendido las lecciones de la vida quien diariamente no ha vencido algún temor.**
   Crecer y evolucionar es ir superando miedos, uno tras otro. Tienes éxito cada vez que vences algún temor; cada vez que lo afrontas y no te dejas bloquear por él. No tengas miedo al miedo, ten miedo a la cobardía, a no atreverte. Superar miedos es vivir cada día mejor. Cada miedo que afrontas, te hace sentir más fuerte, aumenta tu autoestima; y a mayor

autoestima, mayores recursos para afrontar retos y mayores probabilidades de ganancias altas.

5. **Meditar al atardecer, mirando las estrellas y acariciando a tu perro, es un remedio infalible para la vida.**
Si tienes éxito «exterior», pero no tienes éxito «interior», nunca estarás satisfecho. Antes o después se acaba produciendo una vuelta a la espiritualidad en busca de la paz con uno mismo. No somos seres materiales con una vida espiritual, sino seres espirituales con una vida material. Cada persona pasa alguna vez por situaciones de desesperación en las que parece que nada tiene sentido, cuando todos nos preguntamos si el rumbo de nuestra vida es el acertado. Son momentos en los que uno necesita y busca «reconectarse» con la vida. Siempre estamos conectados, pero ese vínculo puede estar oxidado, y lo que hay que hacer es limpiarlo. Tomar distancia de la realidad inmediata (las prisas y los ruidos son grandes enemigos) nos ayuda en esa labor, y el contacto con la naturaleza (con el mar, la montaña, los animales) siempre es una opción interesante para escucharse a uno mismo.

6. **Aunque viajemos por todo el mundo para encontrar la belleza, debemos llevarla con nosotros para poder hallarla.**
«Lo único que encontrarás en la cima de la montaña —dice un proverbio zen— es lo que tú mismo lleves allí.» Creemos que el mundo exterior es algo que ocurre fuera de nosotros, pero ¿y si fuese al revés? ¿Y si la realidad no fuese otra cosa que una proyección de nuestro mundo interior? A veces esto no es fácil de entender y mucho menos de aceptar, pero el cambio siempre se produce desde el interior. «Quien mira hacia fuera, sueña; quien mira hacia dentro, despierta», afirmaba Carl Gustav Jung. Tu vida por fuera tiene mucho que ver con el aprecio que te tienes a ti mismo. La abundancia de cualquier tipo (relaciones, amor o dinero), más que algo

que conseguimos, es algo con lo que sintonizamos, nace de dentro de cada persona.

7. **El hombre grande es aquel que en medio de las muchedumbres mantiene, con perfecta dulzura, la independencia de la soledad.**
El éxito en la vida consiste en alcanzar un equilibrio razonable entre estar integrados en la sociedad y no perder nuestra esencia, nuestra autenticidad, nuestra independencia. No son muchos los que lo consiguen, porque, como también apuntase Emerson: «En todas partes, la sociedad conspira contra la hombría de sus miembros. La virtud más exigida es la conformidad. Todo hombre es sincero a solas; en cuanto aparece una segunda persona empieza la hipocresía». El verdadero triunfo reside en mantener la independencia sin aislarse, haciéndose respetar y no dejándose anular por la masa.

8. **Todo hombre que conozco es superior a mí en algún sentido. En ese sentido, aprendo de él.**
De cualquier ser humano puede aprenderse algo bueno, pero debemos estar dispuestos a apreciarlo. Y para ello es esencial poner en práctica la virtud de la humildad, que no es otra cosa que la actitud de apertura, el reconocimiento de que aquello que no sabemos supera por goleada a lo que sabemos. El orgullo y la soberbia nos encierran en nosotros mismos, y una mente que sólo se nutre de sí misma acaba empobreciéndose. Cualquier persona tiene mucho que aportar en alguna parcela de la vida. Si tenemos la humildad suficiente para acercamos a su sabiduría y permitirle que la exprese, gozaremos de una oportunidad de seguir creciendo.

9. **En muchas ocasiones, la lectura de un libro ha hecho la fortuna de un hombre, decidiendo el curso de su vida.**
Cada uno debe seguir su propio camino, pero tener modelos de referencia en los que inspirarse ayuda mucho a encon-

trar respuestas. Muchas veces, una frase, una reflexión o un pensamiento pueden encender la chispa interior que haga desplegar todo el potencial que una persona lleva dentro. Ya lo decía Roderick Haig-Brown: «Unas cuantas hojas de papel, cubiertas de signos y cosidas entre sí, pueden expresar pensamientos, sentimientos, emociones e incluso la ilusión de la vida misma». Sumergirse en los libros siempre produce rendimientos. Practicar el hábito de la lectura debería estar en la dieta semanal de cualquier persona.

10. Saber que una vida ha transcurrido más fácilmente porque tú has vivido. Eso es haber triunfado.

El ser humano tiene tres tipos de motivaciones: una motivación «extrínseca» (dinero), una motivación «intrínseca» (crecimiento y aprendizaje) y también una motivación «trascendente» (necesita sentir que contribuye a alguna causa). Esta última motivación es la que más satisfacción produce, la que da sentido a la vida, la que permite autorrealizarse. Si tu único fin es ganar dinero, nunca estarás satisfecho. El dinero es medio, nunca fin; un buen siervo, pero un mal amo. Emerson lo tenía claro: «Sin un corazón rico, la riqueza es un espantoso pordiosero».

RICHARD BRANSON

Richard Branson (1950) es un empresario conocido por su marca Virgin, que agrupa a casi cuatrocientas empresas de diferentes sectores. Está en la lista de las personas más ricas del mundo elaborada por la revista *Forbes* y es autor de diferentes libros de negocios como *Hagámoslo: las claves del éxito del fundador de Virgin*. También ha recibido numerosos premios y reconocimientos, tanto por su labor empresarial como social, y es conocido por su particular estilo de vida. Ha participado en series de televisión, *reality shows* y películas de cine.

1. **Ser empresario es amar el riesgo. Es asumir que las cosas saldrán mal, es saber que posiblemente te arruines una o varias veces en el camino.**
   Emprender requiere una pluralidad de cualidades, pero hay una que está un peldaño más arriba que el resto: la capacidad de asumir riesgos. Ideas tenemos todos, pero unos se lanzan y otros no. Si estás demasiado agarrotado, si piensas demasiado, si te preocupa mucho el fracaso, prueba mejor otra alternativa. Toda decisión implica un salto al vacío, y cuando uno asume riesgos, a veces las cosas salen bien y otras no tanto. La mayoría de los emprendedores que son referentes en un sector o industria montaron con anterioridad empresas que tuvieron que cerrar. Pero se levantaron y empezaron otra vez de nuevo.

2. **No pierdas el tiempo criticando. Toda crítica es un pobre reflejo de tu propio carácter.**

Es el rasgo que mejor define a los «perdedores profesionales»: dedicar tiempo a criticar la vida de los demás. La gente con mentalidad ganadora no tiene tiempo de criticar. Está concentrada en sus objetivos y en su felicidad. No miran a los lados. La gente frustrada, por el contrario, necesita hablar mal de los demás para justificar sus insatisfacciones. Quien está a gusto con su vida, no tiene necesidad de hablar mal de nadie.

3. **No se puede ser un buen líder, a menos que te guste la gente. Es la mejor manera de obtener lo mejor de ellos.**
Si vas a embarcarte en proyectos empresariales, necesitarás de socios, de colaboradores y de alianzas; y todo ello tiene que ver con mantener buenas relaciones. Para ello es esencial dominar el arte de tratar personas, y tratar con personas exige tacto, mano izquierda, flexibilidad, capacidad de escuchar y mucha inteligencia emocional; y, sobre todo, como dice Branson, es esencial que te guste la gente. Es imposible liderar de otro modo. Si no te gustan las personas, es mejor hallar otra opción laboral más atractiva de acuerdo con tu personalidad y filosofía de vida.

4. **Los mejores siempre sobreviven. Cuando pasa el tiempo, sobreviven aquellas empresas que mejores experiencias proporcionan a los clientes.**
Preocúpate de hacer lo que tienes que hacer del mejor modo. La calidad siempre acaba teniendo un hueco en el mercado. Los negocios de calidad son los negocios que mejor resisten a los cambios de mercado. El fundador de Virgin apunta también: «Construir una marca es una labor de constancia. Tu marca es tan buena como buenos sean tus productos y servicios. Se crea una buena marca si las personas tienen buenas experiencias usando tus productos. Las marcas son una cuestión de confianza». No hagas chapuzas con tal de ganar dinero rápido. No es sostenible a medio y largo plazo.

5. **Las compañías que cuidan a su gente son las que luego obtienen buenos resultados. Porque las empresas no son más que personas, y son ellas las que marcan la diferencia a la hora de generar buenas experiencias a los clientes.** Esto es de sentido común, pero pocas veces se aplica. Los productos los hacen las personas; los servicios los prestan las personas. En las empresas, todo es resultado del trabajo y de la acción humana. Por tanto, ¡cuida a la gente! El propio Branson concreta: «Si la gente está orgullosa de su empresa, orgullosa de su producto y se siente bien cuidada, todo lo hará con una sonrisa. Cuidar a las personas es más importante aún que cuidar a los clientes, porque si cuidas a las personas, ellas cuidarán de los clientes». ¿Es tan difícil de entender?

6. **El contacto con el cliente es fundamental ya que da un conocimiento del negocio que no se puede tener, de ninguna forma, sentado detrás de una mesa. Dedica gran parte del tiempo a experimentar tus propios negocios y a compartir opiniones con los clientes.** La vida está en la calle, y hay que tener mucho cuidado de no perder nunca el contacto con la realidad, con el cliente, que en última instancia, es quien compra nuestros productos y servicios. A veces, una conversación con una persona da más de sí que cualquier estudio, informe o análisis sesudo de una consultora de prestigio. Hay que eliminar prejuicios y no dar nada por supuesto. Pregunta y pide opinión. No creas que las cosas son de una determinada manera porque tú piensas que son de esa manera. Mantén una actitud de apertura hacia nuevas ideas, nuevas personas, nuevos contextos. De primeras, elimina el juicio. Absorbe. Y luego, haz lo que tengas que hacer.

7. **Las cosas en las que no eres bueno no interesan a la gente, y no deberían interesarte a ti. Sin importar lo que ha-**

yas conseguido en la vida, las cosas en las que eres malo siempre serán mucho más que las cosas en las que eres bueno. No dejes que tus límites bloqueen tu autoestima. Pon esos límites a un lado y da lo máximo por sacar lo mejor de aquello en lo que eres bueno.
Toda persona es excelente en algo. Ahí es donde hay que poner el foco. Dedícate a explotar tus talentos naturales y compensa tus carencias. Cada minuto que dedicas a aquello en lo que no eres bueno se lo restas a aquello que sabes hacer mejor, con lo que no lo estás aprovechando en todo tu potencial. Centrarse en las debilidades tiene un coste de oportunidad elevado. No dejes que tu orgullo sea mayor que tu humildad, acepta tus debilidades y dedícate a sacarle brillo a tus fortalezas.

8. **Disfruta de la vida, sólo tienes una.**
Cada día, en cierto modo, es una vida en miniatura: se nace y se muere. Cada día es por sí solo una vida entera. Hay que disfrutar y hay que mantener un sentido lúdico de la existencia. Y disfrutar consiste en saber extraerle el jugo a cada situación de la vida, tanto en el tiempo de ocio como de negocio. La intensidad es un factor clave de la felicidad. Hay que saber darle mucha intensidad a cada momento. Estés donde estés y hagas lo que hagas, tienes que intentar disfrutar. Si no es así, busca la forma de cambiar. Ama lo que haces, porque lo harás mejor y disfrutarás de la experiencia.

9. **El valiente no puede vivir para siempre, pero el cobarde no vive en absoluto.**
Shakespeare decía algo similar: «El cobarde muere muchas veces; el valiente, sólo una vez». Es imposible ser feliz sin ser valiente. El cobarde suele ser presa de las frustraciones al no ser capaz de vencer sus miedos, vive en un estado de nostalgia permanente por lo que pudo ser y no fue. No hay que negar el miedo. El miedo existe. Todos tenemos miedo. Ya

hemos apuntado que la diferencia entre el cobarde y el valiente no es el miedo, sino que uno lo afronta y otro no; uno permanece amarrado en puerto seguro y otro suelta amarras y navega mar adentro. Si quieres avanzar, desarrollarte, crecer y, sobre todo, ser feliz, tienes que aceptar el miedo y desarrollar estrategias para afrontarlo. Hasta la fecha no hay otra alternativa.

10. **Puedo asegurar honestamente que no he emprendido ningún negocio únicamente para hacer dinero. Si éste fuera el único motivo, entonces creo que es mejor no hacer nada.**
Lo mismo afirmaba Amancio Ortega, como se dice en su apartado en este libro: «No merece la pena ser empresario sólo para ser rico». Aquello que sólo se basa en intereses crematísticos es difícil que tenga visos de supervivencia a largo plazo. Las empresas más sólidas, que transforman los mercados y la vida de la gente, son aquellas que parten de un «porqué» motivador que las lleva a intentar cambiar el mundo. A lo largo de su vida, todas las empresas pasan por momentos complicados, y se necesita mucha energía, mucho empuje y mucho compromiso para seguir adelante. Si el dinero es el único fin, es fácil que el barco acabe hundiéndose.

ROBERT KIYOSAKI

Robert Kiyosaki (1947) es empresario, inversor, escritor y conferenciante sobre temas de finanzas y libertad financiera. Fundador de Cash Flow Technologies, empezó a ser conocido a nivel internacional a raíz de la publicación de su libro *Padre rico, padre pobre*. Es autor de numerosos libros sobre el tema, entre los que destacan, además del ya citado: *El juego del dinero, El cuadrante del flujo de dinero, La conspiración de los ricos: las 8 nuevas reglas del dinero* y *Queremos que seas rico*, este último junto a Donald Trump.

1. **Hay una diferencia entre ser pobre y no tener dinero. Uno puede no tener dinero temporalmente, pero uno es pobre eternamente. Lo mismo ocurre en sentido contrario: una cosa es tener dinero y otra ser rico.**
   Tu riqueza (o pobreza) es el resultado de quién eres, no de lo que ganas o pierdes. Es un tema de mentalidad, de filosofía de vida, de cómo afrontas los problemas y la realidad, en definitiva, de actitud. El dinero sin inteligencia financiera se pierde rápido; de igual manera que la falta de dinero con inteligencia financiera te permite recuperarte antes o después. De lo que se trata, por tanto, es de aprender cómo funciona el juego del dinero. El propio Robert Kiyosaki dice: «La gente es pobre porque no sabe nada sobre el dinero. La gente aprende en la escuela a trabajar por dinero en lugar de aprender cómo hacer que el dinero trabaje para ella. Ése es el poder del dinero, y su desconocimiento es lo que explica por qué hay en el mundo tanta gente inteligente pobre».

2. **Nunca digas la frase «no puedo permitírmelo» y cámbiala por «cómo conseguirlo». La primera invoca la tristeza, el desconsuelo que conduce a la desesperanza y, a menudo, a la depresión. La segunda pregunta te abre a las posibilidades, la emoción y los sueños.**
Lo digo en repetidas ocasiones a lo largo de estas páginas. No existen límites, los únicos límites están en la mente. Kiyosaki apunta: «La frase "no se puede" convierte a la gente fuerte en débil, ciega a personas que pueden ver, entristece a la gente feliz, convierte a los valientes en cobardes, le quita genio a la sagacidad, causa que la gente rica piense pobremente y limita los logros de esa gran persona que habita en nosotros». Las palabras son energía, crean la realidad, por eso hay que tener mucho cuidado con ellas. Todo es cuestión de estudiar, probar, fallar, aprender y volver a la carga sin rendirse, hasta que uno encuentra el camino soñado. Si de verdad quieres ganar dinero, no te des el lujo de inventar excusas y pon tu empeño en hallar alternativas para lograrlo. El factor número uno para ser rico es tener la determinación de querer serlo.

3. **Lo importante no es tener ideas geniales, sino convertirse en un gran hombre de negocios. Los buenos productos se encuentran por todas partes. Pero los grandes hombres de negocios son escasos y ricos.**
Kiyosaki dice: «La mayoría de la gente piensa que los emprendedores necesitan sentir pasión por su idea. No es cierto, los emprendedores necesitan pasión por los negocios. La idea es sólo el medio que sirve para tu fin». Rara vez un producto es tan bueno que se vende por sí solo. A menudo, las empresas que triunfan están dirigidas por personas que saben crear equipo, que tienen capacidad para la venta, que se manejan bien en las relaciones sociales, que saben innovar. En definitiva, características de los hombres de negocios. La clave está en el *management*. Un error muy común entre los emprendedores es el siguiente: si tengo algo novedoso y

fantástico, todo el mundo lo querrá comprar. Salvo excepciones, eso no ocurre casi nunca.

4. **Tengo mucho dinero porque estuve dispuesto a cometer más errores que la mayoría de la gente y a aprender de ellos. La mayoría de la gente no ha cometido suficientes errores o continúa cometiendo los mismos errores una y otra vez. Sin errores y sin aprendizaje no ocurre nada mágico en la vida.**
Los ganadores se caracterizan porque pierden más frecuentemente que los perdedores. Los perdedores son perdedores porque no están dispuestos a equivocarse. Sin riesgo no hay ganancias. Y cuando uno asume riesgos muchas veces las cosas no salen como uno desearía. Hay que mirar hacia delante y seguir insistiendo. Los perdedores evitan el fracaso, y precisamente el fracaso convierte a los perdedores en ganadores. Gran parte del éxito reside en cómo se manejan los fracasos a lo largo del camino. La clave está en tres patas: humildad para admitir los errores, inteligencia para aprender de ellos, y disciplina para corregirlos. Ganar es no tener miedo a perder.

5. **Un activo es algo que pone dinero en tu bolsillo. Un pasivo es algo que toma dinero de tu bolsillo. Esto es, en realidad, todo lo que necesitas saber. Si deseas ser rico, simplemente pasa tu vida construyendo activos.**
La libertad financiera busca cómo ganar más, gastar menos y vivir mejor. Y para ello hay que enfocarse en cómo construir un conjunto de activos que produzcan unos rendimientos recurrentes que cubran todos los gastos con independencia de si se trabaja o no. Ésta es una diferencia clave entre unas personas y otras: la gente rica se centra en su columna de activos, mientras que el resto de la gente se centra en su columna de ingresos. Es la diferencia entre trabajar para ganar dinero o que el dinero trabaje para uno.

6. **Tu mente es tu principal activo. Así que ten mucho cuidado con la clase de consejo que dejas entrar en ella y de quién proviene.**
   De igual modo que se pone una cerradura en las puertas para que no entre quien no queremos, hay que blindar la mente para que no entren mensajes poco recomendables que intoxican nuestro espíritu. Todos llevamos en nuestro interior un ganador y un perdedor que están en continua lucha. De lo que se trata es de dominar la mente de tal modo que la emoción de ganar sea mayor que el miedo a perder. Kiyosaki escribe: «El 99,99 % del éxito depende de tu actitud mental y de cómo afrontas la vida». El activo más poderoso con el que contamos es nuestra mente. La libertad financiera no es sólo dinero, sino un proceso mental, emocional y educativo. La riqueza es un estado de la mente. La recomendación es clara: invierte en tu mente y llenarás tus bolsillos.

7. **El dinero no es lo más importante de la vida, pero afecta a todo lo que es importante.**
   Con dinero compras la comida con la que te alimentas; con dinero pagas la casa en la que vives; con dinero satisfaces tus necesidades de transporte; con dinero tienes coberturas de salud en caso de enfermedad. Las necesidades más básicas que todos los seres humanos tenemos (alimento y cobijo) se satisfacen gracias al dinero. Por eso el dinero es importante. Por tanto, saber cómo funciona el dinero no es un tema baladí. Considerarlo como un tema menor pasa factura. El dinero (independientemente de la cantidad que se posea, mucha o poca) hay que cuidarlo y aprender a gestionarlo. El simple efecto de la inflación se come nuestras ganancias; lo mismo pasa con las comisiones financieras o los impuestos. El dinero sin atención se evapora.

8. **El dinero no te hará feliz si eres una persona infeliz.**
   Si bien el dinero es importante para todo, tiene un mayor

impacto (negativo) su ausencia por debajo de un determinado nivel, que su impacto (positivo) por encima de dicho nivel. Con otras palabras, tiene más peso como factor «higiénico» que como factor «motivador»: por debajo de un determinado nivel, su escasez causa infelicidad, pero, a partir de un determinado nivel, su presencia no causa más felicidad. La felicidad es, sobre todo, un estado interior que tiene que ver con quién eres. A partir de una cota (cada uno la suya), si no estás a gusto contigo mismo, tampoco lo estarás con más dinero. Conseguirás saciar de manera «coyuntural» tu insatisfacción, pero nunca de manera «estructural». Si tu objetivo es ganar dinero para «quedar por encima de los demás» o «demostrar lo que vales», el dinero nunca te reportará felicidad.

9. **Ser disciplinado te proporciona una buena calidad de vida.**
Robert Kiyosaki apunta: «Mi padre pobre pensaba que el dinero te hacía rico; mi padre rico decía que los hábitos financieros eran quienes te hacían rico». Y hay dos hábitos financieros especialmente importantes. En primer lugar, el hábito del ahorro: lo importante no es cuánto dinero ganas, sino cuánto dinero conservas. Para ello es fundamental ser disciplinado a la hora de aparcar sin excusas un porcentaje mensual de los ingresos. Una diferencia importante entre los ricos y la demás gente es que los primeros compran los lujos al final (ingresos pasivos), mientras que el resto de las personas compra los lujos primero (ingresos corrientes). Así, la capacidad de ahorro es limitada. Hay que ser un corredor de fondo y tener mentalidad de medio y largo plazo. El segundo hábito importante es el de la inversión. El dinero hay que ponerlo a trabajar sabiendo que los intereses generan intereses. Es la fórmula mágica del interés compuesto. Cuanto mayor es el capital, mayor es la base sobre la que se calculan las nuevas rentabilidades. Y, para ello, el mejor aliado es el

factor tiempo. Cuanto antes se empieza, antes se logra la libertad financiera, y con mucho menor esfuerzo.

10. **Si quieres tener éxito, tienes que aprender a enfocarte.** No se pueden tocar todos los palillos. Aprendiz de todo, maestro de nada. Es necesario enfocarse, y eso requiere tener fuerza de carácter para decir «no» a muchas cosas que te gustarían para centrarte en lo que es importante: tu propósito de vida. Se necesitan muchas horas para dominar un sector o una actividad. Se requiere dedicación para estudiar duro, arriesgar, aprender de los tropiezos y seguir adelante. Y todo ello muchas veces sin obtener una remuneración como contraprestación durante esos años de ensayo y error. La diferencia entre un aspirante y un experto es el enfoque. Muchos aspirantes a emprendedores buscan hacerse ricos rápidamente. Así que, cuando uno de los caminos no produce resultados, lo cambian por otro. El problema es que nunca tienen éxito porque nunca le pusieron el tiempo ni el esfuerzo requerido para ello.

ROBIN S. SHARMA

Robin S. Sharma (1965) es autor y conferenciante en temas de desarrollo personal. Tras estudiar la carrera de Derecho, trabajó durante unos años como profesor universitario y posteriormente ejerció como abogado, antes de iniciarse en su actividad como *coach*. Es autor de diferentes obras entre las que destacan: *El monje que vendió su Ferrari*, *Las 8 claves del liderazgo del monje que vendió su Ferrari* y *El líder que no tenía cargo*.

1. **Sueña en grande, empieza pequeño, ¡actúa ahora!**
   Ante todo, actúa. La acción más pequeña vale más que la intención más grande. Mucha gente muere en la «sala de espera» de la vida. Casi siempre «algún día» suele ser «ningún día». Eso de «cuando tenga tiempo» o «cuando tenga dinero» o «cuando pueda» nunca ocurre del todo. Siempre hay un «pero» para justificarse y no dar el paso. Robin S. Sharma dice: «Si no actúas sobre la vida, ella actuará sobre ti. Los días se convertirán en semanas y las semanas en meses, y antes de que te des cuenta, tu vida habrá acabado».

2. **Pasa más tiempo con gente asombrosa y encontrarás que te vuelves más asombroso.**
   Los límites no están en las personas, los límites están en los entornos. La mayoría de las personas es un reflejo de la media de las personas que más frecuenta. El mismo Robin S. Sharma precisa: «El gran peligro de estar alrededor de gente "no excelente" es que empiezas a volverte como ellos sin ni siquiera darte cuenta». Si la semilla es buena, pero el terreno

en el que se cultiva no es fértil, no habrá fruto dulce. Haz todo lo posible por moverte en aquellos entornos donde se mueven las personas que han demostrado resultados que a ti te gustaría conseguir, y pasa el mayor tiempo posible con ellos.

3. **Ve a por lo que es difícil. Allí descansa tu mayor crecimiento.**
Si sientes miedo, tienes una oportunidad de crecer. Si no tienes miedo, hay una alta probabilidad de que estés comportándote de manera rutinaria. El crecimiento siempre está asociado a una cierta intranquilidad que te obliga a hacer cosas a las que no estás acostumbrado, y por tanto, que te permiten aprender y mejorar. A menudo, lo que más miedo nos da hacer o lo que menos nos apetece hacer es lo que debería ser hecho. No se trata de negar el miedo (que nunca desaparece), sino de afrontarlo; de otro modo se vive con mucha frustración. Los miedos que no controlas, te controlan. Sharma señala: «El miedo es el factor fundamental que incita a las personas a tener vidas pequeñas y carentes de autenticidad».

4. **La mayor traición es la genialidad desperdiciada. Expresa la tuya.**
No hay otra persona como tú. Ni en cuerpo (físicamente) ni en alma (espiritualmente). Eres único e irrepetible, igual que el resto de los mortales sobre el planeta Tierra. ¿Por qué te empeñas en ser uno más? Tú, como todos, tienes un don singular y diferente, y si lo pones en práctica y al servicio de los demás, disfrutarás, obtendrás reconocimiento y ganarás dinero. También Sharma escribe: «Demasiadas personas se pasan más tiempo concentradas en sus debilidades que desarrollando sus puntos fuertes. Al concentrarse en lo que no tienen, olvidan los talentos que sí tienen».

5. **Tu fuerza interior crece cuanto más te niegas a entregarla.** Siempre existen tentaciones que invitan a rendirse. Esas tentaciones tienen que ver con los rechazos que encontrarás, los obstáculos que aparecerán, las injusticias que tendrás que soportar, y también en cómo tu entorno te empuja a que te adaptes al statu quo, a lo establecido, a lo convencional, a lo socialmente aceptable. En muchas ocasiones tendrás la sensación de no poder más y que todo parece desalentador. Así es, pero, cada vez que te resistes a rendirte y te repones, tu fuerza interior crece y se hace más robusta al ver que no te has dejado derrocar por todas esas circunstancias.

6. **Recuerda que no hay juego en el que puedas ganar si no juegas.** Si quieres ganar, tienes que jugar; y cuando juegas, puedes perder. Sin riesgo no hay paraíso. ¿Conseguir altas ganancias con un bajo riesgo? ¡Qué ingenuidad! Para saber la mentalidad ganadora o conformista de una persona basta observar qué está dispuesta a perder. La gente de éxito es gente que está dispuesta a apostar su vida por algo. No siempre se puede saltar con red. Lo único que puede considerarse fracaso es no intentar aquello que de verdad te apetece y deseas. Como decía Cleóbulo de Lindos: «Si te atrae una lucecita, ¡síguela! ¿Que te conduce a un pantano?, ¡ya saldrás de él! Pero, si no la sigues, toda tu vida te martirizarás pensando que acaso era tu estrella».

7. **La principal razón por la que desperdiciamos tiempo con cosas pequeñas es que no hemos identificado nuestras cosas grandes.** Una persona que anda despistada en cuanto a las metas que quiere conseguir y a sus prioridades es una persona que desperdicia mucho tiempo, esfuerzo y energía. Va dando tumbos de un lado para otro. Y así es imposible avanzar y marcar una diferencia. Cuanto más claras se tienen las cosas, más

fácil es tomar decisiones y diseñar acciones que permitan su consecución. Todo lo que te acerca a tus metas, es positivo; todo lo que te aleja de ellas, es negativo. El tema no es para tomárselo a la ligera, porque el que no sabe lo que quiere acaba donde no quiere estar.

8. **Le entregamos nuestra fuerza a las cosas de las que nos quejamos.**
Te conviertes en tus excusas. Cada segundo que gastas pensando en lo que no quieres es un segundo negándole el enfoque y la energía a conseguir lo que sí quieres. Y el tiempo corre: tictac, tictac, tictac... Pero hay esperanza. Como recuerda Michael Althsuler: «La mala noticia es que el tiempo vuela; la buena noticia es que tú eres piloto». Tú decides en lo que inviertes tu energía: en quejarte o en perseguir tus objetivos.

9. **Un sueño fantástico necesita un equipo brillante. O no se cumplirá.**
Más claro que el agua. Tú eres muchas personas. No podrás hacerlo todo solo. Necesitas el apoyo de otras personas para llegar lejos. Si sólo tienes competencias técnicas puedes ganarte un sueldo; pero, para conseguir algo grande, necesitas habilidades sociales con las que poder crear equipos y construir alianzas. Busca gente profesional (mejor que tú) y con valores (integridad). Sin honestidad es imposible sobrevivir a medio y largo plazo. Y mucho menos, estar en paz con uno mismo.

10. **Truco rápido para el éxito: mira lo que hace la mayoría de la gente y haz lo contrario. Te irá bien.**
Si ves lo que todo el mundo ve, si haces lo que todo el mundo hace, si ofreces lo que todo el mundo ofrece, no puedes ser diferente, y el éxito siempre nace de ahí: lo que te hace diferente te hace especial y único. O eres original o eres fo-

tocopia. Para ello es esencial ser capaces de ver la realidad de manera desacostumbrada, de desarrollar la creatividad y darle una utilidad práctica. Robert Frost lo expresó bien en su poema «El camino no tomado»: «Dos caminos divergían en el bosque / y yo tomé el menos transitado / y eso hizo que todo fuese diferente». Ser diferentes supone, eso sí, arriesgar; salirse del discurso tradicional y atreverse a desmarcarse de lo que piensa la mayoría. Dedicarse a copiar sólo permite estar en medio del pelotón.

SETH GODIN

Seth Godin (1960) es un empresario estadounidense de origen judío graduado en Informática y Filosofía en la Universidad de Tufts (Massachusetts) y MBA (Master in Business Administration) por la Escuela de Negocios de Stanford. En los últimos años se ha convertido en una de las referencias mundiales en temas del marketing. Autor de diversos libros relacionados con la materia, algunos de los más destacables son: *La vaca púrpura*, *El marketing del permiso* y *Liberando los ideavirus*, este último sobre el llamado «marketing viral».

1. **Los ganadores triunfan a lo grande porque al mercado le encantan los ganadores.**
   Sí, al mercado le encanta identificarse con los mejores: con los más guapos, con los más innovadores, con los que más venden, con los más premiados, con los más algo. Al público le encanta sentirse cerca de aquellos que ocupan las butacas de primera fila de cualquier industria. Vincularse emocionalmente a lo que tiene buena fama. Sí, la buena fama vende. La fama produce a menudo un efecto «bola de nieve» que suele tener beneficios exponenciales en la cuenta de resultados.

2. **El verdadero crecimiento llega con productos que molestan, ofenden, no gustan, son demasiado caros o demasiado baratos, demasiado pesados, demasiado complicados, demasiado simples... demasiado algo.**
   Dicho de otra manera, productos diferentes a lo estándar, cotidiano y habitual. Éxito es sinónimo de diferenciación.

El propio Seth Godin añade: «Si usted es extraordinario, probablemente no caerá bien a algunas personas. Forma parte de la definición de extraordinario. Las críticas se dirigen a aquellos que destacan». Ser diferente implica posicionarse, y cuando te posicionas puede ocurrir que tu propuesta de valor no les guste a aquellas personas que no forman parte del público objetivo. Perfecto. Lo peor es adoptar una postura excesivamente conservadora para no incomodar. Nadar en tierra de nadie. No molestas, y si no molestas, no incomodas, y si no incomodas, nadie te critica. Y si nadie te critica, es debido a que no eres suficientemente bueno. Si no eres objeto de críticas, es que pasas muy desapercibido para el mercado.

3. **Sin un modelo de negocio, una empresa puede crear publicidad, contratar empleados y gastar dinero. Pero no obtendrá ganancias.**
Más relevante que las ideas o los productos, son los modelos de negocio. Robert Kiyosaki siempre hace dos preguntas a los emprendedores que le visitan en su despacho para saber si están en el camino adecuado. La primera pregunta es: «¿Puedes hacer una hamburguesa mejor que McDonald's?». Y todos le responden que sí. Luego les pregunta: «¿Puedes tener un mejor sistema de negocio?». Y todos le responden que no. Al final todo se resume en si vendes o no vendes; en cómo eres capaz de comercializar tus productos y servicios. No pienses que un producto brillante se vende solo. Rara vez ocurre. Lo importante no es lo que vendes sino por qué te compran.

4. **El cambio no se hace pidiendo permiso, se hace pidiendo disculpas después.**
Al ser humano le cuesta una barbaridad cambiar; dejar la comodidad de la rutina y hacer las cosas de otra manera, aunque suponga una mejora. Abandonar el piloto automático y entrar en zona desconocida nos pone a la defensiva,

entre otras cosas porque provoca una cierta tensión ante lo nuevo nada fácil de asimilar. Por ello, muchas veces, los líderes están obligados a actuar sin permiso, arrastrando al equipo allí donde ellos por sí mismos no hubiesen tenido el valor de ir. Y luego, si hay que pedir disculpas, se piden.

5. **Mientras sigas diciendo que «el fracaso no es una opción», seguirás diciendo «la innovación no es una opción».**
Hay que pegar muchos tiros hasta que uno consigue finalmente ajustar el disparo con precisión. Ello sólo es factible por medio de una fórmula: prueba y error. Ya lo decía Linus Pauling, premio Nobel de Química en 1954: «La mejor forma de tener una buena idea es tener muchas ideas». Si evitas equivocarte, renuncias a aportar valor. Ir a lo seguro también es una opción, pero igualmente conlleva riesgo: el riesgo de la normalidad, de ser uno más. Ceñirte a las reglas y al patrón establecido, antes o después, te deja en fuera de juego. En mercados extremadamente saturados, no sobresalir equivale a ser invisible. Y lo que no se conoce, no existe. No arriesgar supone casi siempre correr un riesgo mayor.

6. **Para mucha gente, la suerte es más atractiva que el esfuerzo. Sin embargo, no tienes la opción de elegir tu suerte, mientras que el esfuerzo siempre está completamente disponible para ti todo el tiempo.**
Los ganadores no hacen depender su destino de golpes de fortuna. No contemplan esa opción. Es como poner el sino en manos de las circunstancias, circunstancias que, por otro lado, pueden no aparecer. Los ganadores tienen claro lo que quieren, y luego buscan incansablemente todos los caminos para llegar allí donde definieron por anticipado. Se ponen en marcha provocando que ocurran las cosas. Luego, si el viento sopla a favor, miel sobre hojuelas; si sopla en contra, enderezan las velas para seguir navegando de la mejor manera hacia el puerto que añoran. Pero no desisten jamás.

7. **Lo más fácil es reaccionar. Lo segundo más fácil es responder. Pero lo más difícil es iniciar.**
El éxito duradero sólo está al alcance de aquellos que son capaces de ir un paso por delante del mercado. Es lo que distingue a los auténticos innovadores. Y ello, como no podría ser de otra manera, también tiene un riesgo: el de fallar y equivocarse. Sí, es cierto, cuando arriesgas, fallas; y cuando fallas, te critican, o pierdes dinero, o se daña tu credibilidad. Es otro peldaño más de la escalera. ¿La otra alternativa? Estar en el furgón de cola.

8. **Muchas profesiones y muchos mercados sacan provecho de quienes se dan por vencidos. La sociedad supone que usted se rendirá. De hecho las empresas y las organizaciones cuentan con eso.**
Así ocurre con mucha frecuencia. Y esa frecuencia es tanto mayor cuanto más difíciles son los retos. El éxito es una cuestión de perseverar cuando los demás han desistido. No son muchos los que tienen la resistencia emocional y la paciencia suficiente para continuar trabajando duro cuando la cosecha no es buena. La gran mayoría abandona el reto y deja despejado el camino para aquellos que siguen en la brega, que son los que al final acaban sacando tajada.

9. **El mejor momento era el año pasado, el segundo mejor momento es ahora.**
Hay un rasgo que define a los mejores: velocidad de actuación, agilidad de respuesta, rapidez en la ejecución. Hay que actuar: a pesar del miedo, a pesar de los inconvenientes, a pesar de los rechazos, a pesar de las incertidumbres, a pesar de todo. Muchas empresas se ven obligadas a echar el cierre por reaccionar demasiado tarde. Cuando se quieren dar cuenta de lo que se les viene encima ya no hay margen de maniobra.

10. Tu puesto de trabajo no es el trabajo. Lo que hagas desde tu corazón y alma es tu trabajo.

Tú no eres el cargo que indica tu tarjeta de visita. Eso es algo anecdótico. Tú eres aquello en lo que pones tu energía y compromiso, y ahí es donde existe una oportunidad de marcar una diferencia y de hacer una contribución que el mercado pueda reconocerte. Esa vocación (pasión) es a la que hay que escuchar y darle forma, hay que empaquetarla bien y ponerla en valor para que el mercado la reconozca y la compre. Lo decía el director de orquesta argentino Ángel Mahler: «El talento tiene que ver con el placer, y el verdadero placer es hacer lo que amas». Entonces, sólo entonces, hay una oportunidad para dejar huella.

STEPHEN COVEY

Stephen Covey (1932-2012) fue un reconocido escritor, pensador, conferenciante y profesor, licenciado en Administración y Dirección de Empresas y MBA (Master in Business Administration) por la Universidad de Harvard. Considerado un «filósofo» del *management*, fundó el Covey Leadership Center. Su obra más conocida e influyente, bestseller mundial con más de veinte millones de ejemplares vendidos es *Los 7 hábitos de la gente altamente efectiva*. Otros de sus libros son: *El 8.º hábito* y *El líder interior*.

1. **Tienes que decidir cuál es tu máxima prioridad y tener el coraje de decir «no» a otras cosas.**
   Personas de éxito, personas de foco. Saber decir «no» es una de las virtudes más importantes para la materialización de metas. Y el problema no es decir «no» a todo aquello que no nos gusta, sino decir «no» a otras muchas cosas que también son interesantes. Todos los días surgen tentaciones atractivas que invitan a unirse a determinados proyectos o colaboraciones. Si no tienes un férreo autocontrol, irás yendo de un tema a otro sin finiquitar nada. Es importante tener muy clara cuál es nuestra visión a largo plazo, porque, cuanto más nítida, concreta y detallada sea, más fácil será tomar decisiones y no quedar expuestos a los caprichos de terceros o propios.

2. **La vida, por naturaleza, es «interdependiente». Tratar de lograr la máxima efectividad por la vía de la «independencia» es como tratar de jugar al tenis con un palo de golf: la herramienta no se adecúa a la realidad.**

La vida está hecha a base de complementariedades: donde los demás no llegan, uno sí; y donde uno no llega, otros, sí. Covey lo expresa así: «Como persona interdependiente, tengo la oportunidad de compartirme profunda y significativamente con otros, y, al mismo tiempo, logro acceso a los amplios recursos de otros seres humanos». Y añade: «La valoración de las diferencias (mentales, emocionales, psicológicas) es la esencia de la sinergia. Y la clave para valorar esas diferencias consiste en comprender que todas las personas ven el mundo no como es, sino como son ellas mismas». El crecimiento y la innovación siempre están asociados a la diversidad. Pero la diversidad no tiene tanto que ver con aspectos visibles (hombre-mujer o blancos-negros) como con distintas formas de pensar y acercarse a la realidad. Estar abierto a la diversidad es estar abierto al crecimiento y a la mejora. Covey también dice: «La sinergia es estimulante. La creatividad es estimulante. Es extraordinario lo que pueden producir la apertura y la comunicación. Las posibilidades de que se produzca una ganancia verdaderamente significativa o un progreso importante son tan reales que vale la pena correr el riesgo que esa apertura entraña».

3. **Si realmente quiero mejorar la situación, puedo trabajar en lo único sobre lo que tengo control: yo mismo.**
No puedes controlar ni actuar sobre muchas cosas. No puedes actuar sobre el clima, no puedes actuar sobre los tipos de interés, no puedes actuar sobre el tráfico. Por tanto, ¿para qué quejarte? Sin embargo, siempre puedes actuar sobre ti mismo. Cada día puedes contribuir a construir un mejor «yo», a lograr la mejor versión de ti mismo. Y eso, sin dudas, tendrá consecuencias positivas en tu vida. Covey apunta algunas ideas interesantes: «Las personas reactivas se ven a menudo afectadas por su ambiente físico. Si el tiempo es bueno, se sienten bien; si no lo es, afecta a sus actitudes y su comportamiento. Las personas proacti-

vas llevan consigo su propio clima. El hecho de que llueva o brille el sol no supone ninguna diferencia para ellas. Su fuerza impulsiva reside en los valores, y si su valor es hacer un trabajo de buena calidad, no depende de que haga buen tiempo o no». Las personas de éxito ponen la responsabilidad de su vida en ellas.

4. **Disciplina es pagar el precio para traer la visión que soñamos a la realidad. Es abordar los hechos duros, pragmáticos y brutales de la realidad y hacer lo que haga falta para que ocurran las cosas.**
La disciplina es la pata más importante para lograr nuestras metas. Es no dejar que nada nos despiste de hacer lo que tiene que hacerse en cada momento. Disciplina es actuar en un cierto sentido, de manera constante y repetida a lo largo del tiempo. La disciplina construye hábitos, y los hábitos nos permiten llegar allí donde previamente habíamos definido. Bill Bradley fue un jugador de baloncesto excepcional. Ganó una medalla de oro olímpica en 1964, jugó en la NBA con los New York Knicks e ingresó en el Salón de la Fama de básquet. Su éxito no fue casual. Después de cada entrenamiento se exigía un reto que era condición indispensable para marcharse al vestuario: encestar quince canastas seguidas desde cada uno de los cinco ángulos de la pista. Si fallaba un lanzamiento, el contador se ponía a cero. A veces tardaba hasta dos horas en completar su tarea y marcharse al vestuario. Eso es disciplina; eso es compromiso; eso es aplicar la regla de cero excusas.

5. **El desafío no consiste en administrar el tiempo, sino en administrarnos a nosotros mismos.**
Una de las grandes mentiras instaladas en la sociedad es la frase «no tengo tiempo para nada». La vida es una cuestión de prioridades. Siempre hay tiempo para lo que uno considera importante. Las prioridades son una cuestión de

agenda. No digas que no tienes tiempo, sino que tus prioridades son otras. Y si realmente dices que no tienes tiempo en realidad lo que estás diciendo es que eres un esclavo, que no eres tú quien controla tu vida, sino que son otros los que la controlan por ti. Eso que algunas personas llaman gestión del tiempo no es otra cosa que gestión de la atención, donde pones el foco de tus prioridades.

6. **Escuchar significa, sobre todo, deseos de comprender.** La vida está tejida de relaciones personales y profesionales, y aquellos que mejor se manejan en ese sutil arte que es tratar con las personas tienen mucho ganado para poder avanzar, crecer y desarrollarse. Quizá la habilidad más importante a la hora de tratar con personas es la de saber escuchar, que no es otra cosa que voluntad para entender a la otra parte. No sólo se trata de prestar atención a lo que dice, sino sobre todo de descifrar lo que realmente quiere, cuáles son sus necesidades y anhelos más profundos para buscar una relación *win-win*.

7. **La manera en que vemos el problema es el problema. Lo que nos hiere o daña no es lo que nos sucede, sino nuestra respuesta a lo que nos sucede.** No significa que no exista el dolor físico, emocional o económico, sino que el carácter, nuestra forma de enfocar las cosas dándoles un sentido, prevalece sobre los acontecimientos. Nuestra respuesta al dolor es positiva, con una actitud de crecimiento personal. Stephen Covey escribe: «No importa lo que nos haya pasado, lo que nos esté pasando o lo que nos pueda pasar: existe un espacio entre esas cosas y nuestras respuestas. Quienes transitan el camino superior hacia la grandeza se elevan por encima de las circunstancias negativas de la vida y eligen convertirse en la fuerza creativa de su vida».

8. **Todas las cosas se crean dos veces. Siempre hay primero una creación mental, y luego una creación física.**
Empezar con un fin claro en la mente es estar en mejores condiciones para verlo hecho realidad. Saber adónde se está yendo facilita enormemente dar los pasos adecuados en esa dirección. Covey precisa: «Los individuos, las familias, los equipos y las organizaciones forjan su propio futuro creando primero una visión mental de cualquier proyecto, grande o pequeño, personal o interpersonal. No se limitan a vivir al día sin un propósito claro en mente». Nadie triunfa sin sentir la pasión por crear un futuro concreto. Todo empieza por un sueño. «*I have a dream*», dijo Martin Luther King, en su famoso discurso del 28 de agosto de 1963: «Tengo un sueño: que nuestros hijos sean juzgados por su carácter y no por el color de su piel».

9. **La gestión se centra en la siguiente cuestión: ¿cómo puedo hacer mejor ciertas cosas? El liderazgo se centra en esta otra: ¿cuáles son las cosas que quiero realizar?**
La diferencia entre ambos conceptos es clara. El liderazgo es mucho más retador. El liderazgo consiste en construir la vida que a uno le gustaría en tres parcelas: ser, hacer y tener. El liderazgo es pensar que el futuro te pertenece. El liderazgo no es derrotista, ni victimista, ni quejica. No acepta lágrimas ni excusas. El liderazgo auténtico busca siempre senderos, caminos y alternativas. Sabe que las cosas no siempre marchan como uno desearía, pero no se amilana ante los obstáculos y los contratiempos. Afronta los retos con actitud positiva. Mira hacia delante y es resistente.

10. **Quienes hacen grandes contribuciones a la vida son quienes, aún temerosos de la llamada a la puerta, responden a ella.**
Al principio, los grandes retos siempre asustan. Producen una sensación de pánico inicial que invitan a mirar hacia

otro lado, a decir no, a quedarse en el refugio. Y con frecuencia eso es lo que hace mucha gente. Los seres humanos aman la certidumbre aunque suponga una limitación para ellos. El miedo es muy poderoso y anula a las personas. Pero el crecimiento sólo llega cuando uno está dispuesto a poner un pie más allá de la zona de comodidad. Si tienes miedo y estás asustado, alégrate, porque es una oportunidad para desarrollarte y crecer. Y da el paso. El barítono finlandés Tom Krause afirmaba: «Si sólo haces lo que puedes hacer, no harás mucho».

STEVE JOBS

Steve Jobs (1955-2011) fue el fundador de Apple y uno de los empresarios más reconocidos a nivel internacional. Creador de numerosos productos de referencia en el mundo de la tecnología como el Macintosh, iPhone, iPod, iPad o iTunes, entre otros. Fue incluido en la lista de personas más ricas del mundo elaborada por la revista *Forbes*. Publicó el libro *Yo, Steve Jobs. Sus innovadoras e inspiradoras ideas en sus propias palabras*, y se han escrito numerosas biografías sobre su persona y el modelo de gestión de la compañía de la manzana, tales como: *Las cuatro vidas de Steve Jobs*, de Daniel Ichbiah, *En la cabeza de Steve Jobs*, de Leander Kahney, y *El modelo de Apple*, de Jeffrey L. Cruikshank.

1. **El único modo de hacer un gran trabajo es amar lo que haces.**
   Para que otros disfruten de tu trabajo, tú tienes que trabajar en aquello con lo que disfrutas. Es muy complicado tener un desempeño «diez» cuando no te sientes identificado con lo que haces, cuando sólo cubres el expediente para salir del paso. Ante todo sé honesto contigo mismo e identifica aquello con lo que más gozas. Pon tu empeño en ello: te lo pasarás bien, el resto se beneficiará de tu buen hacer, ganarás más, y sobre todo, serás más feliz. El fundador de Apple decía: «Tienen que encontrar eso que aman. Su trabajo va a llenar gran parte de sus vidas y la única manera de sentirse realmente satisfecho es hacer aquello que creen que es un gran trabajo. Y la única forma de hacer un gran trabajo es amando lo que hacen. Si todavía no lo han encontrado, si-

gan buscando. No se detengan. Al igual que con los asuntos del corazón, cuando lo encuentren lo sabrán».

2. **Tu tiempo es limitado, así que no malgastes tu vida viviendo la vida de otra persona. No dejes que los ruidos de las opiniones ajenas acallen tu voz interior. Y, lo que es más importante, ten el coraje para hacer lo que te dicen tu corazón y tu intuición.**
Es uno de los grandes males que aquejan a muchas personas: la necesidad de aprobación de los demás. El miedo a no gustar, a no caer bien, a ser señalado. No es fácil sacudirse los convencionalismos sociales y las presiones familiares, pero sí resulta vital si uno quiere ser feliz y construir la vida que desea. Steve Jobs lo tenía claro: «Cada día me miro en el espejo y me pregunto: "Si hoy fuese el último día de mi vida, ¿querría hacer lo que voy a hacer hoy?". Si la respuesta es "no" durante demasiados días seguidos, sé que necesito cambiar algo». Hay una forma de saber si tu vida está encauzada. Si a menudo repites «por fin es viernes» o «uff, mañana es lunes», hay algo que no encaja.

3. **Estoy convencido de que la mitad de lo que separa a los emprendedores exitosos de los que no triunfan es la perseverancia.**
Los ganadores nunca desisten; los que desisten nunca ganan. Cuando apuestas tu vida por algo, ese algo no se materializa de un día para otro. No se plantan las semillas hoy y se recoge el fruto mañana. Entre uno y otro momento, las sequías y las malas cosechas pueden darse, por lo que tendrás que demostrar fortaleza mental para cuando todo se ponga gris, y mantenerte firme en tu rumbo sin perder de vista el objetivo. Perseverar para alcanzar. Calvin Coolidge, presidente de Estados Unidos entre 1923 y 1929, decía: «Nada en este mundo puede sustituir a la persistencia. El talento no puede; nada es más común que los fracasados con talento.

El genio no puede; los genios no reconocidos son moneda común. La educación no puede; el mundo está lleno de perdedores que recibieron la mejor educación. La persistencia y la determinación por sí solos son omnipotentes».

4. **Mi principal tarea en Apple es asegurarme de que los cien trabajadores principales son excelentes. Contratar a gente que siente pasión por la excelencia. Todo lo demás saldrá por sí solo.**
Eres tan bueno como la gente de la que te rodeas. Por eso, la selección es el punto de partida de las empresas que triunfan. Si se hace bien, todo lo demás es más fácil. Las cosas fluyen mejor y se generan sinergias sorprendentes. En materia de selección no deben descuidarse tiempo ni esfuerzos. Seleccionar mal tiene consecuencias muy negativas para las organizaciones, tanto en términos financieros como de imagen. También Jobs precisaba: «Cuando cuentas con gente muy buena, no necesitas estar siempre encima de ellos. Si esperas que hagan grandes cosas, puedes conseguir que hagan grandes cosas. El equipo original del Mac me enseñó que a los jugadores de primera división les gusta trabajar juntos, y que no les gusta que toleres un trabajo de segunda».

5. **Cuando te dedicas intensamente a algo durante un tiempo, tienes que dejar otras vidas que podrías estar viviendo.**
No se pueden tocar todas las teclas del piano al mismo tiempo. Las personas de alto rendimiento lo saben y no se dispersan. No se fijan en lo que pierden al descartar una alternativa, sino en lo que ganan con la opción elegida. Esto exige mucha madurez y carácter para no perder el foco —o, en inglés, FOCUS (Following One Course of action Until Successful)—, porque existen demasiadas tentaciones para que así ocurra. La excelencia exige foco. Es una cuestión de sentido común. Si trabajas diez horas al día y la energía

de esas diez horas está al servicio de un proyecto grande (tu proyecto), no es lo mismo que si la distribuyes en cinco horas, tres horas y dos horas tocando diferentes palos. Quien se dedica a tiempo completo a algo les gana al resto, porque ha dado más pedaladas. Es una cuestión de sumar horas.

6. **La creatividad simplemente consiste en conectar cosas.** Hay una idea equivocada de la creatividad como algo innato; un privilegio de unos pocos dotados con ese don por la diosa naturaleza. Nada más lejos de la realidad. La creatividad es simplemente el resultado de la asociación de ideas que el cerebro produce con los datos y la información que tiene. Por tanto, nuestra creatividad será mejor y mayor cuantos más *inputs* le suministremos, ya que las posibles combinaciones serán mayores, y cuanto más variados sean estos *inputs,* ya que las combinaciones serán más originales. Es decir, la capacidad de creación está asociada a la unión de informaciones distintas, a la habilidad para relacionar conceptos, al roce de disciplinas diferentes y a la frescura para ensamblar cosas que den como resultado una novedad práctica. La curiosidad y la diversidad son la materia prima de la que se nutre la creatividad. (Te recomiendo que leas el libro *El efecto Medici*, de Frans Johansson.)

7. **Si tú lo deseas, puedes volar, sólo tienes que confiar mucho en ti.** Toda creación nace de la mente. Todo lo que existe en el mundo «físico» (material) se creó previamente en el mundo «no físico» (inmaterial), en la mente de alguna persona que lo concibió. Por tanto, no existe nada que no esté al alcance del hombre. El universo es un campo de infinitas posibilidades. Todo lo que se ha creado (avión, móvil, internet, radio, televisión, etcétera) es porque alguien lo deseó intensamente y se puso a trabajar infatigablemente hasta verlo hecho realidad. Por tanto, todo lo que todavía no existe hoy día

es porque, o bien no se ha deseado suficientemente, o bien todavía no se ha trabajado intensamente hasta verlo hecho realidad. No hay límites a la creación. Es una cuestión de desearlo, creer que es posible y no desistir hasta conseguirlo.

8. **Hay mucho trabajo entre una buena idea y un buen producto.**
Una idea es simplemente eso, una idea, un acto de la imaginación. Un producto es la materialización tangible de esa idea. Un buen producto es lo que cautiva a los clientes y lo que te hace triunfar de verdad. Y entre el nacimiento de una idea y el éxito de un producto, hay un trabajo insufrible, aunque a la vista de muchos no sea tal. Tener buenas ideas es sólo el principio de un largo proceso. Hay mucha gente que tiene buenas ideas, pero que no tiene el compromiso, la disciplina y la paciencia para convertirlas en buenos productos, y mucho menos en productos exitosos.

9. **Todo tiene una explicación de lo que hoy eres, y tú eres el causante. Si miras hacia atrás, encontrarás cómo esos hilos se van hilvanando.**
Hay un momento de la vida que cambia para mal: cuando te resignas; cuando piensas que tu vida no depende de ti y te abandonas; cuando piensas que hagas lo que hagas, los resultados no obedecen a tu trabajo sino a causas externas. Justo todo lo contrario que ocurre con la gente de alto rendimiento, que han decidido asumir la responsabilidad de su vida, así como de las consecuencias de sus decisiones y acciones. Estamos creando nuestro futuro a cada momento con lo que pensamos, sentimos, decimos y hacemos, y las cuatro variables están interconectadas.

10. **No puedes conectar los puntos hacia delante, sólo puedes hacerlo hacia atrás. Así que tienes que confiar en que los puntos se conectarán alguna vez en el futuro.**

Nadie nos puede anticipar las consecuencias de nuestras acciones. No es posible traer el futuro al momento presente. Por ello hay que actuar y tener fe. A la hora de tomar determinadas decisiones en las que uno se ve algo «perdido» y no sabe qué hacer, es bueno aprender a escucharse y descifrar las señales que nos indican qué camino tomar. Así lo explicaba Jobs: «Tienes que confiar en algo, tu instinto, el destino, la vida, el karma, lo que sea. Esta forma de actuar nunca me ha dejado tirado, y ha marcado la diferencia en mi vida». Las personas de éxito suelen ser, por lo general, personas intuitivas. Escuchan su «voz interior» y le hacen caso. Saben que deben seguir por un camino, aunque no sepan muy bien por qué. Tienen ese pálpito, y aunque las cosas no estén funcionando como les gustaría, no se desesperan y siguen confiando en esa «voz interior» que les señala por dónde avanzar.

SUN TZU

Sun Tzu (544-496 a.C.) fue un general, estratega militar y filósofo de la Antigua China. Escribió el conocido libro *El arte de la guerra*, una influyente obra sobre estrategia militar, y libro de cabecera de muchos directivos y emprendedores. Durante los siglos XIX y XX, *El arte de la guerra* creció en popularidad y se le dio un uso práctico en Occidente, y todavía hoy día el texto continúa influyendo en las culturas y las políticas tanto de Oriente como de Occidente.

1. **Si te conoces a ti mismo y conoces al enemigo, ni en cien batallas correrás peligro. Si te conoces a ti mismo, pero no conoces al enemigo, perderás una batalla y ganarás otra. Si no te conoces a ti mismo ni conoces al enemigo, correrás peligro en cada batalla.**
El mundo de la empresa es el mundo de la estrategia. Y eso implica que importa lo que haces tú, pero también importa lo que hacen los demás. Menospreciar a la competencia o «pasar de ella» es peligroso. No se trata de mimetizarla (eso sería perder la esencia y la autenticidad propia), pero sí de tenerla en cuenta y seguirla de cerca. Hay que intentar ofrecer algo mejor, más barato o diferente.

2. **Es mejor conservar a un enemigo intacto que destruirlo.**
Nunca hay que dejar a nadie «por los suelos», porque cuando se hiere el orgullo y la vanidad, la venganza está servida. Hay que intentar que todo el mundo salve su prestigio y honor. Ofrecer siempre una salida con tacto y delicadeza.

E incluso, si es posible, convertir a los enemigos en amigos «haciéndoles el bien».

3. **Nunca se debe atacar por cólera y con prisas. Es aconsejable tomarse tiempo en la planificación y coordinación del plan.**
La experiencia demuestra que tomar decisiones y acciones «en caliente» casi nunca suele dar resultado. Pasadas unas horas, a veces sólo unos minutos, las cosas se ven de otra manera. Dejarse llevar por los efectos del «calentón» puede destruir relaciones que más tarde quizá sean difíciles de restaurar, y quién sabe si puede dar al traste con muchas iniciativas empresariales que podrían haber salido adelante. La serenidad y el equilibrio en el orden interior son virtudes recomendables para el ejercicio del buen gobierno.

4. **Puedes ganar cuando nadie puede entender en ningún momento cuáles son tus intenciones.**
Cuando los demás saben demasiado sobre ti, eres previsible y, por tanto, pueden tomar acciones para contrarrestar tus movimientos. El arte de la guerra se basa en saber jugar con la sorpresa, en pillar desprevenida a la competencia para que no sepa cuál va a ser tu próximo movimiento y evitar que pueda adelantarse y anular tus acciones. El propio Sun Tzu dijo: «Cuando se es capaz de atacar, se ha de aparentar incapacidad; cuando las tropas se mueven, aparentar inactividad. Si se está cerca del enemigo, se le ha de hacer creer que se está lejos; si se está lejos, aparentar que se está cerca». Cualquier movimiento inesperado siempre tiene más impacto y es más rentable que uno esperado.

5. **Las oportunidades aumentan a medida que se aprovechan.**
A pesar de que muchas personas desprecian y rechazan proyectos que se les ofrecen porque les parecen «poca cosa» y

siguen esperando a que les caiga encima de la mesa la «oportunidad de su vida», otros hacen de cada reto y de cada proyecto una nueva ocasión para seguir sumando en experiencia, contactos, conocimientos y habilidades, provocando al mismo tiempo que otros retos surjan. Se produce un «efecto apalancamiento»: oportunidades bien aprovechadas generan más oportunidades. Y también ocurre lo contrario: oportunidades despreciadas, disminuyen tus posibilidades de contar con otras nuevas. Hay personas que no es que no sepan decir «no», sino que no saben decir «sí».

6. **Cuando un ejército tiene la fuerza del ímpetu, incluso el tímido se vuelve valiente; cuando pierde la fuerza del ímpetu, incluso el valiente se convierte en tímido.**
Dentro de un equipo que funciona bien, cada persona parece mejor de lo que es; dentro de un equipo que no funciona bien, cada persona parece peor de lo que es. Los entornos potencian o anulan lo mejor de cada individuo. Los entornos de alto rendimiento hacen que cada persona brille más. El contexto ejerce una fuerza tremenda sobre los comportamientos de las personas, y determina, en gran parte, las cosas que hacemos y cómo las hacemos. De poco sirve que una persona esté motivada para hacer algo (que quiera hacerlo) y que esté preparada para hacerlo (que sepa hacerlo) si después el contexto no le permite hacerlo.

7. **El ejército victorioso vence primero y después va a la batalla. El ejército derrotado primero va a la batalla y luego se esfuerza en vencer.**
Hay partidos (y muchos) que se ganan ya antes de saltar al terreno de juego: se ganan en el vestuario. El éxito es antes de nada una disposición de la mente. Si no se gana esa guerra, se puede trabajar muy duro y no ver resultados. «Un equipo es, sobre todo, un estado de ánimo», decía cierta vez un conocido entrenador de fútbol. Por otro lado, no

hay que dejar nada en manos de la improvisación. La mejor improvisación es la adecuadamente preparada. No se puede saltar a la cancha «a ver qué pasa». Definir la estrategia que seguir y prever alternativas para los posibles inconvenientes que vayan surgiendo es estar en mejores condiciones de triunfar.

8. **Cansa a los enemigos manteniéndolos ocupados y no dejándoles respirar.**
Si uno pedalea más rápido que la competencia, al final ésta se irá quedando atrás poco a poco, y llegará un momento en que desistirá. Tener una actitud de mejora continua, de aportación de más valor al cliente y de velocidad de actuación siempre supone una ventaja competitiva. No es fácil mantener ese continuo ritmo de superación, por eso muchos acaban quedándose en «fuera de juego» en el mercado. Todo el mundo tiene claro que la única ventaja competitiva sostenible es la innovación, pero luego son pocos los que tienen la disciplina y la constancia exigidas para hacerla realidad.

9. **Para poder vencer al enemigo, todo el mando militar debe tener una sola intención y todas las fuerzas militares deben cooperar.**
Un error muy frecuente es tener demasiados objetivos. Lo mejor es tener pocos y muy concretos. Hay que estar muy enfocado. La dispersión resta oportunidades de ser excelentes, ya que hace que la atención se diluya entre diferentes frentes. Por otro lado, todo éxito está basado en la unión, en la capacidad de alinear fuerzas complementarias hacia un fin; en definitiva, está basado en actuar como un equipo. El mayor peligro está en los egos poco domesticados. Cuando cada persona en su rol concreto arrima el hombro hacia el fin común sin pecar de exceso de protagonismo, los resultados acaban por llegar.

10. **Cuando eres capaz de ver lo sutil, es fácil ganar.**
Una de las virtudes más apetecibles hoy día en el mundo de la empresa es la capacidad para tener visión de futuro, que está muy relacionada con la sensibilidad, con el «ancho de banda» que una persona tiene, con la capacidad para leer entre líneas, rasgos todos que permiten captar matices, detalles o tendencias que pasan desapercibidos para la mayoría de la gente, y que representa un arma de inestimable valor a la hora de tomar decisiones y emprender acciones. Visión de futuro es anticipar escenarios, saber qué gustará y qué no, qué puede ser útil y qué no, qué puede funcionar y qué no.

T. HARV EKER

T. Harv Eker (1954) es un conferenciante y escritor nacido en Toronto, Canadá, y que vive en Estados Unidos, especializado en temas de independencia financiera y psicología de la riqueza. Su seminario «Los secretos de la mente millonaria», a partir de su bestseller del mismo título, ha recorrido numerosos países de todo el mundo, en los que explica cuáles son las claves para alcanzar la libertad financiera.

1. **Si quieres cambiar los frutos, tendrás que modificar primero las raíces. Si quienes cambiar lo visible, antes deberás transformar lo invisible.**
   La falta de dinero es sólo un síntoma de una causa más profunda: tus creencias limitantes respecto al dinero y la riqueza. Por eso, el primer requisito para ganar dinero es cambiar la forma de pensar. Invierte tiempo y esfuerzos en alimentar tu mente con afirmaciones positivas, y eso se acabará manifestando en tus ingresos. Tu forma natural de pensar determina tu abundancia. Tu nivel de ingresos viene determinado por la temperatura de tu termostato mental, que no es otra cosa que el límite de tus creencias. Por eso, T. Harv Eker dice: «El único modo de cambiar de forma permanente la temperatura de la habitación es programar de nuevo el termostato. De la misma manera, el único modo de cambiar tu nivel de prosperidad económica de forma permanente es reprogramar de nuevo tu termostato económico, esto es, tus creencias acerca del dinero».

2. **Tu nivel de ingresos puede crecer sólo hasta el nivel que crezcas tú.**
Entrenar tu propia mente y mandar sobre ella es la habilidad más importante que puedes poseer, tanto en términos de felicidad como de éxito. No creas que sólo trabajando duro llegarás muy lejos; eso es condición necesaria, pero no suficiente. Hay un tema previo que debes solucionar: tus creencias acerca del dinero y la riqueza. Si eres una persona pobre «mentalmente», lo serás también «materialmente», porque, consciente o inconscientemente, estarás generando barreras que te impiden ganar dinero. Por eso, la mejor inversión que puedes hacer es la de tu transformación mental; cambiar unas creencias (las limitantes) por otras (las posibilitadoras). O dominas tu mente o ella te domina a ti. T. Harv Eker también señala: «Si crees que vales poco, aceptarás esa creencia y provocarás que en tu vida nunca haya suficiente. Sin embargo, si crees que vales mucho, validarás esa creencia y crearás mucha abundancia. ¿Por qué? Porque el "mucho" será tu raíz, que después se convertirá en "mucho" en frutos».

3. **¡No existe ninguna víctima que sea rica!**
Sólo hay una forma de tener el control de la vida: poniendo la responsabilidad sobre las propias espaldas. Si haces depender tu vida de terceros, te convertirás en una marioneta al servicio de los demás. O bien eres tú quien toma las decisiones sobre tu vida, o bien son otros los que las toman por ti. T. Harv Eker escribe: «Los ricos se responsabilizan de los resultados de su vida y actúan según la disposición mental de "funcionará porque yo haré que funcione". Los pobres creen que los resultados de su vida son el producto de causas externas a ellos». Los primeros creen en las causas y en los efectos; los segundos, en la buena (o mala) suerte.

4. **El secreto del éxito no es tratar de evitar los problemas ni deshacerte de ellos; tampoco acobardarte ante ellos.**

El secreto es crecer tú de forma que seas más grande que cualquier problema.

Los problemas nunca desaparecen. En unas ocasiones son unos y en otras ocasiones son otros; sólo hay una forma de superarlos, desarrollando las habilidades necesarias para conseguirlo. Cuanto más creces como profesional y como persona, más recursos tienes a tu alcance para afrontarlos y superarlos. Por eso no hay que dejar de leer y aprender de todo y de todos. Lo peor: esconderse y huir de los problemas. Esto último tiene un coste personal y profesional elevado. La huida alivia, pero no cura.

5. **¡La comodidad mata! Si tu objetivo en la vida es estar cómodo, te garantizo dos cosas: primera, jamás serás rico; segunda, jamás serás feliz. La felicidad no proviene de vivir una vida cómoda preguntándote qué podría haber sido. La felicidad viene como consecuencia de vivir de acuerdo con nuestro máximo potencial.**

   La comodidad es el recurso del cobarde, de aquel a quien le gustaría hacer muchas cosas, pero que no se atreve a hacerlas por miedo. Y esa actitud genera mucha frustración. El crecimiento personal siempre está asociado a una cierta incomodidad, a una cierta tensión entre lo que uno es y puede llegar a ser. El verdadero crecimiento llega cuando uno está dispuesto a desafiar su zona de confort. T. Harv Ecker dice: «Si estás dispuesto a hacer sólo lo que sea fácil, la vida será dura. Pero si estás dispuesto a hacer lo que sea duro, la vida será fácil. Si tu meta es estar cómodo económicamente, lo más probable es que jamás te hagas rico; si tu meta es ser rico, lo más probable es que acabes estando inmensamente cómodo».

6. **Mi definición de libertad financiera es sencilla: es la capacidad de vivir el estilo de vida que desees sin tener que trabajar ni depender de otros para obtener dinero.**

Y ¿qué hace falta para alcanzar la libertad financiera? Cuatro cosas: primero, desearlo; segundo, decidirlo; tercero, determinación por conseguirlo; y cuarto, ser disciplinado para desarrollar hábitos financieros. Ganar dinero, como cualquier otro aspecto de la vida, es una cuestión de aplicar ciertos hábitos. Ser rico no es algo casual como la mayoría de las personas piensa. Es algo que se decide, se planifica y se trabaja. T. Harv Eker dice: «Si no estás completa, total y verdaderamente comprometido con la creación de riqueza, lo más probable es que no lo consigas». La mayoría no lo decide o demora la decisión de hacerlo.

7. **La mayoría de la gente plantea mal las preguntas: la cuestión no es «cuando me sobre el dinero, comenzaré a gestionarlo», sino «cuando comience a gestionarlo, me sobrará el dinero».**
Es un tema de enfoque diametralmente opuesto. Y es que, al final, o trabajas para ganar dinero o haces que el dinero trabaje para ti. Y cuanto antes empieces, antes lo lograrás. En el mundo de las finanzas (y en la vida, en general) el tiempo es la variable más importante con la que contamos las personas. Cada día que pasa sin actuar es un día desperdiciado para conseguir lo que se quiere. Empieza a construir tu patrimonio, tu conjunto de activos que generan rendimientos recurrentes, hoy mismo. No se trata de mucho o poco, sino de empezar, de ser disciplinado. Si inicialmente tu capacidad de ahorro es reducida, no te preocupes, empieza con aportaciones pequeñas y ves incrementándolas poco a poco. Pero empieza. Hazlo ya.

8. **Si quieres hacerte rico, céntrate en ganar, en conservar y en invertir tu dinero. Si quieres ser pobre, céntrate en gastar el dinero. Puedes leerte mil libros y asistir a un centenar de cursos sobre el éxito y la prosperidad, pero todo se reduce a eso: ganar, conservar e invertir.**

Ya lo advertimos en páginas anteriores: lo relevante no es cuánto dinero ganas, sino cuánto dinero conservas. Si ingresas mucho, pero gastas igual, en realidad eres un esclavo, porque para mantener tu nivel de gasto tienes que mantener tu nivel de ingresos. Y los ingresos rara vez son constantes a lo largo del tiempo; antes o después, merman. Si eres dependiente de tus ingresos, te vuelves vulnerable. Por eso, mucho mejor que ganar dinero es ser libre financieramente. Y, para ello, el primer reto es ahorrar de manera disciplinada, sin ningún tipo de excusas; y el segundo reto es poner a trabajar el dinero para que esté generando rendimientos. Cuanto más trabaje tu dinero, menos tendrás que trabajar tú. El dinero parado pierde valor.

9. **Los ricos ven oportunidades; los pobres, obstáculos. Los ricos ven crecimiento potencial; los pobres, pérdida potencial. Los ricos se centran en las recompensas; los pobres, en los riesgos. La gente rica actúa para ganar; la gente pobre, para no perder.**
Es un tema de mentalidad, de actitud, de cómo se enfrenta la vida. No se trata de evitar riesgos (entonces, ninguna ganancia es posible), sino de aprender a gestionarlos diligentemente. Quien evita riesgos corre el riesgo más grande: que su vida sea anodina, sin alicientes, carente de estímulos. Evidentemente, cuando se asumen riesgos, uno también puede perder. No siempre se gana. Esto forma parte del proceso de aprendizaje de la creación de riqueza. Los errores bien digeridos nos hacen más fuertes y nos sitúan en una mejor posición para ganar.

10. **Los ricos actúan a pesar del miedo, actúan a pesar de los obstáculos, actúan a pesar de los inconvenientes. ¡Actúan! Los pobres dejan que el miedo, los obstáculos y los inconvenientes los paralicen.**
La finalidad de la vida no es el conocimiento, sino la acción. Si quieres que ocurran cambios en tu vida, tienes

que actuar. Si quieres que tu futuro sea mejor que tu presente, tienes que ponerte en movimiento, levantar el culo de la silla y hacer cosas. Dejar que transcurra el tiempo no cambiará nada, sino que, casi con seguridad, lo empeorará. Ponte en marcha, arriesga, falla, aprende, vuelve a la carga. Así una y otra vez hasta que consigas lo que realmente quieres. También T. Harv Eker señala: «Los ricos ven una oportunidad y se abalanzan sobre ella. Y ¿los pobres? ¡Ellos siguen preparándose!».

THICH NHAT HANH

Thich Nhat Hanh (1926-2022) fue un maestro zen, monje budista y activista por la paz nacido en Vietnam. Desde 1972 fue refugiado político en Francia por su lucha pacifista durante la guerra de Vietnam. En 1967 fue nominado por Martin Luther King para el premio Nobel de la Paz. Viajó alrededor del mundo dando conferencias y compartiendo sus enseñanzas y escribió más de sesenta libros en diferentes idiomas. Sus textos se centran a menudo en la necesidad de transmitir a la acción cotidiana y social una intención profunda de amor surgida de una atención consciente.

1. **Al meditar no nos alejamos de la sociedad, no nos escapamos de ella, sino que, muy al contrario, nos preparamos para reinsertarnos adecuadamente en ella.**
   Dedicar tiempo a meditar no es aislarse del mundo. Meditar es conectar con uno mismo, y, por ende, estar en mejor disposición de conectar con los demás. A menudo, el grado de distancia que existe con otras personas no es sino un reflejo del grado de distancia que existe con uno mismo. La meditación nos sana, oxigena y purifica. La meditación alimenta el alma. Cuando uno conecta con su esencia y está bien consigo mismo, empieza a estar bien con los demás. Meditar nos prepara para tener diálogos fructíferos. Meditar nos conecta con el mundo, con otras personas, con la naturaleza, con todo. Es lo que permite tomar conciencia de que uno forma parte de algo más grande en el que todo está interrelacionado.

2. **No seas idólatra ni te ates a ninguna doctrina, teoría o ideología. Todos los sistemas de pensamiento son medios de guía, no son la verdad absoluta.**
Todos somos seres espirituales, pero no todos somos seres religiosos. Las religiones (como otros caminos alternativos) son «formas de despertar»; en definitiva, su finalidad debería ser explicar el lenguaje del universo, y ese lenguaje se puede adquirir por diferentes vías. Las religiones bien entendidas son medios, y no fines, por eso ninguna debería prevalecer sobre otra. El propio Thich Nhat Hanh dice: «Nunca obedezcas ningún mandato a no ser que también provenga desde tu interior». Y añade: «Si tuviera que elegir entre el budismo y la paz, elegiría la paz».

3. **Cuando hay un diálogo verdadero, ambos lados están dispuestos a cambiar.**
Una actitud de escucha verdadera implica estar dispuesto a cambiar el propio punto de vista. Acepta el desacuerdo como algo normal y haz el esfuerzo de ponerte en el lugar del otro, de entender sus intereses y comprender por qué dice y hace lo que dice y hace. Intenta buscar siempre áreas de acuerdo más que de enfrentamiento. Y jamás pierdas las formas, son importantes. Las formas facilitan o complican mucho las cosas. El propio Thich Nhat Hanh señala: «No pronuncies palabras que puedan crear discordia y causar ruptura en la comunidad. Haz todos los esfuerzos para reconciliar y resolver todos los conflictos, aunque sean pequeños».

4. **No digas cosas falsas por el bien del interés personal o para impresionar a las personas. No pronuncies palabras que causen desviación y odio. No difundas noticias que no sabes si son ciertas. No critiques o condenes cosas de las que no estás seguro. Habla siempre verdadera y constructivamente.**

El grado de mediocridad de una persona se mide por la cantidad de tiempo que dedica a criticar la vida de los demás. Criticar es la forma más evidente de mostrar la falta de conexión con uno mismo. A menudo, cuando uno dedica tiempo y recursos a criticar a otros es porque es víctima de la frustración. Su vida no le gusta, pero en vez de aceptar su situación e iniciar un cambio, intenta justificarse rebajando y deteriorando la vida de los demás con sus dardos malintencionados. La persona que se encuentra bien consigo misma no mira a los lados, sino que pone toda su atención en avanzar en la dirección de sus objetivos.

5. **La esperanza es muy importante, porque puede hacer el momento presente más fácil de soportar. Si creemos que el mañana será mejor, podremos sobrellevar la vida actual.**
La ausencia de esperanza nos conduce a la depresión, que no es otra cosa que la enfermedad de la tristeza. La depresión es, dicho en términos coloquiales, la falta de futuro. Uno lo está pasando mal, pero lo peor de todo es que no ve luz al final del túnel. Piensa que la amargura del presente será la amargura del mañana. Por el contrario, cuando la esperanza existe nos permite luchar sin descanso esperando tiempos mejores. No hay que olvidar que, siempre que llueve, escampa, y que todo temporal amaina. El viaje humano está inevitablemente lleno de accidentes y zigzags. Bruno Bettelheim escribe en *Sobrevivir*: «El dolor, por fuerte que sea, se hace más llevadero si uno está convencido de que con el tiempo se curará. La peor calamidad es tolerable si uno cree que pasará. La angustia más penosa se alivia tan pronto como la tranquilidad está al alcance de la vista».

6. **Con tu sonrisa, haces el mundo más bello.**
El propio Thich Nhat Hanh apunta: «Si en nuestra vida cotidiana podemos sonreír, todo el mundo se beneficiará con

ello. Ésta es la forma más básica de trabajar para la paz». A veces, un gesto tan sencillo, cotidiano y sin importancia como una sonrisa puede causar un gran impacto en la sociedad, porque, en definitiva, el mundo está hecho de la suma colectiva de pequeños actos cotidianos. Respecto a esta cuestión, Thich Nhat Hanh también señala: «Sonreír es muy importante. Si no somos capaces de sonreír, entonces el mundo no tendrá paz. No es mediante manifestaciones en contra de las bombas atómicas que podemos lograr la paz, sino con nuestra capacidad de sonreír, respirar y crear sosiego con esa actitud». Ya hemos dicho que las personas somos energía vibrando en distintas frecuencias. Cuando nuestra actitud hacia el mundo y los demás es negativa, producimos más negatividad alrededor; cuando nuestra actitud hacia el mundo y los demás es positiva, ocurre lo contrario. Tu energía (tu actitud, producto de tus pensamientos) es cómo sintonizas con la vida, igual que el dial de una radio: si no coges la frecuencia adecuada, la señal es sucia, y el sonido, ruidoso.

7. **La energía de la ira puede ser transformada en la energía del entendimiento y de la compasión. Nosotros no tenemos que deshacernos de nada; solamente necesitamos saber cómo transformar una forma de energía en otra. El verdadero amor se compone de entendimiento.**

Descargar ira contra algo o alguien nos hace sentirnos mejor puntualmente, pero no elimina el problema. Más tarde, éste volverá, cuando se presenten otras ocasiones que no cuadren con nuestra forma de contemplar el mundo. La ira es una reacción que se produce cuando algo no es como esperábamos. Es un comportamiento derivado de la frustración. Como todas las emociones, es el resultado de una forma de pensar. La ira sólo la desactivan la empatía y las ganas de comprender por qué el otro piensa y actúa como lo hace. No significa aceptar las cosas, sino que éstas no te perturben, que no te secuestren emocionalmente, y que no te impidan actuar desde la serenidad y la tranquilidad, con asertividad. Thich Nhat Hanh dice: «No mantengas ira u odio. Tan pronto como surgen la ira y el odio, practica la meditación sobre la compasión para comprender profundamente a las personas que han causado ira y odio. Aprende a ver a los otros seres con los ojos de la compasión».

8. **A veces, tu alegría causa tu sonrisa, pero también hay veces en las que tu sonrisa puede causarte alegría.**
Sentirnos bien nos lleva a actuar bien, pero también actuar bien nos lleva a sentirnos bien. Las acciones cambian las emociones. Actuar con seguridad nos hace sentirnos más seguro. Y actuar con alegría nos hace sentirnos más alegres. Cuando no te encuentres bien, actúa como si lo estuvieses y tu ánimo cambiará. Ya lo dijo hace años William James, psicólogo de la Universidad de Harvard: «El pájaro canta porque es feliz, pero también es feliz porque canta». De lo que se trata es de provocar ciertas emociones (ya sea a través de música estimulante, una película inspiradora, la lectura de un buen libro… o quedando a tomar un café o hablando por teléfono con alguien que irradia «buen rollo»), de tal manera que cambie el estado de ánimo, nos ayude a sentirnos mejor y, como consecuencia, nos empuje a actuar de manera más productiva.

9. **No creas que tu conocimiento es la verdad inmutable. Evita atarte a tus ideas presentes. Aprende y practica el desapego a tus puntos de vista para estar abierto a recibir los puntos de vista de los demás. La verdad se encuentra en la vida y no meramente en el conocimiento conceptual.**
La verdad (tu verdad) es algo que se descubre viviendo. No tiene tanto que ver con conocimientos teóricos como con experiencias prácticas. La sabiduría no es saber de matemá-

ticas, historia o geografía. La sabiduría no es sumar títulos. La sabiduría tiene que ver con saber distinguir lo esencial de lo accidental, lo importante de lo secundario, lo relevante de lo accesorio. La sabiduría es incrementar nuestra conciencia, y para ello hay que estar abiertos a vivir y descubrir.

10. **Si nuestro amor es sólo un hacer para poseer, no es amor.** Las riquezas, cuando se elevan a la categoría de fines, nos instrumentalizan. Las riquezas como medio de disfrute, de ayuda a otros y de inversión en proyectos nos enriquecen. El peligro viene cuando nos dejamos atrapar por sus garras y tenemos «mono» de ellas, cuando nos hacen suyas. Entonces nos volvemos vulnerables, y nuestro estado de satisfacción o insatisfacción depende del tamaño de nuestra cuenta corriente. Nadie puede vivir sin cubrir las necesidades básicas y algo más. Es una cuestión de mínimos, de supervivencia, pero a partir de ahí se necesitan otros estímulos. Tener dinero es fantástico, ser tenido por él es una auténtica cárcel. Es vivir dominados por el ego: confundir lo que somos con lo que tenemos.

TOM PETERS

Thomas J. Peters (1942) estudió Ingeniería Civil en la Universidad Cornell y, después, Economía en la Universidad de Stanford, donde obtuvo un MBA (Master in Business Administration) y un doctorado. Trabajó en la Marina estadounidense, en la Casa Blanca y en McKiseny & Company. A partir de 1981 empezó a desarrollar su trabajo por cuenta propia. Como pensador del *management*, la revista *Fortune* lo calificó como el «gurú de los gurúes», y la revista *BusinessWeek* como «el mejor amigo y la peor pesadilla de los negocios». Su obra más conocida, *En busca de la excelencia*, tuvo un enorme impacto cuando apareció en el mercado. Otras de sus publicaciones destacables son: *Del caos a la excelencia*, *El círculo de la innovación* y *50 claves para hacer de usted una marca*.

1. **Despide a los planificadores. Deja de pensar y actúa.** Las personas de éxito, las personas que consiguen resultados, son personas de acción; porque sólo la acción produce resultados. Son personas que entre la decisión y la ejecución no andan dubitativos. La mayoría de la gente es presa de la «parálisis por el análisis» al no contar con todos los medios a su alcance o no ver todo el camino por delante. Planificar es necesario, pero es la ejecución la que da réditos. Hay que actuar y, sobre la marcha, ir modificando el guión, según las circunstancias y sin perder de vista el horizonte de las metas.

2. **Agárrate con mucho cariño a aquello en lo que eres bueno.** El mejor lugar para el talento es aquel que exhibe nuestras virtudes y disimula nuestros defectos. El talento hay que

hospedarlo allí donde puede explotar, donde puede dar lo mejor de sí, de otro modo pasa muy desapercibido. De lo que se trata es de hacer el mayor número de veces aquello que sabemos hacer muy bien, y de hacer el menor número de veces aquello que no sabemos hacer tan bien. Si se sigue este esquema, hay una oportunidad de conseguir algo importante.

3. **Para triunfar hay que dejar de ser normales.**
No hay nada peor en esta vida que afirmar: «Me considero una persona normal». Ser normal no es ninguna virtud. Si piensas así, entonces no tienes una ventaja competitiva. Lo peor desde el punto de vista comercial es ser indiferente, uno más. Tú, como el resto de los mortales, eres único, irrepetible, especial. Lo esencial de cada persona es su singularidad. Lo que tienes que hacer es encontrar tu diferencia y ponerla en valor. Descubrir tu rareza, tu originalidad, y luego darle forma. Peters añade: «Si tu trabajo no es especial, no te harás notar, por mucho que te apliques a él. Tampoco te pagarán mucho».

4. **Los líderes comunican sin descanso.**
Los grandes líderes ponen en práctica el *managing by wandering around.* Buscan el encuentro personal con los miembros de su equipo a todos los niveles. Les apasionan hacerles partícipes de los temas que consideran importantes, conocer qué opinan, saber lo que les preocupa, contestar sus preguntas, preguntar y escuchar. Es imposible que exista un liderazgo que no sea presencial. El liderazgo exige contacto y roce frecuente. Otro liderazgo no es posible.

5. **Celebra aquello que quieres ver más.**
El mismo Peters dice: «Aprecio, aplausos, aprobación, respeto: ¡todos lo deseamos!». El poder del elogio es incalculable. A pesar de ello, el 75 % de los directivos reconoce que les

cuesta mucho practicar el reconocimiento. Tal vez sea porque piensan que el equipo, o bien se relajará, o bien exigirá más privilegios. En cualquier caso son muestras de inseguridad. Las personas necesitamos del reconocimiento «material» (dinero) y también del reconocimiento «emocional» (aprecio e importancia). Cuando este último no se satisface en un lugar se acaba buscando en otro. No es casual que Robert McNamara (1916-2009), que fue secretario de Defensa estadounidense, afirmase cierta vez: «Los cerebros, como los corazones, van donde los aprecian».

6. **Las personas no se van de las empresas, se van de los jefes.** La principal causa por la que una persona cambia de trabajo no es el aumento de sueldo, sino las malas relaciones con su jefe. En un 70 % de los casos, la movilidad está motivada por el mal ambiente. El liderazgo es un factor clave en la consecución de resultados y también en la retención del talento. A menudo, la diferencia entre unas organizaciones y otras está en la puesta en práctica de un liderazgo efectivo. Cuando se ocupa un puesto de gestión, aprender a liderar no es una opción, sino una responsabilidad. No hacerlo tiene consecuencias graves, máxime si tenemos en cuenta que el 85 % del producto interior bruto mundial es economía del conocimiento y los servicios, y que los servicios y el conocimiento los prestan y ostentan, respectivamente, las personas.

7. **Odio la palabra motivación. La odio porque el concepto de que yo te «motive» es lo más absurdo y arrogante. Tú eres el único que puede motivarse a sí mismo.** La motivación es un tema tan importante que no se puede delegar. Una persona a la que hay que motivar es, probablemente, una persona que está fuera de lugar. Si no te gusta lo que haces o no te gusta dónde lo haces, cambia. Un directivo puede crear las condiciones favorables para que la motivación surja, pero es un tema y una responsabilidad

totalmente personal. La auténtica motivación es la que depende de uno mismo. Si los resortes que ponen en marcha la motivación son externos, entonces mi posición es vulnerable y queda a merced de terceros. Eso sí, si bien la misión de un líder no es motivar, sí que debe preocuparse por no desmotivar. Ya lo advirtió el entrenador de fútbol americano Lou Holtz: «Mi trabajo no consiste en motivar a los jugadores. Ellos traen consigo una extraordinaria motivación. Mi trabajo consiste en no desmotivarles».

8. **Una idea es algo frágil. Apagarla es mucho más fácil que encenderla. Las ideas brillan porque alguien las tuvo, alguien las ayudó y nadie las apagó.**
Las ideas importantes, las ideas que generan cambios en la sociedad, siempre encuentran resistencias por el camino. Por eso exigen el compromiso de la alta dirección, de la gente que tiene poder en la organización para que se lleven a cabo y se ejecuten a pesar de la oposición. Como ya hemos dicho, a las personas no les incomoda el cambio, sino ser cambiadas. Por eso, todo proyecto que implique incertidumbre y cambio, aunque sea para bien, suele tener de inicio un cierto rechazo. A menudo, el miedo a sentirnos vulnerables nos hace preferir la infelicidad a la incertidumbre.

9. **Para satisfacer las demandas de constante cambio del escenario competitivo actual, debemos simplemente amar el cambio tanto como lo hemos odiado en el pasado.**
Hoy, todo se vuelve caduco a una edad más temprana, todo cambia a gran velocidad, todo es mucho más efímero. Hoy más que nunca, gestionar el cambio es una necesidad imperante, y no hacerlo, un suicidio claro. Para ello, hay que aprender a aceptar la incertidumbre como parte del juego y desarrollar la flexibilidad, la curiosidad, la investigación y el estudio permanentemente para hacerle frente. De otro modo, es fácil verse paralizado por tanta novedad y cam-

bio. Hay que aprender a bailar con el cambio. No hay otra opción. Tratar de controlarlo todo y buscar certidumbres a toda costa es caer en un estado de locura.

10. **Los creadores de organizaciones innovadoras y eficaces son muy entusiastas. Este sentimiento se transmite a toda la empresa y se transforma en excitación, pasión y energía. Sólo se obtienen victorias con pasión, fe y entusiasmo. Si la pasión, la fe, el valor y la habilidad están ausentes, las herramientas se convierten en una manifestación más de la burocracia.**
El origen de la palabra entusiasmo es estimulante. Procede del griego *en-theós*, esto es, *en* («dentro») y *theós* («dios»), algo así como «sentirse poseído por un dios». Así, cuando se experimenta entusiasmo, es como si una fuerza insuperable (dios, poder infinito, inteligencia superior, poder divino, etcétera) actuara a través de nosotros, a través de nuestro interior, como si estuviéramos «poseídos» por esa energía. Una persona que actúa con entusiasmo es una persona «conectada» con la vida y que siempre arrastra tras de sí a otros muchos que quieren unirse a ella. Los grandes proyectos siempre requieren mucha energía, por tanto, sólo están al alcance de quienes se entusiasman con ellos y prenden de energía al resto de las personas que tienen a su alrededor.

TONI NADAL

Antonio Nadal Homar «Toni Nadal» (1961) es un entrenador y preparador físico de tenis español. Ha entrenado, desde el inicio de su carrera hasta 2017, al jugador Rafael Nadal, quíntuple ganador de la Copa Davis, medalla de oro en Pekín 2008, campeón de 19 Grand Slam, además de haber logrado ser número uno del mundo en varias ocasiones. Es por tanto, inspirador y participante de todos los éxitos del tenista español del cual, además, es tío carnal. Es autor de del libro *Todo se puede entrenar* (2015) donde relata las principales enseñanzas a lo largo de su vida dedicada al tenis. También se han escrito diversas publicaciones sobre su sobrino como *Rafa Nadal: crónica de un fenómeno* (2007), *Nadal: pasión y coraje* (2009), *Sirve Nadal, responde Sócrates* (2009) o *Rafa Nadal: mi historia* (2011).

1. **La lucha de Rafael ha estado siempre en la idea de superarse a sí mismo. Rafael ha estado dispuesto a hacer lo que tuviera que hacer para mejorar. Y eso es quizás una de las cosas más difíciles de dominar: la tendencia a seguir haciendo lo que tenemos por costumbre.**

El ser humano tiene una tendencia natural a hacer lo más cómodo, lo más fácil, la alternativa que conlleva menos inconvenientes, pero crecimiento personal y comodidad son incompatibles. Crecer es estar dispuesto a sentirse incómodo. Si tu vida es demasiado cómoda, probablemente estás estancado. El éxito no consiste en vivir una vida cómoda, sino en vivir de acuerdo a nuestro máximo potencial, y para ello hay que estar dispuestos a estar incómodos. Es esencial tener una predisposición a la mejora porque otra cosa es dar pasos hacia atrás: *quien no mejora, empeora*. Cuando las cosas marchan bien es muy fácil relajarse y acomodarse. Es la tiranía de la inercia, de seguir haciendo lo mismo, de no cuestionarse nada. Pero cuando uno se despista y se aburguesa, la cosa se tuerce siempre. Caer en la tentación de la autocomplacencia —algo que siempre acecha— es contraproducente para nuestro rendimiento.

2. **Tendemos a sobrevalorarnos y si fallamos le echamos la culpa a otro. No me gusta escuchar quejas. Cuando Rafael tiene dolor ni me acerco. Si le duele mucho y pone mala cara, le digo: «Tienes dos caminos, paras y nos vamos a casa o sufres sin rechistar. Tú eliges».**
Cuando las personas no consiguen lo que desean, aman culpar. Echar balones fuera te hace sentir bien pero no soluciona los problemas, y además abunda tanto porque evita poner la responsabilidad sobre nuestras espaldas, pasar a la acción y trabajar con ahínco, algo que no siempre resulta agradable. Si la culpa es del gobierno, de los mercados financieros, de las instituciones o de quien sea, ya me puedo ir a la cama y dormir tranquilo porque no es algo que depende de mí. Las personas de éxito tienen un alto sentido de la autorresponsabilidad y eso les da poder. La autorresponsabilidad es el único antídoto contra todos los males. Crecer en la vida es ser cada día más responsable de uno mismo. Todo nace y florece desde ahí. La excusitis, la victimitis, la quejiquitis y la culpabilitis, alivian el estrés del fracaso pero no lo solucionan. Si quieres que te vaya bien en la vida, acepta la responsabilidad de hacer de tus sueños una realidad.

3. **Aprender cuesta. La labor de los profesores y padres es enseñar a amar el esfuerzo. El esfuerzo no es un castigo. Para casi todos nosotros la forma más efectiva de conse-**

guir unas metas es a base de perseverar, de esforzarse, de hacer unos sacrificios, de llevar un orden, una disciplina. Esto ha sido así toda la vida.

Nihil novum sub sole: nada nuevo bajo el sol. Toda biografía de éxito es una biografía de esfuerzo. Desde que la Tierra gira alrededor al Sol, ninguna persona ha afirmado que sus logros son el resultado de trabajar de vez en cuando, a ratos libres, cuando le apetecía o estaba de buen humor. El propio Toni explicaba en una ocasión: «Rafael ha sido un chico que se ha exigido mucho, que es muy fuerte mentalmente y que tiene una actitud de vida correcta para lograr sus objetivos. En este deporte, como en cualquier otra faceta de la vida, el trabajo y el sacrificio es lo que puede ayudarte a mejorar. No hay más secretos. Si luchas y te esfuerzas, al final te verás recompensado. La suerte te puede hacer ganar un punto, pero no un partido ni un torneo. Esto hay que tenerlo en cuenta».

4. **Trabajar con objetivos concretos te permite tener unos parámetros con los que poder medir los resultados. Es la base sobre la que se va a sostener todo el trabajo. Es lo que da sentido a la labor diaria. Sin objetivos todo se diluye, no se puede trazar una ruta porque no sabemos adónde vamos.**

Sin objetivos claros uno baja el nivel. Sin objetivos precisos no se pueden administrar los esfuerzos con eficacia. Además, el hecho de tener objetivos detallados permite medir con mayor precisión el grado de progreso y avance: *lo que no se mide, no se gestiona*. A partir de unos estándares predeterminados, uno mide, y sobre la base de esa medición, se corrige para mejorar. Por otro lado, el hecho de tener unos objetivos ilusionantes, propios y bien definidos, hacen que la exigencia —tan denostada en ocasiones— se ponga en marcha de manera natural. Toni también explica: «Yo creo que la exigencia es necesaria a lo largo de toda la vida; es más, pienso que da mucho sentido a la vida. Me cuesta concebir una vida que no tenga unos objetivos, unas ilusiones y, por consiguiente, unas exigencias. La exigencia es ser consecuente con una meta, con los desafíos que se plantea uno mismo. Siempre he intentado que Rafael entrara en la pista de entrenamiento con unos objetivos que le marcaran una exigencia a imponerse, que tuviera en mente lo que tiene que hacer, qué persigue o qué quiere conseguir».

5. **La única forma de avanzar es a base de que nos hagan reconocer que no sabemos lo suficiente o que no hemos desarrollado todo nuestro potencial. La insatisfacción es el alimento de los objetivos por conseguir. No hay más. Sin la sensación algo desagradable de que quedan cosas por hacer no se persiguen los retos.**
Creer que a uno ya no le queda nada por aprender y mejorar es empezar a retroceder un poco cada día. Siempre hay aristas que limar y siempre hay cosas que enderezar. Esa actitud inconformista por seguir creciendo está relacionada con la curiosidad y el querer ir un paso más allá, y es la que permite no dormirnos en los laureles; un estado de insatisfacción saludable que nos impulsa a seguir evolucionando. Y para ello es bueno tener siempre alguien cerca —mentores o *coaches*, entre otros— que nos ayuden cada día a no perder nunca los pies del suelo, recordándonos mediante un buen *feedback* aquellos aspectos en los que todavía se puede dar un poco más. Como decía Kenneth Blanchard cierta vez: «El *feedback* es el desayuno de los campeones».

6. **Con la responsabilidad gestionamos lo que depende de nosotros, la persecución de los objetivos que nos hemos marcado. Con la capacidad de aguante gestionamos lo que no depende de nosotros, es decir, la adversidad.**
Que pongamos la responsabilidad sobre nuestras espaldas no significa que todo dependa de nosotros. Muchas cosas

no dependen de nosotros, pero lo que sí depende de nosotros es gestionar nuestros recursos de manera óptima y asumir la iniciativa para encontrar alternativas a las situaciones que vivimos en cada momento. Asimismo, también está en nuestra mano la resiliencia, esto es, la capacidad de estirar la frontera del dolor cuando las cosas se ponen feas. Nuestra actitud ante un acontecimiento —con responsabilidad o evasión— tiene el poder de transformarlo. Una buena actitud te permite sacar partido de cualquier situación. Una buena actitud lo cambia todo. El propio entrenador señala: «Si no prestamos demasiada atención a lo que nos perjudica y nos centramos en lo que sí depende de nosotros, la efectividad y los buenos resultados tienen el camino más fácil. Acostumbrarse a la incomodidad, a las dificultades continuas y a la necesidad de resolverlas personalmente nos dará seguramente las herramientas que nos permiten avanzar hacia nuestros objetivos».

7. **Para mí hay un principio fundamental: el control. De la situación, de la pelota, de cada cosa que hago. A Rafael siempre le decía: «El golpe nunca va por delante de la cabeza».**
   Control es saber lo que hay que hacer en cada momento, y luego ocurrirá lo que tenga que ocurrir. Tener control es seguir el esquema de funcionamiento: pienso, decido y actúo. El viento puede soplar en cualquier dirección, pero con independencia de donde vengan las rachas de aire, soy yo el que ajusto las velas según mi plan de acción basado en la reflexión y la decisión. Tener control de la situación significa que, pase lo que pase —nunca se puede conocer con certeza lo que ocurrirá— uno tiene unas pautas de actuación —unos protocolos— a seguir que ha definido a priori. A menudo, se dice que invertir es arriesgado. No es cierto. Lo que es arriesgado es no saber lo que haces ni por qué lo haces. Lo mismo ocurre con el resto de las cosas.

8. **Si a un niño le enseñas el *drive*, también le puedes enseñar la voluntad. La voluntad se educa igual que un *drive*.** Todo se puede entrenar. *Nadie es mejor que tú, sólo se ha convertido en alguien mejor que tú.* Somos seres de hábitos y los hábitos se construyen a base de repetir un comportamiento en una determinada dirección. Educar la voluntad es ser dueño de nosotros mismos, hacernos más libres, porque no quedamos en manos de las apetencias de cada momento. Las tentaciones siempre existen: quienes las controlan, avanzan en la vida; quienes se dejan llevar por ellas, se quedan atrás. Ello es posible a través de la voluntad. Tener dominio sobre uno mismo —autogobierno— es hacernos más fuertes y estar al mando de nuestra propia vida, ser poderosos. El propio Toni concluye: «Yo creo que en la vida lo principal es el dominio de la voluntad. He sido un entrenador más preocupado de la cuestión del carácter que de la cuestión técnica. Yo entiendo que en la vida el carácter es lo fundamental, porque al final pasar una pelota por encima de la red es poco importante en la vida, pero el dominar la voluntad, dominar el esfuerzo, tener perseverancia en lo que haces, sí que tiene valor».

9. **Cuando el jugador posee la firme determinación de llevar a cabo un tipo de juego concreto, juega mucho mejor, encarrila mejor el partido. En ajedrez suele decirse que es mejor tener una mala estrategia que no tener estrategia; en tenis sucede lo mismo.** No hay nada más rentable en la vida que tener claridad de ideas, porque una vez que los objetivos están bien definidos, de lo que se trata es de definir las acciones a seguir y ejecutar esas acciones ciñéndose al plan establecido. Anthony Robbins, del que ya hemos hablado, apuntaba cierta vez: «La falta de claridad más que cualquier otra cosa es la principal causa de fracaso en la vida». No puedes ganar un juego que no has definido. Lo primero de todo es tener una

estrategia de salida, saber lo que queremos conseguir; segundo, definir aquellos comportamientos que nos van a llevar de dónde estamos a dónde queremos llegar a estar; y tercero, ejecutar de manera impecable esos comportamientos.

10. **No concibo no tener ilusión por las cosas que uno hace, sea lo que sea, al nivel que sea. Estar contentos con lo que hacemos depende mucho más de nosotros que de las circunstancias. Según mi concepto de vida, la ilusión es lo que da sentido a todo. Si no tengo ilusión, muy difícilmente voy a perseverar y, por tanto, muy difícilmente voy a conseguir nada.**

Ferran Adrià, nuestro chef más internacional con el que contamos en estas páginas, decía en una entrevista: «Mi palabra favorita es ilusión. Creo que es importante el inconformismo, el intentar aportar cada día algo de valor a nuestra sociedad». No es casual que tanto uno —Ferran Adrià— como otro —Rafa Nadal— hayan llegado tan lejos en sus carreras profesionales. Quizás ahí está uno de sus secretos: su día a día está empapado de ilusión, de querer ser mejor profesional, de aprender más, de crecer siempre. Nada grande se ha logrado sin ilusión. Las personas somos ilusiones con piernas; y esas ilusiones son las que tiran de nosotros y nos empujan a desplegar todo el potencial que llevamos dentro; cuando tus ilusiones te motivan de verdad, las capacidades se estiran hasta límites insospechados.

VALENTÍN FUSTER

Valentín Fuster (1943) es un cardiólogo español que en los años setenta se trasladó a Estados Unidos donde empezó a trabajar en su especialidad. Desde 1994 ha ostentado el cargo de director de la unidad de cardiología del Hospital Monte Sinaí en Nueva York, y fue nombrado director general del Centro Nacional de Investigaciones Cardiovasculares (CNIC) en Madrid. En 1996 fue galardonado con el premio Príncipe de Asturias de Investigación y Ciencia. Es doctor *honoris causa* por numerosas universidades y asimismo fue elegido científico distinguido de la Asociación Estadounidense del Corazón. Ha publicado más de 400 artículos sobre su ámbito de trabajo y es autor de diversos libros como: *La ciencia de la salud* (2006), *Corazón y mente* (2008), *El círculo de la motivación* (2013) o *La ciencia y la vida* (2008).

1. **Hay que romper el círculo del pesimismo. Una actitud positiva es esencial para ver las oportunidades que nos ofrece la vida.**
La vida está siempre llena de oportunidades para quienes saben verlas, y en ello juega un papel primordial la mentalidad con la que nos levantamos todos los días de la cama. Hay gente que vive con mentalidad de «escasez» y hay gente que vive con mentalidad de «abundancia». La cuestión no es indiferente porque *le damos poder a las cosas en las que ponemos nuestra atención*. Somos lo que somos por nuestros pensamientos dominantes, porque según sean estos de un cariz (positivos) u otro (pesimistas), nuestra forma de actuar también será diferente. La realidad muchas veces es la

que es —no todo depende siempre de nosotros—, pero la forma en que abordamos esa realidad es lo que hace que esa realidad se transforme o no. «No hay nada más peligroso que la negatividad», dice el doctor Fuster, porque nos mete en una espiral de la que no es fácil escapar al agrandar los problemas y empequeñecer las alternativas de solución.

2. **La mejor profesión es la que nos apasiona.**
Cuando lo que sientes (internamente) y lo que haces (externamente) están alineados, hay más posibilidades de hacer algo grande. El éxito consiste en hacer del ocio un negocio. Además, la voluntad —pieza imprescindible en cualquier proyecto grande— se educa y moldea con mayor facilidad cuando uno disfruta con lo que tiene entre manos. El CEO y presidente de Berkshire Hathaway explicaba una vez: «Una persona debe encontrar su pasión. No debes preocuparte, reconocerás tu pasión en cuanto la veas. Eso es mucho más importante que el dinero, porque eso es lo que te lleva al dinero. Creo que es una locura realizar un trabajo que no te gusta sólo porque queda muy bien en tu currículum». Mucha gente no se atreve a seguir su pasión, porque no ve la manera de rentabilizar esa pasión. Pero si tienes talento para algo y cultivas ese talento poniendo todas las energías en ello, siempre habrá un público (demanda) para lo que ofreces y acabarás encontrando vías para comercializar tus productos y servicios. Si amas lo que haces acabarás triunfando.

3. **Todos tenemos la necesidad de que nos orienten y la capacidad de orientar a otros.**
No se puede saber todo de todo. Es esencial contar con mentores: hacen el camino más fácil porque aportan dirección, perspectiva, claridad, *feedback* y apoyo emocional. Los mentores son personas con experiencia que han recorrido aquel camino que a nosotros también nos gustaría vi-

vir y con el que tener éxito. Un buen mentor es un factor acelerador en la consecución de nuestras metas ya que ahorra tiempo, esfuerzo y energía. El dramaturgo Ben Johnson decía: «Muy pocos hombres son sabios por su propio consejo o se han instruido siendo sus propios maestros, porque aquel que sólo ha sido autodidacta ha tenido a un tonto por maestro». La gente ganadora, que llega lejos, siempre cuenta con mentores. Los mentores son esas personas que te inspiran a ir más allá de tus dudas y de tus miedos. Los mentores conocen tus puntos fuertes y débiles, y saben dar indicaciones precisas para que optimices tu vida.

4. **Nunca es demasiado tarde para empezar a cuidarse y nunca demasiado pronto.**
Health is not everything but wihout health everyhing is nothing («La salud no lo es todo, pero sin salud todo lo demás es nada»). El cuerpo es la casa en la que uno habita, y según esté de cuidada y engrasada nuestro rendimiento será uno u otro. Para tener un desempeño excelente —mucho más si nuestras metas son ambiciosas— es fundamental contar con la energía física necesaria para hacer frente a los desafíos, y ello es factible cuando uno cuida tres aspectos: sueño, nutrición y ejercicio físico. Para ello hay que tener en cuenta que cada día que pasa y no se ha aprovechado para ello es un día perdido. El cuerpo —como todas las cosas de la vida— mejora o empeora, no hay término medio. Lo primero sólo es posible como resultado de la atención cuidada a los detalles diarios. Los excesos y malos hábitos pasan factura. No es casual que Fuster añada: «Practicar y promover un estilo de vida saludable es un rasgo esencial del verdadero liderazgo».

5. **Si no tenéis prioridades, nunca llegaréis a ningún sitio.**
Porque sin prioridades todo parece urgente e importante. La productividad es esencial para el éxito —no hay éxito

sin productividad— y está directamente relacionada con nuestra capacidad para establecer prioridades. Porque productividad no es hacer muchas cosas, sino dejar de hacer todo lo que es irrelevante de acuerdo a nuestras prioridades. Productividad es el «arte de no hacer». El propio cardiólogo dice: «Es fundamental el tiempo para reflexionar. Cada mañana dedico quince minutos cuando llego al hospital a no hacer nada. Esos minutos son los más importantes del día para poder establecer las prioridades. No se puede hacer todo». Cuando dices que no tienes tiempo para algo, en realidad lo que estás diciendo es que no te importa mucho.

6. **Lo mejor para dejar de fumar es un infarto.**
Casi nadie cambia hasta que le ve las orejas al lobo. Por eso, muchas veces *la mejor alternativa es no tener alternativas.* Cuando la adversidad se cuela en nuestra vida y ya no tenemos otra opción que tirar hacia delante, es cuando habitualmente nos ponemos en marcha para cambiar las cosas. «Cuanto más grande es el caos, más cerca está la solución», reza un proverbio chino. «Encuentra tu liberación a través de los trastornos», expresa la filosofía oriental. Huir de un problema sólo hará que lo encontremos más adelante vestido de otra forma. Evadir problemas que necesitas afrontar es evadir la vida que necesitas vivir. Vivimos atrapados por aquello de lo que huimos.

7. **Admitir que estás pasando por un mal momento no representa un fracaso, sino un primer paso hacia una posible solución.**
Y en ello hay algo que es esencial: la aceptación. Sin aceptación es imposible progresar. Sólo desde ahí es factible empezar a mejorar y que cualquier cambio tenga lugar. Otra cosa te somete y te hace quedarte anclado en el pasado. El propio cardiólogo señala: «Los peores momentos son a ve-

ces la mejor oportunidad para emprender grandes proyectos». Pero para ello hay que tener humildad y valentía para contemplar las circunstancias de nuestra vida sin trampa ni cartón, y asumirlas sin rencor, ni odio, ni resignación. Perdonarse y perdonar. Refugiarse en el orgullo conduce al estancamiento, a quedar varado en tiempos pretéritos, a la negatividad.

8. **Las personas solidarias consideran que su vida tiene más sentido y se saben más conectadas con los demás.** La solidaridad y la colaboración son fundamentales para el éxito y la felicidad. La vida es un flujo de dar y recibir: los demás necesitan ayudan y tú también necesitas ayuda. Y la mejor forma de recibir es sembrar lo que uno quiere obtener. Ser solidario es una actitud ante la vida, y sin duda, la mejor actitud. La actitud contraria genera las consecuencias opuestas. Fuster dice: «Se equivocan quienes creen que con una actitud individualista podrán navegar por las aguas de la vida. Las personas egoístas suelen terminar deprimidas y tristes, nunca tienen suficiente y se sienten vacías». Así es, porque como añade, «los seres humanos no estamos hechos para vivir solos. Necesitamos el apoyo de nuestros familiares y amigos para sobrevivir». El egoísmo conduce a la soledad, y la soledad al estancamiento, la frustración, la depresión y otros sucedáneos.

9. **La impostura es muy grave y conlleva un considerable gasto de energía.** La autenticidad es otro de los pilares esenciales para el éxito y la felicidad, y no es otra cosa que ser la misma persona en todos los sitios y momentos. «Éste soy yo», con mis virtudes y con mis defectos. Tus debilidades no tienen por qué perjudicarte siempre que sepas cuáles son y las compenses, porque la gente inteligente sabe sacar rédito de sus fortalezas. Dedicarse a aparentar lo que uno no es —y hacer pos-

tureo— desgasta mucho física y emocionalmente. La autenticidad siempre es la mejor estrategia para la vida. Preocuparse de conectar con nuestra esencia siempre genera beneficios. Miguel de Unamuno escribía: «No te creas más, ni menos, ni igual que otro cualquiera, que no somos los hombres cantidades. Cada cual es único e irrepetible; en serlo a conciencia pon tu principal empeño».

10. Nuestra sociedad no invita a la reflexión, pero caminar sin rumbo, deambular a ciegas por la vida, nos aparta en realidad de nuestro camino. La reflexión es una pieza clave en el engranaje de la motivación.
La reflexión sin acción es estéril; pero la acción sin reflexión conduces al caos y al sinsentido. A disparar a todo lo que se mueve, a ir dando tumbos de un lado para otro. Y eso nos deja vacíos. Publio Siro decía: «El tiempo de reflexión es una economía de tiempo». La claridad exige distancia, y a veces «perder» el tiempo reflexionando es la mejor forma de «ganarlo». Una persona que no dé más de sí no puede ver las cosas con perspectiva. Es fundamental crear en nuestra vida espacios que inviten a la reflexión con el objetivo de definir mejor lo que queremos, tomar decisiones más acertadas y navegar con más brío hacia el puerto añorado —nuestro propósito— porque no hay nada más peligroso que conseguir aquello que no se desea ni nos satisface. Stephen Covey lo tenía claro: «Si la escalera no está apoyada en la pared correcta, cada peldaño que subimos es un paso más hacia un lugar equivocado».

WARREN BENNIS

Warren Bennis (1925-2014) fue consultor, autor, profesor y conferenciante especializado en temas de liderazgo. Fundador y presidente de The Leadership Institute, en la Universidad de California del Sur, fue con anterioridad profesor del MIT (Massachusetts Institute of Technology), vicepresidente ejecutivo de la Universidad Estatal de Nueva York y presidente de la Universidad de Cincinnati. Fue asesor de cuatro presidentes de Estados Unidos (Kennedy, Johnson, Carter y Reagan) y escribió más de veinte libros sobre liderazgo, entre los que destacan: *Líderes: estrategias para un liderazgo eficaz, Dirigir personas es como adiestrar gatos y Transparencia.*

1. **El liderazgo es la capacidad de convertir una visión en realidad.**
   El liderazgo es la capacidad de transformar sueños en hechos tangibles. Sin resultados no hay liderazgo. Visión sin ejecución es alucinación. Al poco tiempo de llegar al Fútbol Club Barcelona como entrenador, a Pep Guardiola le preguntaron en una rueda de prensa cuánto tiempo pensaba que duraría como técnico del club culé. Y contestó: «Si gano, duraré mucho; si pierdo, poco». No se puede resumir de manera más clara: lo que no son cuentas, son cuentos.

2. **Los líderes reales transforman lo insignificante en significado.**
   Los seres humanos, antes de pensar, sienten. Por eso, los grandes líderes saben dotar de gran contenido emocional a todo lo que dicen y hacen. Todo líder que merezca este ca-

lificativo está obligado a ser, en cierto modo, un «seductor», alguien capaz de entusiasmar con sus mensajes y sus comportamientos, alguien capaz de convertir la rutina y el día a día en una cierta aventura. Debe ser capaz de vender muy bien la empresa y el proyecto, tanto hacia «fuera» (clientes) como hacia «dentro» (empleados). El propio Bennis precisa: «Los líderes son los proveedores de esperanza que erradican la incredulidad en sus equipos». El auténtico liderazgo se produce a través de las emociones.

3. **La diferencia entre un hombre común y corriente y un guerrero es que el guerrero lo acepta todo como un desafío, mientras que el hombre corriente lo toma todo como una bendición o una maldición.**
Mucho más importante que lo que ocurre es qué hacemos con lo que ocurre. Lo que importa es cuál es nuestra actitud ante las vivencias personales y profesionales, y sobre todo ante las menos agradables. Cada obstáculo, cada interacción, cada reto, cada tropiezo es información valiosa para quien sabe aprovecharla y utilizarla a su favor. Hay personas que se quejan y lamentan, y hay personas que aprenden y digieren todo lo que les sucede en sus vidas convirtiéndolo en aprendizaje transformador. *Omnia in bonum*, afirma una máxima latina; esto es, todo ocurre para bien si uno sabe darle el enfoque adecuado.

4. **Para depositar su confianza en sus líderes, las personas necesitan pruebas de su competencia. Tienen que sentir que sus líderes merecen su confianza en virtud de su carácter y competencia profesional.**
La autoridad no se impone, hay que ganársela. Y la mejor forma de ganársela es con credibilidad, y ésta depende de los hechos: de lo que somos y hacemos. En definitiva, depende del ejemplo. Entonces, sólo entonces, la autoridad se conquista. Cuando no sucede así, el escepticismo,

la duda y la sospecha pululan a sus anchas por la empresa, dificultando enormemente la comunicación, el compromiso y la lealtad.

5. **El liderazgo es el tema más tratado en la literatura del *management* y, al mismo tiempo, el peor comprendido.**
El liderazgo es algo más sencillo y cotidiano de lo que mucha gente piensa. A veces se confunde liderazgo con *glamour*, fuegos artificiales y confeti. Hay que desmitificar esa idea que tenemos del superlíder. No existe el liderazgo de tiralíneas. No existe el liderazgo sin fisuras. Los líderes irreprochables o de manual no son de este planeta. Tal vez los haya en los discursos grandilocuentes, pero la realidad cotidiana está hecha de otra pasta. El líder de porcelana, radiante y exquisito, brillante y sin polvo, es sólo para las vitrinas. Hay que desprenderse de toda esa pompa que rodea al liderazgo y tratar el tema con más normalidad. El líder, como ser humano que es, también tiene inseguridades, defectos, miedos y dudas. Ser líder no significa ser perfecto. El líder tiene un fuerte compromiso con el proyecto empresarial, toma decisiones sin procrastinar, irradia energía, mantiene siempre una actitud positiva, invierte en relaciones, crea equipo, comunica y proporciona *feedback* sin descanso, mide el desempeño de sus colaboradores y jamás pierde de vista los valores.

6. **Los líderes se distinguen de los demás por su constante apetito de conocimientos y experiencias, y, a medida que su mundo se amplía y se vuelve más complejo, sus medios de comprensión también se multiplican y se refinan.**
Los líderes son personajes insatisfechos; y esa actitud inconformista les lleva a querer mejorar siempre, a no dejar de aprender y experimentar nuevos retos. Son gente que no se acomoda, que no se amodorra en el sillón de la autocom-

placencia y que siempre tiene nuevas metas que cumplir. Y lo mejor de todo, a medida que se superan dificultades y se cumplen objetivos, la confianza en sí mismo aumenta, lo que empuja a su vez a abordar cotas aún más elevadas. Los grandes líderes siempre se ponen a prueba.

7. **Los líderes no surgen de la nada. Deben ser desarrollados, educados de tal manera que adquieran las cualidades del liderazgo.**
Para Bennis, cualquier persona, de cualquier edad y en cualquier circunstancia, puede transformarse a sí misma si quiere. Convertirse en el tipo de persona que es un líder es un acto de la voluntad, libre y al alcance de todo individuo que quiera buscar y encontrar el camino para lograrlo. El liderazgo no es algo innato, se desarrolla; otra cosa es que los esfuerzos que tengan que realizar unas personas y otras sean mayores o menores. Según Bennis, los líderes tienen rasgos en común: primero, persiguen un sueño o un propósito claro; segundo, lo comunican en forma clara a los demás, logrando que los seguidores se identifiquen y se comprometan con él; tercero, son consistentes, persistentes y coherentes con ese sueño; y cuarto, son conscientes de sus fortalezas, están conformes con ellas y saben aprovecharlas. No se centran en sus debilidades, sino que las asumen y las compensan.

8. **Las personas necesitan un propósito que tenga significado. Ésa es nuestra razón de vivir. Con un propósito compartido, somos capaces de conseguir cualquier cosa.**
Como ya se señala en otros capítulos, más allá de la motivación «extrínseca» (lo que obtengo del entorno: dinero) y la «intrínseca» (lo que obtengo del puesto de trabajo: desarrollo o formación), las personas necesitamos, a un nivel superior, una motivación «trascendente» (lo que mi contribución genera en terceros), un proyecto que «trasciende», que nos atrapa y nos hace levantarnos por la mañana con

ilusión y ganas. Es el máximo nivel en la escala de la motivación, la autorrealización personal. Viktor E. Frankl, psiquiatra judío que estuvo preso en el campo de concentración de Auschwitz (Polonia) durante la segunda guerra mundial, se refería a este ideal en su libro *El hombre en busca de sentido*: «Lo que los seres humanos realmente necesitan no es vivir sin tensiones. Lo que precisan es sentir y responder con energía a la llamada de ese algo que les está esperando para poder realizarse».

9. **Nunca he conocido a un gran líder que no fuese apasionado. Cuando digo apasionado no me estoy refiriendo a que tenga que gritar y ser carismático. Muchos líderes son más bien tranquilos; sin embargo, cuando les oyes hablar, puedes sentir su pasión.**

   Pasión significa, sobre todo, estar plenamente identificado con lo que uno siente y hace. Y como los éxitos son siempre colectivos, sin pasión es imposible que un líder impregne ese espíritu a su equipo. Los líderes apasionados descorchan entusiasmo y empapan de energía al resto de las personas, que están dispuestas a darlo todo por alcanzar las metas. Un líder puede tener carencias y defectos, pero lo que es inadmisible es que sea una persona apagada, triste, alicaída, gris y pesimista. ¿Es posible construir algo grande desde esa actitud, y más aún, conseguir que otros quieran participar? No, no es posible.

10. **Mantén tu mirada fija más allá del horizonte mientras haces todo lo necesario ahora.**

    Es muy importante no perder de vista hacia dónde nos dirigimos, de otro modo es fácil perder la concentración a la hora de encontrar alternativas, buscar recursos y diseñar acciones que nos permitan llegar allí donde hemos vislumbrado previamente. Un futuro borroso es poco motivador. Cuando uno no tiene claro hacia dónde va, cuando las metas son difusas, las fuerzas andan demasiado dispersas. El propio Bennis apunta: «El carácter es vital en un líder, la base de todo lo demás. En el líder, carácter significa tener visión de futuro para ver las cosas no sólo como son, sino como deberían ser, y hacer algo para conseguirlo».

WARREN BUFFETT

Warren Buffett (1930) es un inversor, empresario y filántropo estadounidense. Principal accionista y consejero delegado de Berkshire Hathaway, es uno de los hombres más ricos del mundo, situado en el *top ten* de las fortunas del planeta, según la revista *Forbes*. A pesar de ello, Buffett destaca por su austeridad en su vida personal. En 2007, la revista *Time* le incluyó entre las cien personas más influyentes del mundo. Se han escrito diferentes libros sobre su estilo de inversión y *management*, como *El tao de Warren Buffett* y *Warren Buffett y la interpretación de estados financieros*, ambos de Mary Buffett y David Clark.

1. **Sácale provecho a lo que sabes, ahí está la riqueza.**
Si te centras en lo tuyo, en aquello que te hace singular, probablemente marcarás una diferencia y tendrás una oportunidad de obtener suculentas ganancias. Si, por el contrario, estás más pendiente de tus puntos flacos, probablemente nunca destaques en nada. Lo decía Dan Sullivan: «Si se dedica mucho tiempo a trabajar debilidades, se termina con muchas debilidades fuertes».

2. **Algunas cosas llevan tiempo, sin importar el talento o el esfuerzo.**
La cosecha, con independencia del talento del agricultor o el empeño puesto en el proceso de plantación, no se recoge al día siguiente de sembrar. Hay cosas que requieren echar raíces hasta que uno las ve florecer. Todo lo que merece la pena exige un proceso de maduración para que tenga es-

tabilidad y solidez. Lo que se levanta sobre materiales de barro, antes o después, acaba viniéndose abajo. Forzar demasiado la máquina acaba gripando el motor.

3. **No es posible hacer un buen negocio con una mala persona.**
   En una de las escenas de la película *Una proposición indecente* (1993), dirigida por Adrian Lyne, y con Robert Redford, Demi Moore y Woody Harrelson como actores protagonistas, se dice: «Supongo que si haces un pacto con el diablo, antes o después tienes que pagarlo». Suele suceder así, en la vida y en los negocios. El diablo no tiene principios ni escrúpulos. La lealtad no es su mejor virtud. Se sirve de los demás estrictamente en función de sus intereses, y cuando ya no le sirven, los utiliza como un kleenex de usar y tirar. Hay que tener cuidado con caer en la tentación de coger la vía del atajo rápido, hay que anticiparse a los acontecimientos antes de que sea demasiado tarde.

4. **Se necesitan veinte años para construir una reputación y cinco minutos para arruinarla. Si piensas en ello, harás las cosas de manera diferente.**
   Se puede decir más alto, pero no más claro. Construir una marca no es una cuestión de dos días. La marca no se edifica con éxitos puntuales, sino a través de la coherencia y consistencia a lo largo del tiempo. Y eso implica años. Una empresa con reputación es la que se ha ganado la fama de cumplir lo que promete. Tiene credibilidad, y los clientes saben a qué atenerse con ella. Sin embargo, cuando se traiciona la confianza, que es la variable sobre la que se construye la reputación, restaurarla es complicado. Construir un edificio lleva tiempo; demolerlo y tirarlo abajo es cuestión de segundos.

5. **Sabremos quién estaba nadando desnudo cuando baje la marea.**

No siempre las cosas son lo que parecen, y menos aún en épocas de bonanza económica, cuando da la sensación de que todo el monte es orégano. Las crisis tienen algo de positivo: limpian el mercado y dejan al descubierto quién vale y quién no vale tanto, separando la paja del grano. Los más preparados sobreviven y mejoran su marca; el resto, simplemente, desaparecen. Muchas personas dicen «he cerrado mi negocio a causa de la crisis económica», pero pocas afirman «me va bien a causa del crecimiento económico». Curiosa asimetría, ¿no? Tenemos una facilidad asombrosa para justificar los éxitos en función de factores personales, y los fracasos, en función de causas externas o ajenas.

6. **Sé temeroso cuando otros sean codiciosos; sé codicioso cuando otros sean temerosos.**
Esto no es otra cosa que actuar a *sensu contrario*. Una máxima latina dice: *Ubi multitudo, ubi malum*, es decir, «donde está la multitud está el mal». No siempre lo que piensa la mayoría es equivocado, pero, habitualmente, la gente que marca diferencias (que ve cosas que los demás no captan y que anticipa escenarios futuros) se desmarca de la multitud, sigue su propio instinto y no se deja influir ni avasallar por las corrientes de opinión que representan el sentir popular, la opinión general, lo estándar. Ya el filósofo Bertrand Russell sentenciaba: «Que una opinión sea compartida por mucha gente no quiere decir que no sea errónea». Lo mismo que decía el padre Benito Jerónimo Feijoo: «Los ignorantes, por ser muchos, no dejan de ser ignorantes».

7. **El tiempo es amigo de los buenos negocios y enemigo de los mediocres.**
Las prisas nunca han sido buenas consejeras. Y ése es precisamente el pecado que cometen muchas personas: no buscan «soluciones», sino «milagros». Por ejemplo: «aprenda un inglés perfecto en diez días», «conviértase en un líder

en dos fines de semana» o «aprenda a negociar con nuestro curso *online*». Las cosas no funcionan así. Esto recuerda a la anécdota de dos amigos que se encuentran después de mucho tiempo. A uno de ellos le había ido muy bien en la vida, y el otro le pregunta: «Oye, Carlos, ¿tú cómo has conseguido todo esto?». A lo que Carlos contesta: «Trabajando duro». Y el otro concluye: «Hombre, así cualquiera». Buscamos píldoras que podamos ingerir para resolver nuestros problemas: la píldora de la felicidad, la píldora del liderazgo o la píldora de la motivación. Hay malas noticias sobre esto: esas píldoras no existen. Todo proceso de cambio y mejora personal exige determinación, voluntad y paciencia.

8. **Es mucho mejor comprar una compañía fantástica a un precio justo que una compañía normal a un precio fantástico.**
No hay mejor inversión que la calidad. La calidad siempre acaba haciéndose un hueco en el mercado. Hay que apostar por la calidad. Siempre se ha dicho que lo barato sale caro. Y suele ser cierto. Pero eso exige saber «mirar a largo plazo» y no dejarse embaucar por el cortoplacismo asfixiante. La calidad es una filosofía de vida que se manifiesta en la profesionalidad, el rigor, el compromiso y la orientación al cliente, entre otros factores, y suele dar sus frutos. Por el contrario, dejarse llevar por la última moda o por los cantos de sirena que marcan la actualidad no suele ser lo más recomendable.

9. **No es necesario hacer cosas extraordinarias para conseguir resultados extraordinarios.**
Pero sí es necesario hacer ciertas cosas repetidas un día tras otro, y sin faltar ninguno a la cita; y repetimos: ninguno. La constancia es lo que permite conquistar aquellas metas que anhelamos. Todo el mundo practica hábitos que definen a las personas de éxito, el problema es que son acciones

puntuales y no recurrentes. Por ejemplo, te has comprometido a ir «sin falta» a correr después del trabajo. Empezaste bien, con ilusión y ganas. Hasta te compraste zapatillas nuevas. Pero llega un día en que estás cansando, hace frío, chispea en la calle... y encima juega el Real Madrid partido de Champions League. Y faltas. Y vuelves a faltar otro día. Y luego otro más. Y así hasta que abandonas. Lo de correr es equivalente a lo de hacer dieta, aprender inglés (o chino), ir al gimnasio, practicar bailes de salón o cualquier otra cosa que se te ocurra.

10. **Alguien descansa a la sombra hoy porque hace años alguien sembró el árbol.**
Una de las mayores injusticias que se pueden cometer en esta vida es decir: «Esto lo he conseguido yo sin ayuda de nadie». Porque es imposible coronar ninguna cima sin la ayuda y el apoyo de terceros, ya sea apoyo económico, emocional, intelectual o de otro tipo. A veces, incluso recibimos el apoyo de otras personas sin ser plenamente conscientes de ello (o sin quererlo ser). Por otro lado, la historia de la humanidad es el resultado de todos los avances realizados por innumerables personas a lo largo de los siglos. Si vamos de un continente a otro en avión, si hablamos por móvil a distancia con nuestra pareja o si enviamos un informe a través del *mail* es gracias a la contribución de las generaciones pasadas. No somos entes aislados unos de otros. Caer en la cuenta de ello conduce a la generosidad, a compartir parte de lo que uno sabe, tiene o dispone para contribuir con esa «cadena». Lo que no se comparte se pierde. Es el conocimiento compartido el que hace avanzar el mundo.

WAYNE W. DYER

Wayne W. Dyer (1940-2015) fue escritor y conferenciante sobre temas espirituales y de desarrollo personal. Sus enseñanzas parten de la rama de la psicología humanista, y más concretamente de Abraham Maslow. La filosofía de Dyer se basa en las posibilidades de desarrollo de la persona más allá de la «normalidad», lo cual consiste en explotar todas nuestras potencialidades como seres humanos (la llamada persona «sin límites»), en lugar de centrarse en tratar la enfermedad o el trastorno para situarse en la «normalidad», como hacen el resto de las teorías psicológicas. Autor de numerosos libros, empezó a ser conocido a raíz de *Tus zonas erróneas*. Otros libros destacables son: *Diez secretos para el éxito y la paz interior, El poder de la intención e Inspiración: encuentra tu verdadera esencia.*

1. **Cuando cambiamos nuestra forma de mirar las cosas, las cosas que miramos cambian.**
   La realidad no existe. La realidad no es algo predefinido, sino que nuestra conciencia creadora es responsable de esta realidad, lo cual nos lleva a actuar sin victimizarnos, a construir *nuestra* realidad. La física clásica escrutaba la realidad como si fuera algo externo y objetivo, buscándole una explicación mecanicista y determinista, mientras que la física cuántica ve la realidad como un continuo del que nuestra conciencia no está separada. Dicho de otra manera, en el momento en que nos ponemos a observar esa realidad la estamos modificando. Esto supone un cambio de paradigma: de «ver para creer» se pasa a «creer para ver».

2. **El ego consiste en confundir lo que «somos» con lo que «tenemos», con lo que «hacemos» o con cómo los demás «nos valoran». Si desaparecen esas cosas no queda nada.** Cuando pierdo *eso* (como sucede muchas veces), me pierdo a mí mismo, estoy vacío y, por tanto, frustrado. El problema es que todos nuestros problemas son, precisamente, producto del ego, ya que todos nuestros comportamientos están orientados a saciar ese ego, que no es otra cosa que un disfraz, un personaje que nada tiene que ver con nuestra esencia. El miedo nace del ego, de temer perder aquello con lo que nos identificamos. Vivir dominados por el ego es no vivir; liberarse del ego es fluir con la vida, conectar con ella. Domesticar el ego no es sencillo (se nos enseña a todo lo contrario), pero merece la pena intentarlo, ya que es algo parecido a quitarse un gran peso de encima. Cuando el ego te hace suyo, todo es lucha, competición, resistencia y frustración, aunque de puertas a fuera no lo parezca; cuando lo dominas tú a él, ocurre todo lo contrario, todo es satisfacción, alegría y bienestar. Cuando eres víctima del ego, tu estado, alegre o triste, es vulnerable y variable según las circunstancias.

3. **Si eres feliz, si vives cada momento, aprovechando al máximo tus posibilidades, entonces eres una persona inteligente.** Ser inteligente es, sobre todo, saber disfrutar de cada instante. Eso es la inteligencia. Las personas felices disfrutan consiguiendo sus metas, pero también mucho del camino. Otra cosa es flagelarse. «Sueña, pero no dejes que tus sueños te esclavicen», escribía Rudyard Kipling en su conocido poema «If». Si por alcanzar el éxito te has perdido el camino, en realidad has fracasado. Sólo existe el ahora, o como le gusta apuntar al doctor Dyer: «El ahora es todo lo que hay, y el futuro es simplemente otro momento presente para ser vivido cuando llegue».

4. **Si crees totalmente en ti mismo, no habrá nada que esté fuera de tus posibilidades. Somos aquello en lo que creemos.**
Tu vida es un reflejo de tu fe, y tu fe depende de tus creencias. Insistimos en este tema: las creencias, estimulantes o limitantes, nos impulsan o nos reprimen, dando lugar a resultados superiores o inferiores. Cuando nos liberamos de todas esas creencias limitantes incrustadas en el inconsciente, entonces, cualquier meta está a nuestra disposición. El propio Dyer dice: «Tú puedes hacer lo que te propongas. Eres fuerte y capaz. No eres frágil ni quebradizo. Siempre eres un ser humano valioso, si tú decides serlo. No porque lo diga alguien, no por tus éxitos, sino por ti mismo». El punto de partida de cualquier logro pasa por creer en uno mismo.

5. **La gente rígida nunca crece. Tiene la tendencia a volver a hacer las cosas de la misma manera que las ha hecho siempre. Tienes que estar abierto.**
La peor forma de ignorancia sobreviene cuando rechazamos algo que desconocemos. La rigidez nos limita, mientras que, cuando uno se abre a nuevos paradigmas y formas de ver las cosas, amplía posibilidades. Agarrarse fuerte a ideas y creencias es contraer nuestro auténtico potencial creador. Dyer escribe: «El prejuicio se basa no tanto en lo que uno odia o le desagrada, ya sean ideas, actividades o gente, sino en el hecho de que es más fácil y más seguro quedarse con lo conocido». No nos gusta cambiar porque es enfrentarse a la incertidumbre, pero cuando esa incertidumbre se abraza, todo cambia a mejor. Dyer también señala: «En verdad no puedes crecer y desarrollarte si sabes las respuestas antes que las preguntas».

6. **Si pudiésemos leer la historia secreta de nuestros enemigos hallaríamos penas y sufrimientos suficientes para desarmar toda nuestra hostilidad.**

Habitualmente somos víctimas de personas que a su vez han sido víctimas de otras personas. Nadie puede dar lo que no tiene. Y la falta de afecto hace a los seres humanos crueles. El afecto es la necesidad más universal del ser humano. Nunca falla. Con independencia de la latitud en que nos encontremos, todo el mundo necesita sentirse querido. El abandono emocional es el origen de multitud de inseguridades y patologías que antes o después acaban manifestándose con crudeza hacia los demás. Cuando uno conoce la intrahistoria de cada persona, no es difícil establecer correlaciones entre falta de afecto y conductas inhumanas. Esto nos lleva a la comprensión del otro.

7. **Abraza el silencio.**
Dos de los grandes enemigos del ser humano son el ruido y las prisas. Nos alejan de nuestra esencia, algo que recuperamos cuando nos encontramos con el silencio. En cada persona existe una voz interior que todo lo sabe, que indica siempre (aunque de manera sutil, con señales) por dónde avanzar. Pero hay que saber escucharla. Se encuentra dentro de cada individuo, pero nunca se manifiesta de manera brusca, sino con delicadeza. Cree tanto en la libertad individual, en la capacidad de elegir que todos tenemos, que sólo da indicaciones, pero jamás imposiciones claras y contundentes. Deja que seas tú quien decida, quien tenga la última palabra, aunque siempre está presente por si quieres recurrir a sus servicios. Pero, ojo, estar en silencio no es sólo estar callado; es algo más, es conectar con tu yo más profundo, con tu esencia. ¿Cómo conectar? Para Wayne W. Dyer (y para la mayoría de los líderes espirituales), sólo existe una forma: a través de la meditación. Con ella, uno se encuentra consigo mismo.

8. **El progreso y el desarrollo son imposibles si uno sigue haciendo las cosas tal como siempre las ha hecho.**

Si quieres que tu vida mejore, tienes que modificar ciertos hábitos. No hay otra opción. Y eso exige disciplina espartana para darle una vuelta de ciento ochenta grados a nuestros comportamientos y así convertir un mal hábito en un buen hábito. Lo peor de todo es querer que la transformación se produzca de la noche a la mañana. Consigue pequeños éxitos, pero todos los días: poco + poco = mucho. No te precipites. Un buen hábito no es algo que se consigue por azar, sino a través de la repetición constante en el tiempo del comportamiento que queremos interiorizar. Y eso exige contar con la colaboración del factor tiempo.

9. **Puede que te sorprenda oír esto, pero el fracaso no existe. El fracaso es simplemente la opinión que alguien tiene sobre cómo deberían hacerse ciertas cosas.**
Todas nuestras decisiones y acciones generan consecuencias de una u otra índole. Nada más. Eso que algunos llaman «fracaso» no es otra cosa que una interpretación subjetiva de la realidad. A menudo, los perezosos, vagos, envidiosos y mediocres tildan de «fracaso» las acciones que no han salido como estaba previsto y que han sido emprendidas por personas que sí se atreven a hacer cosas diferentes a lo establecido por el statu quo, a lo convencional y a los estándares habituales. Hay gente que hace depender su felicidad de los errores de los demás, lo cual es indicativo de la falta de conexión con uno mismo.

10. **Vive de tal manera que, si alguien hablara mal de ti, nadie le creería.**
Es una recomendación estimulante e inteligente que conviene no pasar por alto. Cada vez que haya que tomar una decisión, es bueno apelar al sentido de justicia y a la bondad. Abraham Lincoln lo tenía claro: «Se puede engañar a alguien siempre; a todos alguna vez; pero no a toda la gente indefinidamente». El problema del pasado es que no se puede

modificar, por eso, antes de llevar a cabo ciertas conductas poco éticas, conviene pensárselo bien para no arrepentirnos más tarde. Hay comportamientos que pueden estigmatizarnos para el resto de la vida.

WILL SMITH

Will Smith (1968) es un actor estadounidense. Se hizo famoso en la década de los noventa gracias a su participación como protagonista en la serie de televisión «El príncipe de Bel-Air». Posteriormente ha protagonizado diferentes películas, algunas de ellas de gran éxito, como *En busca de la felicidad*, *Soy leyenda* y *Siete almas*. Es el único actor de la historia que ha actuado en ocho películas consecutivas que hayan generado más de cien millones de dólares en la taquilla estadounidense, y el único actor que ha participado en ocho películas consecutivas que alcanzaran el número uno en su estreno. Es una persona muy interesada en todo lo relacionado con la espiritualidad.

1. **El talento y la habilidad son dos de los conceptos peor entendidos. El talento lo tienes de manera natural; y la habilidad sólo se consigue con horas y horas y horas de trabajo. Tu talento te va a fallar si no trabajas duro.**
   Sólo con talento no se llega ni a la vuelta de la esquina. Además, si no se practica, se pierde. Así ha sido siempre. Cualquier persona tiene talento (cada uno para una cosa), pero unos se esfuerzan en explotarlo y otros lo echan a perder; unos saben hacerlo relucir y otros lo estropean por no cuidarlo. La famosa bailarina de ballet rusa, Anna Pavlova, dijo cierta vez: «Nadie puede llegar a la cima armado sólo de talento. Dios da el talento; el trabajo transforma el talento en genio».

2. **Ser realista es el camino frecuentemente transitado por la mediocridad. ¿Por qué ser realista? ¿Qué sentido tiene ser realista?**

A lo largo de la historia, todas las gestas han venido de la mano de personas no realistas; individuos que tuvieron la osadía de pensar en grande. Y esa osadía siempre está asociada a una cierta incomprensión por parte de aquellos (la mayoría) que tienen miedo a desafiar los límites, a apartarse de lo conocido para ir a por algo mejor. Ser realista es, simplemente, ser normal, poco inspirador. El propio Will Smith añadía: «Hay una cualidad que todas las personas de éxito tienen: tú tienes que creer en algo diferente a lo que ha sucedido a lo largo de la historia; tienes que creer que algo diferente puede suceder».

3. **Hay un poder increíble en el universo cuando tomas una decisión con la que te comprometes. No somos un efecto, sino la causa de las cosas que nos suceden. Haz una elección. Decide quién serás. Simplemente decide.**
La «sincronicidad» existe y todos la hemos experimentado en alguna ocasión. Son momentos en los que parece que todo fluye sin esfuerzo, momentos en los que las piezas del puzle encajan perfectamente una detrás de otra. En los momentos precisos aparecen las personas y las oportunidades ideales. Y es que el universo siempre apoya y colabora cuando uno es coherente con sus sueños y demuestra compromiso con sus decisiones. El universo sólo exige una cosa: acción. Decidir no es «decir» lo que se va a hacer; decidir es «hacer» lo que se ha dicho que se va a hacer. Empezar a caminar sin ver todo el camino por delante.

4. **Para tener un nivel de éxito excelente en algo, no puedes dispersarte y hacer múltiples cosas. Se requiere un foco desesperado y obsesivo en conseguir aquello que quieres. Tienes que poner toda tu vibración, todo tu corazón y toda tu creatividad ahí.**
Will Smith dijo en una entrevista: «No hay razón para tener un plan B, porque te distrae del plan A». Foco, foco y foco.

Y existen demasiadas alternativas, opciones y tentaciones para perderlo. Las personas de éxito son personas concentradas en algo. Saben que ello implica renunciar a otras cosas, pero no les importa. El mal de la dispersión está detrás de muchos objetivos frustrados. El biólogo James Dewey Watson, famoso por haber descubierto la estructura de la molécula del ADN, decía en cierta ocasión: «Si tienes dos obsesiones, te sobra una».

5. **La grandeza existe en todos nosotros. No es algo que sólo tienen los «especiales».**
Todo el mundo es grande, pero cada uno de una manera diferente. Lo único que hay que hacer es encajar esa grandeza en su lugar; darle la posibilidad de que se exprese correctamente. En la película *Una historia del Bronx* (1993), con Robert de Niro como director y actor protagonista, Lorenzo Anello (De Niro) dice: «No hay nada peor en la vida que el talento malgastado». Y todo hay que decirlo, hay mucho talento malgastado por estar fuera de lugar. El hombre es una pieza del puzle del universo hecha vida. Tiene su papel, su rol; sólo se trata de situar esa pieza en el lugar que le corresponde. Y cada persona tiene la responsabilidad de encontrar ese lugar.

6. **Si no estás haciendo que la vida de alguien sea mejor, entonces estás desperdiciando tu tiempo.**
Will Smith también señalaba: «Quiero hacer el bien. Quiero que el mundo sea mejor porque yo estuve aquí. Quiero que mi vida, mi trabajo y mi familia signifiquen algo». El sentido de la vida está relacionado con hacer una aportación al bien común. El ideal de autorrealización tiene que ver con algo más grande que uno mismo. En eso consiste la motivación trascendente de la que hemos escrito en estas páginas. El pupilo dice: «Maestro, estoy muy desanimado, ¿qué puedo hacer?». La respuesta no se hace esperar: «Ani-

mar a los demás». Si quieres sentirte bien y ser feliz, haz algo por los demás. Que tu trabajo tenga eco en la colectividad.

7. **Jamás digas que hay algo que no puedes hacer. No se trata de construir la pared más grande e impresionante de un día para otro. Pon un ladrillo cada vez. Di: «Voy a poner este ladrillo tan perfectamente como un ladrillo puede ponerse». Y, si lo haces todos los días, pronto tendrás una pared grande e impresionante.**
Ningún camino fácil conduce a un sitio que merezca la pena. Pero ello no debe suponer tampoco un obstáculo para lanzarse. Nada es demasiado si uno se da el tiempo suficiente. Sólo hay que trabajar con constancia y tener paciencia. Si con frecuencia se suma un poco a otro poco, al final termina siendo mucho. La mayoría de las personas para a mitad de trayecto. Se cansa, desiste. Los proyectos a largo plazo no tienen suficiente *glamour* para ellos, que buscan gratificaciones instantáneas. Y ahí reside el fracaso.

8. **Céntrate en hacer una diferencia, una contribución especial. Existe una responsabilidad espiritual en cada persona de dar lo mejor.**
Si no das lo mejor de ti, lo que estás dando es nada. O te entregas a fondo, o no te entregas. Es esencial comprometerse. Sólo los que se entregan a fondo viven. El compromiso es un requisito esencial para el éxito y para la felicidad. Te hace sentir bien y contribuye a hacer una diferencia. Eso de comprometerse «a medias» sólo puede producir resultados mediocres. El compromiso existe o no existe, es total o no es nada. Pon tu empeño en dar lo mejor de ti. La excelencia siempre está asociada al compromiso.

9. **Nunca dejes que nadie te diga que no puedes hacer algo, ni siquiera yo. Si tienes un sueño, tienes que protegerlo.**

Las personas que no son capaces de hacer algo te dirán que tú tampoco puedes. Si quieres algo, ve a por ello, y punto.
Siempre ha sido así y siempre será así. Hay personas que, ante la falta de coraje para ir en busca de sus sueños, intentan que otros tampoco lo hagan para no dejar en evidencia su pereza o su cobardía. A menudo, salirse de la senda de la normalidad, encuentra rechazo social. Es el precio que hay que pagar por apuntar alto. No te resignes, no te dejes embaucar por las opiniones ajenas. Aprender a no escuchar también es en ocasiones una virtud. A veces, la mejor recomendación es hacer oídos sordos a los consejos que nos transmiten terceras personas y centrarnos firmemente en nuestros propósitos.

10. **Podrás ser más talentoso que yo, podrás ser más inteligente que yo, pero si nos subimos a una cinta de correr sólo hay dos opciones: o tú te bajas primero o yo voy a morir. Es así de simple.**
Eso tiene un nombre, y se llama determinación, algo por lo que uno está dispuesto a darlo todo. Nunca preguntes a una persona qué desea conseguir, sino qué precio está dispuesto a pagar. Es un indicador más fiable sobre cómo de comprometida está esa persona con sus metas. Mucha gente dice que quiere cosas que luego, por su falta de compromiso, se demuestra que no son tal. Determinación significa decidir por anticipado que, pase lo que pase, uno va a seguir adelante. A pesar de los obstáculos, las injusticias, las críticas o los fracasos, uno continúa adelante. Will Smith puntualizaba: «No me considero un tipo especialmente talentoso, pero sí tengo una enfermiza ética del trabajo. Mientras los demás duermen, yo trabajo; mientras los demás comen, yo trabajo».

ZIG ZIGLAR

Zig Ziglar (1926-2012) nació en Alabama (Estados Unidos) y fue el décimo de doce hermanos. Cuando contaba con sólo seis años de edad, su padre murió, y pocos días después también falleció su hermana menor, lo que le hizo desarrollar una fuerte resiliencia y una actitud positiva ante la vida. Conferenciante y escritor en temas de motivación y desarrollo personal, trabajó en la Marina estadounidense durante la segunda guerra mundial, cursó estudios en la Universidad de Carolina del Sur, y posteriormente dedicó gran parte de su vida al mundo de las ventas. Autor de numerosos libros, entre los que destacan: *Puedes alcanzar la cima* y *Ventas: El manual definitivo para el vendedor profesional.*

1. **El fracaso es un evento, nunca una persona.**
   No existen las personas fracasadas, sólo proyectos que no han conseguido salir adelante. Nada más. Cada experiencia, si se sabe digerir con serenidad e inteligencia, nos surte de información sobre cómo hacer las cosas en los retos venideros. O, como dice el propio Zig Ziglar: «Si aprendes de tus fracasos, no has fracasado». El único fracaso verdadero es no aprender. Nadie fracasa a menos que lo acepte como tal.

2. **Tu actitud, y no tu aptitud, determina tu altitud.**
   El talento es, ante todo, actitud, porque con buena actitud cualquier meta está a nuestro alcance. Tal vez no sepas sobre algunas (o muchas) cosas, pero tampoco es demasiado importante, porque con la actitud adecuada se aprenden.

La técnica se adquiere con la preparación y la práctica, pero aprender a tener actitud es algo mucho más complejo. Si tienes buena actitud, en tus manos está conseguir aquello que deseas. El conocimiento suma, la actitud multiplica.

3. **Construir un mejor «yo» es la mejor manera de construir un mejor mundo.**
Así de fácil, y así de complejo al mismo tiempo. Como apuntaba en cierta ocasión el maestro espiritual Sri Chinmoy: «Antes era inteligente y quería cambiar el mundo. Hoy soy sabio y quiero cambiarme a mí mismo». Todo empieza por ahí, por barrer cada uno delante de su casa. Y si todos hiciésemos esa tarea aparentemente insignificante, el mundo se transformaría para mejor. El mundo no necesita héroes, sólo precisa que cada persona desempeñe su rol con compromiso y lealtad. La reforma social empieza por uno mismo.

4. **Tendrás todo lo que desees en la vida si ayudas suficientemente a otras personas a obtener lo que desean.**
Existe una «ley de compensación» en el universo por la cual «lo que das, te lo das». Cada vez que se hace algo por los demás, el universo está en deuda con nosotros, y de una u otra manera, esa deuda acabará saldándose a nuestro favor. Ayudar a los demás es ayudarse a sí mismo, aunque no veamos el resultado de un día para otro. Lo mismo ocurre en el mundo de los negocios: preocuparse por servir siempre genera rendimientos. Si ayudas a los demás a conseguir sus objetivos y solucionar sus problemas, ellos te retribuirán oportunamente.

5. **La persona más influenciable con la que hablarás todo el día eres tú. Ten cuidado entonces acerca de lo que te dices a ti mismo.**
Descuidar nuestros diálogos internos es descuidarnos a nosotros mismos. De igual manera que se ponen cerrojos en

las puertas de casa para que no entren las personas que no queremos, también hay que proteger a la mente del impacto de las opiniones de terceros. El alimento de la mente es el entorno. Nadie es indiferente a las palabras; ten cuidado con lo que lees, ves y escuchas, máxime si tenemos en cuenta que estamos más programados para perder que para ganar. La supervivencia es la primera finalidad de la vida. Dicho de otra manera: ser feliz es costoso. Ganar es una decisión consciente mientras que perder es una decisión inconsciente.

6. **No todos los lectores son líderes, pero todos los líderes sí son lectores.**
La lectura es gasolina para el espíritu. La gente «ganadora» siempre tiene en su mente la «mejora continua». Y, en ese proceso, los libros constituyen un arma de incuestionable ayuda. Muchos emprendedores, ejecutivos, consultores, pensadores, profesores y especialistas en desarrollo personal, han tenido la generosidad de dejar impresos sus conocimientos y experiencias de muchos años. Los verdaderos líderes no caen en el orgullo de creer que lo saben todo e intentan absorber las enseñanzas de aquellas personas que con resultados han demostrado ser capaces de conseguir metas que a ellos también les gustaría conseguir.

7. **Nunca sabes cuándo un momento y unas palabras sinceras pueden tener un impacto para toda una vida.**
Dentro de cada persona hay un «ganador» en potencia, pero muchas veces ese «ganador» está adormecido. Con frecuencia, el peso de una educación excesivamente represora ha ido aniquilando el potencial interior que cada persona atesora. No obstante, ese potencial es innato, no desaparece jamás. Sólo hay que activarlo, prender la chispa que hace que arda. A veces, una conversación, un libro o una experiencia determinada pueden hacer que todo se precipite favorablemente. Por eso, todos los líderes están obligados a ser inspi-

radores, a transmitir a la gente la idea de que ellos también pueden convertirse en la persona que les gustaría ser.

8. **Es el carácter lo que nos saca de la cama, el compromiso lo que nos pone en acción y la disciplina lo que nos permite seguir adelante.**
   Carácter es fuerza de espíritu, lo que impulsa a lanzarse y asumir riesgos. Compromiso es determinación, lo que empuja a dar lo mejor de uno mismo. Disciplina es constancia, lo que permite construir hábitos que conducen al éxito. Con esos tres ingredientes se puede hacer un buen guiso en el mundo del desarrollo personal.

9. **Para mí, tener éxito es conseguir un equilibrio en todas las áreas de la vida. No puedes ser exitoso en tus negocios si tu vida personal es una vergüenza.**
   No valores tus éxitos sólo por lo que has conseguido, sino por lo que has dejado en el camino para alcanzarlos. Cualquier persona necesita un refugio afectivo al que acudir para equilibrar tensiones, disfrutar y ser. Además, una vida personal estimulante ayuda a rendir más plenamente en el plano profesional. Por otro lado, al final de la carrera profesional, lo único que queda son sólo los afectos. Mucha gente no te telefonea a ti, sino al cargo que aparece en tu tarjeta de visita. Conviene tenerlo en cuenta. Las prioridades son una cuestión de agenda, y hay algunas que deberían estar siempre presentes.

10. **Naciste para ganar, pero para ser un ganador debes planificar cómo ganar, prepararte para ganar y esperar ganar.**
    Todo ser humano tiene magia en su interior; todo ser humano es único. Por tanto, todo el mundo está destinado a tener éxito. No existen piezas defectuosas en el universo. Ganar es conseguir, desde la autenticidad propia, aquello que a uno

le gustaría ser, hacer y tener. Pero, como todo proceso, exige: primero, deseo por lograrlo; segundo, determinación por materializarlo; tercero, fe en la posibilidad de hacerlo; cuarto, estrategia para verlo hecho realidad; y quinto, paciencia para no desistir por el camino.

MISCELÁNEA DE PERSONAJES

> Peter Senge, Daniel Goleman, Harold Geneen, Mary Kay Ash, Earl Nightingale, Walt Disney, Jim Collins, John P. Kotter, Gary Hamel, Lee Iacocca, Clayton M. Christensen, Rosabeth Moss Kanter, Henry Mintzberg, David Allen, Eckhart Tolle, Charles Handy, Jonas Ridderstråle y Kjell Nördstrom, Edward de Bono, Buda, Confucio.

1. **Un bebé tarda en nacer nueve meses con independencia de que mucha gente se ponga a trabajar en el empeño. |** Peter Senge, profesor del MIT (Massachusetts Institute of Technology), autor de *La quinta disciplina*.
   No por mucho madrugar amanece más temprano. Hemos hablado largo y tendido en estas páginas de esa virtud tan imprescindible que es la pa-cien-cia. Que no nos ocurra como aquel que rezaba suplicando: «Señor, dadme paciencia, dadme paciencia, pero dádmela ya». Parece que todo el mundo tiene claro que construir algo grande no sólo exige esfuerzo, sino también tiempo, pero, a menudo, la realidad demuestra que pocas personas saben esperar pacientemente la cosecha sin desistir. Sin paciencia no se logra nada que merezca la pena.

2. **Entre los directivos existe mucha «universidad» [coeficiente intelectual] y poca «guardería» [inteligencia emocional]. |** Daniel Goleman, psicólogo y autor de *Inteligencia emocional*.
   El liderazgo es, sobre todo, inteligencia emocional. Tal vez otro modo de gestionar pueda producir resultados a corto

plazo, pero es dudoso que sea sostenible a medio y largo plazo. Toda acción nace de una emoción, y no tener esto en cuenta resta oportunidades de sacar lo mejor de la gente y, por tanto, de obtener resultados excelentes. La inteligencia emocional es el principal activo de un directivo. Goleman escribe: «Los grandes líderes nos mueven. Nos transmiten pasión e inspiran nuestras mejores cualidades. Cuando intentamos explicar el porqué de su efectividad, hablamos de estrategia, de visión o de ideas poderosas. Pero la realidad es mucho más primaria: el gran liderazgo llega a través de las emociones». A pesar de ello, somos bastante «analfabetos emocionales» y actuamos de manera muy negligente a la hora de gestionar emociones. Nos queda mucho que mejorar en este sentido. Las emociones existen por algo, por tanto no se trata de negarlas, pero sí de aprender a reconocerlas y gestionarlas.

3. **En los negocios, el 99 % de las sorpresas son negativas. |** Harold S. Geneen, consejero delegado de ITT (International Telephone and Telegraph) entre 1959 y 1977.
   Ser emprendedor y ser directivo es, sobre todo, gestionar problemas. Ir navegando de uno a otro sin parar. Pero, los problemas son simplemente «cosas de las que encargarse». No tienen por qué tener una connotación negativa. Son simplemente pruebas para hacernos crecer. Quienes no los ven así, se angustian y tienen que acabar optando por otras alternativas laborales más calmadas.

4. **Todas las personas llevan colgado un cartel en la frente que dice: «Hacedme sentir importante». Si puedes hacer esto, tendrás éxito no sólo en los negocios, sino en la vida. |** Mary Kay Ash, empresaria y fundadora de Mary Kay Cosmetics.
   No hay nada más eficaz que el reconocimiento. Cualquier persona está deseando que la feliciten o elogien por algo. La propia Mary Kay Ash añade: «Estés lo atareado que estés,

tienes que dedicar tiempo a que la otra persona se sienta importante». La falta de reconocimiento es falta de aprecio, y nadie puede vivir sin él. Cuando las personas no lo encuentran en un sitio, lo acaban buscando en otro. Shakespeare escribió: «Una buena acción que muere sin un comentario positivo, asesinará a otras mil que dependen de eso».

5. **El mayor error que puedes cometer es creer que estás trabajando para alguien más que no seas tú.** | Earl Nightingale, escritor y conferenciante sobre desarrollo personal, autor de *El secreto más raro*.
Tú no trabajas para nadie, tú trabajas para ti en una empresa que te contrata. Tú decides a cada instante lo que haces o no haces, y como consecuencia de ello, lo que obtienes o no obtienes. Lo que logras o no logras no depende de otros, sino de ti mismo, de tus decisiones y, sobre todo, de tus acciones. Lo que no hagas por ti, probablemente, otros tampoco lo harán. No hay nada peor que esperar sentado a que las cosas cambien u ocurran de una determinada manera. Si no te haces cargo de tu vida, otros lo harán por ti. O eres víctima o eres protagonista. O eres espectador o eres actor.

6. **Pregúntate si lo que estás haciendo hoy te acerca al lugar en el que quieres estar mañana.** | Walt Disney, empresario y fundador de The Walt Disney Company.
Toda estrategia de fijación de metas se resume en el siguiente esquema: pasar del punto A (dónde estoy) al punto B (dónde quiero estar). Por eso, lo primero que debe definir cualquier persona es dónde quiere llegar; a partir de ahí, se trata de concretar los planes de acción para alcanzarlo, sabiendo que si no estás avanzando hacia tus objetivos, te estás alejando de los mismos. No hay término medio.

7. **Es imposible tener una gran vida a menos que ésta tenga un sentido. Y es muy difícil tener una vida con sentido**

sin un trabajo con sentido. | Jim Collins, consultor, profesor y pensador, autor de *Empresas que sobresalen (Good to Great).*

El trabajo (o como queramos llamarle, actividad profesional, dedicación u otra cosa) consume gran parte de nuestro tiempo, así que es nuestra responsabilidad que éste tenga sentido, ya que, de otro modo, la amargura nos invadirá y la vida será insoportable. Muchas veces, la diferencia entre unas personas y otras no reside tanto en el trabajo «objetivo» (lo que hay que hacer) como en el trabajo «subjetivo» (cómo lo vive cada individuo), es decir, en el sentido que le dan a su actividad profesional. Es misión de cada persona buscar ese sentido más allá de ser un mero vehículo para «ganarse la vida».

8. **No se pueden dirigir empresas del siglo XXI con estructuras del siglo XX y directivos del siglo XIX.** | John P. Kotter, profesor de la Escuela de Negocios de Harvard y director de información (CIO) en Kotter International, autor de *Al frente del cambio.*

Ése es uno de los grandes problemas organizativos hoy en día. A menudo, el problema no es que no haya resultados por un mal producto o un mal modelo de negocio, sino que el *management* no es el adecuado para los tiempos que corren. Los viejos paradigmas constituyen un lastre a la innovación. Se exige un cambio de paradigma que dé lugar a culturas organizativas más horizontales, que fomenten la comunicación y favorezcan la diversidad, el compromiso y la confianza; un cambio de paradigma con el que puedan manifestarse la creatividad y la innovación, que permita actuar con agilidad y velocidad, y en el que se trabaje por resultados. En definitiva, un nuevo paradigma que pase del control y el mando a la libertad y la corresponsabilidad por parte de todos.

9. **Como seres humanos somos sorprendentemente adaptables y creativos, aunque la mayoría de nosotros trabaja-**

mos para empresas que no lo son. | Gary Hamel, director del Instituto Woodside y profesor visitante en la Escuela de Negocios de Londres, autor de *El futuro del management*.
El ser humano es creativo por naturaleza y, además, tiene una gran capacidad de adaptación a las circunstancias. Si no fuese así, no habría podido sobrevivir como especie durante tantos años, sobre todo cuando las alternativas eran luchar o huir. Sin embargo, para que la creatividad y la individualidad se expresen hay que permitir que así ocurra. A la mayoría de las organizaciones (que no son sino un reflejo de sus personas, y más concretamente de sus altos directivos) les cuesta salirse del statu quo y ofrecer espacios de libertad. El resultado es un conjunto de autómatas realizando repetición de tareas. El propio Hamel dice: «Conseguir lo mejor de cada persona no significa controlarles más, y casi siempre significa dirigirles menos». La consecuencia de actuar según los viejos paradigmas también la apunta Hamel: «No se puede esperar que los autómatas sean fanáticos». El orgullo de pertenencia tan necesario para competir con éxito es difícil que se consiga de esa manera.

10. **Puedes tener ideas brillantes, pero, si no las logras comunicar, no te llevarán a ninguna parte.** | Lee Iacocca, presidente ejecutivo de Chrysler entre 1978 y 1992.
Las ideas son simplemente eso, ideas. El liderazgo está relacionado con la capacidad de convertir ideas en negocios, en ser capaz de llevarlas a la vida real y rentabilizarlas. Y eso tiene que ver con la capacidad de seducir tanto al cliente interno (generar compromiso) como al cliente externo (vender). El arte de la seducción es el arte de despertar emociones, y eso se consigue a través de la comunicación, con lo que se dice y cómo se dice.

11. **Tú eres un niño y quieres ganar una pelea contra un gigante. La mejor manera de ganar esa pelea es motivar a**

los gigantes para que huyan, en lugar de luchar. | Clayton M. Christensen, profesor de la Escuela de Negocios de Harvard, autor de *El dilema de los innovadores.*

Inteligente, ¿no? Si quieres luchar utilizando la fuerza bruta, ¿crees que ganarás? Claro que no. Sólo hay una forma de hacerlo: siendo más inteligentes; actuando de tal manera que a los grandes de la industria no les sea rentable competir y decidan acudir a otro mercado. Para ello es bueno actuar en nichos de mercado especializados, de tal manera que los costes de estructura que tengan que asumir las empresas de mayor tamaño sean tales que no les merezca la pena estar ahí.

12. **La acción de confiar es el factor clave que les permite a las personas vulgares y corrientes alcanzar altos niveles de rendimiento a través de rutinas que promueven su talento.** | Rosabeth Moss Kanter, profesora de la Escuela de Negocios de Harvard, autora de *Confianza.*

    La confianza es el auténtico alimento del talento. La evidencia empírica así lo demuestra también. En 1968, el doctor Rosenthal, catedrático de Psicología de la Universidad de Harvard, realizó el siguiente experimento con varios grupos de estudiantes de un colegio de San Francisco. Hizo un test de inteligencia a estos alumnos y eligió de manera aleatoria al 20 % de los mismos. Se manipularon los datos, y a los profesores de esos alumnos se les dijo que ese 20 % tenía un cociente intelectual (CI) superior al resto. Pasados unos meses, se volvió a medir el CI de todos los alumnos y a contrastarlo con el previamente obtenido en el primer test. El resultado fue que ese 20 % elegido al azar había obtenido un desarrollo intelectual más rápido y destacado. Es decir, las expectativas positivas o negativas sobre las personas determinan su rendimiento en un sentido u otro. Esta investigación es conocida como «efecto Pigmalión», en honor del personaje de la mitología griega, Pigmalión, rey de Chipre, quien buscó desesperadamente durante mucho tiempo a la mujer perfecta con la que casarse. Sin embargo, todas tenían algún defecto. Desesperado, renunció a su deseo, se encerró en un estudio y decidió dedicar todo su tiempo a esculpir la estatua de la mujer más hermosa. Su pasión y dedicación fue tal que la escultura acabó cobrando vida.

13. **Es más importante para el directivo recibir la información de forma rápida y eficaz que formalmente. |** Henry Mintzberg, profesor de la Universidad McGill, en Montreal (Canadá), autor de *Directivos, no MBAs*.
Es una realidad que, antes, el pez grande se comía al pequeño, y que, hoy en día, el pez rápido se come al lento. El pragmatismo en el mundo de la empresa siempre ha sido importante, pero lo es aún más en los tiempos actuales. La burocracia y el exceso de formalismos desactivan múltiples iniciativas y oportunidades de negocio. El diseño de estructuras organizativas flexibles que provoquen la comunicación de manera informal es más que nunca una ventaja competitiva para actuar con agilidad y adelantarse a la competencia.

14. **Podemos hacer cualquier cosa, pero no todo. |** David Allen, consultor en productividad, autor de *Organízate con eficacia: máxima productividad personal sin estrés*.
A pesar de que se habla mucho de «gestión del tiempo», el tiempo no se gestiona, simplemente transcurre. Lo que se puede gestionar es dónde concentra uno su atención. La productividad no consiste tanto en hacer muchas cosas como en dejar de hacer cosas improductivas, en eliminar todo aquello que no contribuye a la consecución de nuestros objetivos. Así lo explica David Allen: «El valor de un sistema de gestión personal radica en su capacidad de liberar recursos para trabajar mejor, a niveles superiores, ya que su apoyo genera confianza en la psique».

15. **Todo lo que necesitas hacer es aceptar plenamente este momento. Entonces podrás sentirte cómodo en el aquí y en el ahora y a gusto contigo mismo. Cuando te haces amigo del momento presente te sientes como en casa dondequiera que estés. Si no te sientes cómodo en el ahora, te sentirás incómodo dondequiera que vayas.** | Eckhart Tolle, escritor y conferenciante sobre temas de espiritualidad, autor de *El poder del ahora.*
Cuando uno es capaz de ser consciente de que sólo existe este momento, el aquí y el ahora, la vida cambia a mejor. A menudo divagamos entre el pasado y el futuro, y así se nos escapa lo único que poseemos, el presente. Y estar en el ahora significa sentir el presente sin juzgar, sin etiquetar, sin nombrar lo que ocurre alrededor. Eckhart Tolle escribe: «Pase lo que pase, por más que cambie tu vida, hay una cosa segura: siempre es ahora. Cada día de tu vida parece estar compuesto por miles de momentos en los que ocurren distintas cosas. Pero, si miras más a fondo, ¿no hay siempre un único momento? ¿No es la vida siempre "este momento"? Date cuenta profundamente de que el momento presente es todo lo que tienes. Haz del ahora el enfoque principal de tu vida. Nada existe fuera del ahora».

16. **El yo necesita el nosotros para ser yo.** | Charles Handy, pensador y profesor de la Escuela de Negocios de Londres, autor de *La era de las paradojas.*
Uno de los grandes males sociales es el del individualismo exacerbado en el que a menudo vivimos. Todo cambiaría a mejor si tomáramos conciencia de que no existe la fragmentación, que sólo existe la unidad, que todos somos uno y que todo está interconectado. El yo sólo se reconoce en el tú, de otro modo es un yo vacío, insatisfecho. Lo que haces a los demás, te lo haces a ti mismo; lo que haces por los demás, lo haces por ti mismo.

17. **Vivimos en la sociedad del exceso, con un exceso de empresas parecidas, que emplean a gente parecida, con educación parecida, con ideas parecidas, produciendo cosas parecidas, con precios parecidos y con calidad parecida. |** Jonas Ridderstrâle y Kjell Nördstrom, profesores de la Escuela de Economía de Estocolmo, autores de *Karaoke capitalism: management para la humanidad.*
Hay mucho de lo mismo, y poca diferenciación. Y sin diferenciación el éxito es muy complicado. Diferenciarse no tiene que ver necesariamente con inventar algo nuevo, a veces basta con identificar un nicho de mercado no explotado o en ofrecer lo mismo que otros pero de manera diferente. En otras ocasiones puede consistir, no en lo que se ofrece o en cómo se ofrece, sino en una diferenciación emocional, en cómo los demás nos perciben como marca y en lo que hacemos sentir a los clientes.

18. **Nuestra experiencia nos pone fronteras, que se pueden llamar «fronteras de la razonabilidad», lo que significa que si uno permanece dentro de sus límites, es razonable. La historia muestra que muchas ideas surgieron cuando una persona salió de las fronteras de la razonabilidad. |** Edward de Bono, experto en creatividad y fundador del World Centre for New Thinking, autor de *Seis sombreros para pensar.*
El pensamiento «lógico» analiza muy bien el mapa (lo que es), mientras que el pensamiento «creativo» va más allá del mapa (lo que puede ser). El pensamiento «lógico» da por sentados conceptos a partir de los cuales comienza a trabajar. Está permanentemente juzgando y tratando de señalar contradicciones para obligar a una elección de juicio que indique si está en el camino adecuado o equivocado en función de esos conceptos previos. El pensamiento «creativo» cambia ese enfoque; apuesta por la construcción y acepta posibilidades, aunque sean contradictorias

y mutuamente excluyentes, que son la base de la ciencia y el progreso. No es casual que en alguna ocasión se haya dicho que «si quieres evitar el avance en una disciplina, busca un experto». Tiene su sentido. Contemplamos la realidad desde nuestro paradigma (el de nuestra especialidad), y eso es bueno para algunas cosas, pero no tanto para otras, ya que limita a la hora de ver otros ángulos y perspectivas, sobre todo cuando estamos delante de un problema que exige ser abordado desde otras ópticas. Thomas S. Kuhn, en su obra *La estructura de las revoluciones científicas*, dice: «Casi siempre las personas que consiguen invenciones fundamentales de un nuevo paradigma han sido o muy jóvenes o muy nuevas». Algo parecido a lo que proclamaba el monje Shunryu Suzuki: «La mente del principiante tiene muchas posibilidades; la del experto, sólo unas pocas».

19. Ni siquiera un dios puede cambiar en derrota la victoria de quien se ha vencido a sí mismo. | Buda (h. 560-480 a.C.), líder religioso indio, fundador del budismo.
La principal batalla que debe librar el ser humano es consigo mismo. En primer lugar, hay que dominar la mente. Los pensamientos son la materia prima de la que están hechas nuestras acciones. «Todo lo que somos —dice Buda— es el resultado de lo que hemos pensado.» Los pensamientos negativos nos destruyen, mientras que los positivos nos despliegan las alas. Quien no controla su mente acaba boicoteándose. En segundo lugar, hay que ser capaz de hacer de la voluntad nuestra mejor compañera de viaje. La pereza siempre está acechando para que no hagamos lo que tiene que ser hecho. Todo el mundo es disciplinado los primeros días de cualquier actividad, lo difícil es mantener la disciplina a largo plazo. Eso es el éxito.

20. No me preocupa el no ser conocido. De lo que trato es de hacerme digno de ser conocido. | Confucio (h. 551-479 a.C.), letrado, pensador y filósofo chino, autor de *Analectas*.

Mucho más importante que ser conocido es ser reconocido; más importante que la fama es el prestigio; y más importante que la popularidad es la chicha que la sustenta. Hoy día, con internet y las redes sociales, ser notorio no es complicado. Basta con ser extravagante y llamar la atención. Pero si detrás de esa pompa de notoriedad no hay algo más, esa imagen, como un castillo de naipes, acaba viniéndose abajo. Antes de nada, lo primero es ofrecer algo de valor, y sólo después tratar de hacer que brille. Algunos creen que basta con lo segundo, pero eso no es sostenible. No se trata de ser conocido (fama), sino de ser conocido por algo valioso (buena fama).

A MODO DE RESUMEN: 300 *tips* para tu desarrollo personal y profesional

Para acabar, y como despedida, dejo 300 *tips* muy breves, a modo de titulares, que te pueden ser útiles a la hora de alcanzar tus metas y desplegar todo tu potencial en el ámbito personal y profesional. Aquí van:

1. No te des el lujo de inventar excusas.
2. Dedícate a ser el mejor siendo diferente.
3. Sé tan bueno que los demás no puedan ignorarte.
4. Si tienes miedo, estás de enhorabuena, es una ocasión de crecer.
5. Siente miedo, pero hazlo de todas maneras.
6. No tengas miedo al miedo, ten miedo a la cobardía, a no atreverte.
7. Elimina la palabra «imposible» de tu vocabulario.
8. Cambia *Impossible* por *I'm possible*.
9. Ser realista no es inspirador.
10. La incredulidad nos frena y es aliada de la mediocridad.
11. Elimina la frase «no se puede» de tu repertorio.

12. No caigas en la tentación de decir «por un día no pasa nada». Sí, sí que pasa.
13. No te acostumbres al eslogan «ya lo haré»: algún día suele ser ningún día.
14. Decir «es que yo soy así» es una excusa barata para no cambiar.
15. Deja de culpar a la «suerte» (la mala) de tu vida.
16. Nada más mediocre que utilizar la «suerte» (la buena) para explicar los éxitos de los demás.
17. No te limites a «cumplir», te retratas.
18. Date la oportunidad de «estar jodido», pero sigue adelante.
19. Permítete todo (dudas, bajones, miedos, etcétera), menos una cosa: desistir.
20. El trabajo más duro es no rendirse.
21. Lo que realmente tiene mérito es continuar cuando no puedes más.
22. Da igual las veces que te caes si te levantas una más.
23. Hay un momento en la vida que cambia para mal: cuando te resignas.
24. Evita la dispersión a toda costa y protege tu FOCO.
25. Haz lo que amas para que otros amen lo que haces.
26. Si haces lo que amas, siempre lo harás mejor.
27. Si tu trabajo es sólo un trabajo, entonces no es tu trabajo.
28. Apaláncate en tus fortalezas: dedícate a aquello que sabes hacer mejor.
29. Lo peor es malgastar el tiempo y pensar que no ocurre nada.
30. Puedes conseguir más de casi todo, pero nunca más tiempo. Cuídalo.
31. Lo primero de todo: decide lo que quieres ser, hacer y tener.
32. Desear no es «decir» lo que se quiere, sino «sentir» lo que se quiere.
33. Quien no sabe lo que quiere acaba donde no quiere estar.
34. Existe una fuerte relación entre claridad de metas y lo que se consigue.
35. Todo se resume en lo siguiente: cómo pasar del punto A al punto B.

36. No cuestiones si algo es o no posible (todo lo es), sólo preocúpate de cómo conseguirlo.
37. Cuando fijes tus metas, sólo hazte una pregunta: ¿estoy dispuesto a pagar el precio?
38. Si quieres algo, ponte en marcha. Las soluciones aparecen por el camino.
39. El secreto de avanzar es comenzar.
40. Nada tarda tanto como lo que no se empieza.
41. El momento perfecto no existe.
42. El exceso de planificación paraliza.
43. No hacer nada es lo peor que se puede hacer.
44. Esperar a sentirse bien para actuar es garantizar la inacción.
45. No puedes estar preparándote toda la vida.
46. La autorresponsabilidad es el primer requisito del «autoliderazgo».
47. O eres víctima o eres protagonista; o gobiernas tu vida o te la gobiernan otros.
48. No hay nadie que vaya de víctima que haya logrado algo grande.
49. No hay nada peor que la «esperanza pasiva».
50. Los ganadores buscan soluciones; los perdedores buscan excusas.
51. La «excusitis» es la enfermedad del fracaso.
52. Si no te estás acercando a tus metas, te estás alejando de ellas.
53. Di «sí» a lo que te acerca a tus objetivos y «no» a lo que te aleja de ellos.
54. Muchas veces no hay empleo, pero oportunidades siempre existen.
55. Tú no trabajas para nadie, trabajas para ti en una empresa.
56. Dedícate a vender. Si no vendes, no comes. Sin clientes no hay negocio.
57. La vida es una venta continua: todos somos vendedores.
58. Lo importante no es lo que vendes, sino por qué te compran.

59. No vendas productos o servicios, vende soluciones.
60. Da igual tu producto, lo importante es lo que el producto puede hacer por tu cliente.
61. Cambia el enfoque: del «cuánto gano» al «cómo sirvo».
62. Las ideas son sólo eso, ideas.
63. Lo importante no es tener buenas ideas, sino buenos negocios.
64. Lo que no se conoce, no existe. Hazte notar, sé visible. Si eres muy bueno, pero no te conocen, da igual que seas bueno.
65. Hoy en día, la capacidad para fabricar titulares es esencial para captar la atención.
66. Éxito = hábitos = repetición = disciplina.
67. Lo difícil no es el trabajo, lo difícil es la disciplina del trabajo.
68. Tu mayor enemigo es tu pereza.
69. Quienes vencen las tentaciones, avanzan; quienes se dejan vencer por ellas, se estancan.
70. La autosuficiencia conduce a la ineficiencia.
71. La autocomplacencia es el principio del fin. Si te relajas, estás perdido.
72. Filosofía kaizen = mejora continua.
73. Prepárate cuando no hace falta, para cuando haga falta estar preparado.
74. No pierdas tiempo en eliminar obstáculos, centra tus energías en bordearlos.
75. Cuida tu entorno con exquisita delicadeza: somos una media de las cinco personas con las que más nos relacionamos.
76. Las personas somos estados de ánimo con piernas: huye de los negativos y únete al club de la gente alegre y optimista.
77. Cultiva tu mente como si fuese un lugar sagrado.
78. El éxito es, en primer lugar, una disposición de la mente.
79. El primer reto de la voluntad es cultivar hábitos mentales sanos.
80. Personas de éxito = personas mentalmente sanas.
81. Tu mente dirige tu vida: o controlas tu mente o tu mente te controla a ti.

82. Se puede trabajar muy duro y no conseguir nada. Lo primero es dominar la mente.
83. Ganar es una decisión consciente; perder es una decisión inconsciente.
84. El ser humano prefiere la infelicidad a la incertidumbre. Vence tus miedos.
85. Miedo no afrontado, miedo que engorda; miedo afrontado, miedo que mengua.
86. Tu vida exterior no es sino un reflejo de tu mundo interior.
87. La vida es un autorretrato de ti mismo.
88. Eres tan mediocre como el tiempo que dedicas a criticar la vida de los demás.
89. Lee un libro a la semana.
90. Cuanto más dura es la vida, más importante es el afecto.
91. Si no lo entregas todo, lo que entregas es nada.
92. Excelencia = compromiso ciento por ciento.
93. El compromiso se tiene o no se tiene. No existe el compromiso «a medias».
94. Si quieres ser feliz, comprométete, con lo que sea, pero comprométete.
95. Sólo los que se comprometen viven a fondo.
96. No hay mayor imprudencia que intentar caerle bien a todo el mundo.
97. Posicionarse es no gustarle a alguna gente. Lo peor es ser indiferente.
98. El que no es diferente es invisible.
99. Da igual lo que piensas, dices o planeas; lo importante es lo que haces.
100. La acción es la verdadera medida de la inteligencia.
101. Si decides algo y no actúas, no has decidido nada.
102. No decidir también es decidir algo.
103. Somos nuestras decisiones y no decisiones.
104. Date la oportunidad de ser la persona que te gustaría ser.
105. No tener problemas sí que es un problema.
106. Vivir es gestionar problemas, uno tras otro.

107. Evitar los problemas o huir de ellos equivale a no crecer.
108. El problema no es el problema. La respuesta al problema es el problema.
109. Desatender un conflicto es el peor conflicto.
110. Ganar es no tener miedo a perder.
111. Todavía no se ha inventado un juego al que puedas ganar si no juegas.
112. Si quieres ganar, tienes que arriesgar. Pero arriesgar no es ser un temerario.
113. La temeridad es no saber por qué estás haciendo lo que haces.
114. Unas veces se gana y otras se aprende.
115. No hay mayor riesgo que no arriesgar.
116. Fracasa pronto para tener éxito rápido.
117. Hay gente que nunca se ha equivocado, pero toda su vida es un error.
118. Si no estás cometiendo errores es que no estás avanzando.
119. ¿Cuál es el riesgo de que te digan «no»? Quedarte como estabas, o sea, ningún riesgo.
120. Existe más miedo al éxito que al fracaso. Destacar penaliza.
121. A veces la mejor inversión es empezar de cero.
122. La genialidad no es otra cosa que la práctica diaria. Repite, repite, repite…
123. No existen los límites, sólo las limitaciones (mentales).
124. Vives a la altura de tus creencias. Aquello en lo que crees, en eso te conviertes, te guste o no.
125. La abundancia nace de la gratitud. Todo empieza por ahí.
126. Todo es la misma cosa y todos somos uno. No existe la fragmentación.
127. La vida es parecida a un *boomerang*: lo que se siembra, se recoge.
128. Hacer el bien a los demás es la forma más inteligente de recibir.
129. Eres tan bueno como la gente de la que te rodeas.
130. No hay mejor inversión que la que se hace en uno mismo.
131. Tu desarrollo personal es tu destino.

132. Tu capacidad de aprender es tu activo más valioso.
133. Cualquier persona es más grande que lo que ella piensa de sí misma.
134. *Networking* no es conocer gente, sino establecer relaciones.
135. *Networking* no es crear contactos, sino construir juntos y generar sinergias.
136. El afecto siempre genera proyecto, en la empresa y en la vida.
137. Para ser interesante, interésate por los demás.
138. Regla número uno de las relaciones personales: haz sentir importante a la gente.
139. El elogio es alimento para el espíritu.
140. Escuchar es estar dispuesto a cambiar de opinión.
141. Escuchar no es sólo oír lo que otro dice, sino descifrar lo que realmente quiere.
142. El autobombo siempre es sospechoso.
143. Vivir es elegir, y elegir es descartar. No te fijes en lo que pierdes con la alternativa descartada, sino en lo que ganas con la elegida.
144. No te traiciones, ni a ti ni a los demás. Si haces un pacto con el diablo, lo pagas.
145. Si buscando el éxito has perdido el camino, has fracasado.
146. Si es fácil, probablemente no merece mucho la pena.
147. Hacer lo difícil te diferencia.
148. Si tu vida es demasiado cómoda, probablemente estás estancado.
149. Si no te critican, es porque no eres suficientemente bueno.
150. Si no te critican, es porque probablemente pasas demasiado desapercibido.
151. Nadie fracasa, sólo hay gente que desiste.
152. El único fracaso es no intentar aquello que deseas.
153. No existen metas no realistas, sólo tiempos no realistas.
154. Todo es posible si te das el tiempo suficiente.
155. La paciencia siempre es cómplice del triunfo.
156. Lo que merece la pena se cuece a fuego lento.

157. La impaciencia está en el origen de muchas frustraciones.
158. Es sorprendente lo lejos que se puede llegar simplemente insistiendo.
159. Si no luchas por tus sueños, acabas luchando contra tu realidad.
160. Poco + poco = mucho.
161. Todos los «más» tienen sus «menos».
162. Ante todo, *carpe diem*: disfruta el momento.
163. Ser inteligente es saber disfrutar de cada instante.
164. Sólo hay una cosa cierta: ahora, aquí, este momento.
165. Es imposible ser feliz sin ser valiente.
166. Vivir es atreverse a que sucedan cosas.
167. Ser flexible es ser más feliz.
168. La autenticidad es el primer requisito de la felicidad. Es imposible ser feliz siendo otro.
169. La felicidad es ser coherente con uno mismo.
170. Lo que nunca falla es ser uno mismo.
171. Lo primero que hay que aprender es aprender a creer en uno mismo.
172. El mundo cree en quien cree en sí mismo.
173. La función del cerebro no es descubrir la verdad, sino crear coherencia con sus creencias.
174. Somos adictos a nuestras creencias. Ten cuidado con ellas.
175. Baja autoestima es como andar por la vida atado de pies y manos.
176. Los demás te tratan como tú te ves a ti mismo.
177. Fracaso sin autoestima = venganza; éxito sin autoestima = prepotencia.
178. Si tú mejoras, el mundo mejora.
179. Lo importante no es lo que sabes, sino lo que haces con lo que sabes.
180. Un mar en calma nunca hizo a un marinero experto.
181. La ambición sin paciencia conduce a la falta de ética.
182. La acción alimenta la confianza; la pasividad y la indecisión, el miedo.

183. Liderar es inspirar a otros a que se conviertan en la persona que desean ser.
184. Sólo se puede liderar desde la autenticidad, siendo uno mismo.
185. El liderazgo Ctrl + C y luego Ctrl + V no cautiva.
186. No existe otro liderazgo que el liderazgo por dar ejemplo.
187. Lo peor para la credibilidad es la incoherencia.
188. Siempre podrán dudar de lo que digas, pero no de lo que hagas.
189. La comunicación es la materia prima de la que está hecho el liderazgo.
190. La comunicación, para ser buena, tiene que ser redundante.
191. Ideas, proyectos y negocios sin capacidad de comunicación no valen nada.
192. El liderazgo es, sobre todo, inteligencia emocional.
193. Tener inteligencia emocional no es ser blando ni débil.
194. Toda acción nace de una emoción; primero conmueve y luego convence.
195. Sin sentido de justicia, nadie puede ser considerado un líder; y ser justo es complicado.
196. Sin resultados no hay liderazgo. Y sin ética tampoco.
197. No basta con hacer buenos negocios, hay que hacer negocios buenos.
198. La única ventaja competitiva sostenible es la capacidad de innovar.
199. Hoy, ser breve y tener capacidad de síntesis es una ventaja competitiva.
200. Las crisis existen para indicarnos que hay algo que no estamos haciendo bien.
201. Cuando hay una crisis, la ética siempre aparece encima de la mesa. ¿Por qué? Porque sin ética no se puede vivir.
202. La lealtad es el primer requisito para construir un equipo.
203. Hay algo que mata el potencial de los equipos: la falta de comunicación.
204. La confianza es el alimento del talento.
205. Todo es difícil antes de ser fácil.

206. Sólo los imberbes piensan que hay batallas sencillas.
207. Lo importante es dónde quieres estar, no dónde estabas ni dónde estás.
208. El futuro no es otra cosa que el resultado de tus decisiones y acciones presentes.
209. El miedo nace del ego, de confundir lo que soy (esencia) con lo que tengo (dinero), lo que hago (trabajo) o cómo me valoran (reconocimiento).
210. El ego es vivir de acuerdo con las expectativas de los demás.
211. Si te liberas del ego, fluyes con la vida. No hay nada que temer porque no hay nada que perder.
212. Cuando eres víctima del ego, tu estado, alegre o triste, es vulnerable y variable según las circunstancias.
213. Se puede saber mucho de todo y no hacer nada de lo que sabe.
214. Ser libre financieramente es mejor que ganar mucho dinero.
215. Si ganas mucho, pero gastas mucho, eres un esclavo.
216. Libertad financiera: ganar más, gastar menos y vivir mejor.
217. Libertad financiera: vivir la vida que quieres sin depender de nadie.
218. Tener inteligencia es ser capaz de soportar incertidumbre.
219. Tú no eres tus títulos, eres tus logros.
220. Lo más importante es tu credibilidad, y tu credibilidad depende de tus resultados.
221. Éxito exterior sin éxito interior = fracaso vital.
222. Autorrealización es sinónimo de máximo rendimiento.
223. El autoengaño es una enfermedad peligrosa.
224. La principal especialidad del ser humano es el autoengaño.
225. Sin el apoyo de otros no llegarás muy lejos.
226. Acude al silencio para encontrar respuestas.
227. Cambiar de actitud lo cambia todo.
228. No puedes cambiar muchas cosas, pero siempre puedes cambiarte a ti mismo.
229. Entusiasmo viene del griego *en-theós;* es decir, de *en* («dentro») y *theós* («dios»), algo así como «sentirse poseído

por un dios» o «tener un dios dentro». Sin entusiasmo nada grande se ha logrado.

230. Tú eres único e irrepetible, como todos los demás. Pon tu singularidad en valor.
231. Todo el mundo es excelente, pero cada uno lo es de una manera diferente.
232. Personas aburridas = personas que no tienen metas que les inspiren de verdad.
233. Sospecha de la gente demasiado perfecta.
234. No hay nada más terrible que intentar parecer perfecto.
235. Lo más fácil de este mundo es hablar.
236. Ser humilde no es infravalorarse.
237. Nunca huyas para ser libre. La huida alivia, pero no cura.
238. Envidiar es no estar satisfecho con la propia vida.
239. Si quieres ser más feliz, no te compares con nadie.
240. Cuando eres feliz no te dedicas a criticar a nadie.
241. Si quieres más logros, tienes que exigir más de ti mismo.
242. No consigues lo que quieres, consigues lo que eres.
243. Tu marca personal no es lo que eres, sino lo que los demás piensan de ti.
244. Tú también eres una marca personal, aunque no seas consciente.
245. Una buena marca personal no consiste en ser extravagante o en decir ocurrencias.
246. No se trata de ser conocido (fama), sino de ser conocido por algo (buena fama).
247. Marca personal: buena fama por cumplir lo que se promete a lo largo del tiempo.
248. Marca personal = diferenciación + excelencia + consistencia + notoriedad.
249. Cuanto mejor es tu marca personal, menos vendes y más te compran.
250. Toda experiencia, con independencia del resultado, suma.
251. Lo obvio, por obvio, se olvida, por eso hay que recordarlo.
252. La rutina es buena, lo malo es lo rutinario.

253. Conformarse es producto de la cobardía o del egoísmo.
254. El sentido del humor es signo de salud espiritual.
255. Sabiduría no es saber; sabiduría es hacer.
256. Las emociones no hay que negarlas, sino reconocerlas y gestionarlas.
257. Lo malo no es enfadarse, lo malo es perder el control.
258. Los obstáculos son pruebas del universo para ver hasta dónde estás dispuesto a luchar por tus sueños.
259. No escuches a los que hablan; observa a los que hacen.
260. La mejor manera de decir es hacer.
261. Si quieres tener éxito, aprende a NO escuchar (a la masa).
262. Saber no escuchar también es una virtud.
263. Nadie es indiferente a las palabras: cuidado con lo que lees, ves y escuchas.
264. La verdad no se enseña, se descubre.
265. Nada puede sustituir a la experiencia propia.
266. Matar los sueños de los demás debería ser delito: 138 o 139 del Código Penal.
267. Jamás pienses que hay personas que tienen superpoderes.
268. Productividad no es hacer muchas cosas, sino eliminar todo lo que no tiene que hacerse.
269. Invierte más tiempo en terminar cosas que en empezar otras.
270. Si tu día necesita más horas, algo no estás haciendo bien.
271. No tiene ningún valor hacer muy bien lo que no tiene que ser hecho.
272. Lo importante es saber qué no hacer.
273. Da igual lo duro que trabajas, lo relevante es el valor que aportas.
274. La vida es una cuestión de prioridades: siempre hay tiempo para lo que uno quiere que haya tiempo.
275. No digas que no tienes tiempo, di que tus prioridades son otras.
276. Dos grandes mentiras: «hay tiempo para todo» y «no tengo tiempo para nada».

277. Cuando se tienen claras las prioridades es fácil tomar decisiones; cuando no, uno queda a merced de los demás.
278. Todo se resume en tres conceptos: tiempo, decisiones y dinero.
279. La vida es como la combinación de una caja fuerte. Todo tiene un método; tan sólo hay que descubrirlo.
280. Oportunidades aprovechadas = nuevas oportunidades.
281. Una vida demasiado acelerada es una vida no vivida.
282. El éxito de cualquier relación (de amistad, de pareja, profesional, etcétera) está en una buena comunicación. Y una buena comunicación se engrasa con confianza.
283. La desconfianza sale carísima, y entraña soledad.
284. La venganza es una derrota personal.
285. Frases que cautivan, como «me equivoqué», «lo siento», «perdona», «es mi culpa»... desactivan las ganas de pelear.
286. Un *feedback* honesto puede ser duro de escuchar, pero es lo mejor para nuestro desarrollo personal.
287. Si encuentras a alguien que te dé un *feedback* honesto, con tacto y que no te diga sólo lo que quieres escuchar, tenlo siempre cerca.
288. Tener capacidad de autocrítica es estar en mejores condiciones para triunfar.
289. El orgullo mata al hombre.
290. Nunca digas: «Lo he conseguido sin ayuda de nadie». Es mentira.
291. Pedir ayuda no sólo no es de débiles, sino todo lo contrario.
292. Para llevarse bien con los demás, uno debe previamente llevarse bien consigo mismo.
293. El perdón es un regalo que te das a ti mismo.
294. El perdón no cambia el pasado, cambia el futuro.
295. Nada importante (confianza, lealtad, afecto, compromiso, etcétera) se puede comprar con dinero, a pesar de que mucha gente esté dispuesta a pagar por ello.
296. La conversación sana.
297. Necesitas un cambio si a menudo repites: «por fin es viernes» o «uff, mañana es lunes».

298. Si tienes fe en ti mismo, casi todo lo demás es secundario.
299. Un milagro es la manifestación material de la fe de una persona.
300. Éxito = deseo + fe + acción + disciplina + foco + paciencia + mejora continua.

EPÍLOGO: diez rasgos que distinguen a las personas que consiguen resultados

A continuación plasmo mi intervención en el Congreso Nacional de Recursos Humanos celebrado en Madrid el 24 de octubre de 2012, por el que recibí la medalla de oro al Mejor Blog de Recursos Humanos y Desarrollo Personal, concedida por el Observatorio de la Blogosfera de Recursos Humanos (Tatum y Observatorio de Recursos Humanos y Relaciones Laborales). Su título fue: «Diez rasgos que distinguen a las personas que consiguen resultados».

* * *

Existe un error habitual, y es pensar que las personas que consiguen resultados, digamos «excepcionales», que a muchas personas les gustaría lograr, son gente «especial» y dotada de talentos innatos, o bien que son personas a las que la naturaleza ha señalado como los elegidos. No es así. Son gente como cualquier otra persona, pero que sí aglutinan una serie de características. Y lo más importante es que estas características están al alcance de todos.

¿Cuáles son esas características?

1. Son personas que tienen claras sus metas.
La principal causa por la que la gente no consigue lo que quiere es que no sabe lo que quiere. Muchas personas funcionan por

inercia, dejándose llevar, en piloto automático; y ya se sabe, «no hay buen viento para quien no sabe adónde va». Cuanto más concretas, detalladas y específicas son nuestras metas, más fáciles de conseguir son también, porque entonces se pueden alinear todos los recursos, concentrar todas las energías y diseñar todas las acciones hacia ese fin. De otro modo, cuando las metas son difusas, uno anda pegando tiros por aquí y por allá, y las fuerzas andan demasiado dispersas. Existe una relación muy directa entre claridad de metas y logros conseguidos. Thomas Carlyle lo expresó así: «Una persona que tenga una meta muy clara conseguirá avanzar incluso en las condiciones más difíciles. Una persona que no tenga ninguna meta no conseguirá avanzar ni siquiera en las condiciones más favorables».

2. Son personas de acción.
Si decides hacer algo y no actúas, en realidad no has decidido nada. La acción es la verdadera medida de la inteligencia. La inteligencia es inteligencia práctica. Inteligentes son las personas que no esperan a que se den las circunstancias perfectas, a contar con todos los medios a su alcance o a ver todo el camino por delante. Son personas que se ponen en movimiento y van descubriendo sobre la marcha las soluciones. Cuando uno se pone a caminar está provocando que ocurran cosas. Lo peor es el inmovilismo, quedarse quieto, pasivo, esperando a que venga la inspiración divina o aparezcan las circunstancias idóneas. Eso nunca ocurre y, además, el tiempo pasa. Y el tiempo es la variable más importante con la que contamos las personas, porque el tiempo es el que es, y se agota, no se puede recuperar ni reciclar ni nada. Cada hora que pasa y no se aprovecha, se pierde. Por eso Karen Lamb decía: «Dentro de un año te arrepentirás de no haber empezado hoy». El secreto de avanzar es siempre comenzar.

3. Son personas disciplinadas.
La disciplina es hacer lo que se tiene que hacer aunque no apetezca. Lo difícil no es saber lo que hay que hacer, sino hacerlo.

Lo difícil no es el trabajo, sino la disciplina del trabajo. Si uno quiere adelgazar, puede visitar a un especialista en nutrición, que le dirá la dieta que tiene que seguir; pero, si luego uno se la salta, ¿de qué sirve? Si uno quiere tener un cuerpo «diez», puede ir a un especialista en preparación física, que le dirá los ejercicios que debe realizar, pero si luego uno deja de ir al gimnasio... La pereza es el mayor enemigo de la disciplina. Mucha gente no consigue resultados porque prefiere hacer lo cómodo a lo necesario. Lo decía Victor Hugo: «A nadie le faltan fuerzas, lo que a muchos les falta es voluntad». Para conseguir resultados extraordinarios no hay que hacer cosas extraordinarias, pero sí ciertas cosas repetidas de manera constante a lo largo del tiempo.

4. Son personas que no pierden el foco.
Son personas que han decidido dedicarse intensamente a algo. La dispersión es uno de los grandes enemigos en la consecución de objetivos. Un error frecuente que cometen muchas personas es tener demasiados objetivos. Lo mejor es tener pocos y muy concretos. Steve Jobs dijo en una ocasión: «Cuando te dedicas a construir algo tan grande como Apple tienes que dejar de vivir otras vidas que podrías estar viviendo». Vivir es elegir, y elegir es descartar. Quienes actúan así son personas que saben decir no a muchas cosas, y que no se fijan en lo que pierden con las alternativas descartadas, sino que se centran en lo que ganan con la opción elegida. Como apuntaba James D. Watson: «Si tienes dos obsesiones, te sobra una».

5. Son personas que tienen paciencia.
Casi todo lo bueno de la vida se cuece a fuego lento. Tarda tiempo en llegar. No se siembra hoy y se recoge mañana. La paciencia es, quizá, la virtud más difícil de encontrar en los procesos de desarrollo personal, porque hablar de paciencia es hablar de futuro; y el futuro no nos lo puede garantizar nadie. Por eso, hablar de paciencia es hablar de fe; y fe significa confiar en lo que no se ve. Hay que tener la certeza de que si uno trabaja sin desistir,

los resultados acabarán llegando aunque nadie nos los pueda garantizar. El problema de la mayoría de la gente es que, al no ver resultados inmediatos, abandona. No existen metas no realistas, sólo tiempos no realistas. Todo es posible si uno se da el tiempo suficiente.

6. Son personas que ponen la responsabilidad en ellos mismos.
La autorresponsabilidad es el primer requisito del «autoliderazgo». Las personas autorresponsables no esperan a que nadie les resuelva la vida, porque saben que, si lo hacen, puede pasar el tiempo y seguir en la misma situación. No se centran en el «qué va a pasar», sino que ponen el foco en el «qué voy a hacer». Sí, es cierto, hay injusticias, trabas burocráticas y muchos obstáculos, pero esas personas no dedican un minuto a quejarse y lamentarse, sino que ponen su atención en cómo bordearlos. Quejarse puede hacernos sentir mejor, pero no soluciona nada. Como apuntaba en cierta ocasión Erica Jong: «Toma tu vida en tus manos, y ¿qué es lo que pasa? Algo terrible: nadie a quien culpar». Cuando uno asume la responsabilidad de su vida, deja de buscar culpables y empieza a centrarse en hallar soluciones.

7. Son personas que tienen una fuerte determinación.
Y determinación significa decidir por adelantado que, pase lo que pase, uno va a seguir adelante. A pesar de los obstáculos, de las injusticias, de las críticas o de los fracasos, no se para. Para explicar lo que era su compromiso y determinación con el trabajo, el actor estadounidense Will Smith ponía el siguiente ejemplo: «Aquí hay dos máquinas de correr de gimnasio, yo me voy a subir en una y tú en otra, y sólo pueden ocurrir dos cosas: o que tú te bajes antes o que yo muera en la cinta». Eso es determinación, algo por lo que uno está dispuesto a apostarlo todo. En la vida no hay que preguntar a la gente qué quiere conseguir, sino qué está dispuesta a perder, porque eso indica el grado de compromiso que tiene con su causa.

8. Son personas mentalmente sanas.
Son gente que tiene diálogos internos constructivos. No se flagelan. El mayor enemigo lo constituyen los pensamientos negativos, esos monstruos mentales que nos torturan, nos sabotean, nos arrinconan y nos hacen sentir pequeños: no soy bueno, no soy capaz, no me lo merezco, no va a salir bien, etcétera. La mente es el arma más poderosa con la que contamos las personas; pero, la mente, o bien la controlas tú, o bien te controla ella a ti. Se precisa cambiar la forma de pensar para cambiar la forma de actuar. Tenemos unos 60.000 pensamientos al día, la mayoría de ellos negativos. El ser humano está más programado para la supervivencia que para la felicidad. Por eso, ganar es una decisión consciente, y perder es una decisión inconsciente. Hay que invertir tiempo, energía y esfuerzo en cultivar la mente.

9. Son personas que se mueven en entornos adecuados.
Hay entornos tóxicos y entornos estimulantes; entornos que sacan lo mejor de uno y entornos que reprimen el potencial que hay dentro de cada persona; entornos con gente que te carga de energía y entornos con gente que te chupa energía; entornos que potencian la confianza y entornos que alimentan el miedo. Los límites no están en las personas, están en los entornos. Y ¿qué son los entornos? La tierra en la que se cultiva: si la semilla es buena, pero el terreno no es fértil, no saldrá nada. Por el contrario, si a una persona se la pone en buena tierra y se la riega, crece sin parar; porque estamos hechos para eso, para crecer, mejorar, evolucionar.

10. Son personas que tienen una actitud de mejora continua.
Nuestra vida es un reflejo de nuestro desarrollo personal, por eso no hay mejor inversión que la que se hace en uno mismo. La gente que no se desarrolla se deprecia por el simple hecho de que se desprecia. Sin embargo, la gente que busca mejorar continuamente está pensando en nuevas formas de desarrollarse. No dejan de leer, estudiar, acudir a conferencias y seminarios, relacionarse con gente. Hay gente que se refugia en el «es que

yo soy así», una excusa más para no pasar a la acción. Cualquier persona puede cambiar porque cualquier persona puede aprender. El activo económico más valioso que tiene una persona es su capacidad de aprender.

* * *

Y termino con una idea. Dentro de cada persona hay un gran poder interior, la cuestión es si ese poder está activado o no. La gente que consigue resultados es gente que ha activado, consciente o inconscientemente, ese poder. La principal debilidad humana es que nos infravaloramos, que creemos que no somos lo suficientemente buenos. A menudo vamos por la vida con el freno de mano echado. Nuestra vida es un reflejo de nuestra autoestima, que no es otra cosa que la reputación que tenemos de nosotros mismos; si esa reputación no es elevada, es difícil que ocurran cosas grandes. Por ello, lo primero y más importante que hay que aprender es aprender a creer en uno mismo. Cada persona es mucho más que lo que ella piensa de sí misma. Cuando conseguimos liberarnos de todas las creencias, los límites y los miedos que nos atan, a partir de ahí, cualquier meta está a nuestro alcance. Y, ojo… que cualquier meta esté a nuestro alcance no quiere decir que sea fácil de conseguir. Para conseguir resultados hay que tener claro lo que se quiere, pasar a la acción, ser disciplinado, no perder el foco, tener paciencia, poner la responsabilidad en uno mismo, tener una fuerte determinación por lo que queremos, cultivar hábitos mentales sanos, moverse en los entornos adecuados y, finalmente, tener una actitud de mejora continua.

EPÍLOGO

He escuchado y leído infinidad de definiciones sobre el concepto del lujo del cual nuestra compañía, SHA, forma parte. Es un concepto que ha ido evolucionando de forma constante, especialmente en los últimos años. Para mí el lujo no es otra cosa que ser capaces de satisfacer una necesidad o un deseo con la mayor excelencia posible. La clave por tanto reside en la excelencia. La excelencia es una palabra que aglutina una pluralidad de aspectos: calidad, detalle, atención, actitud, entre otros. Aristóteles decía: «Somos lo que hacemos día a día, por lo tanto la excelencia no es un acto sino un hábito». La excelencia es un proceso de mejora continua, y como proceso nunca cesa, siempre está en constante evolución. Ser excelente —tener mentalidad de excelencia— es una actitud ante la vida; es una filosofía que te lleva siempre a ir un paso más allá, a no acomodarte, a querer seguir mejorando.

Siendo un concepto sencillo de comprender, no es, sin embargo, tan sencillo encontrar personas o empresas que compartan esta visión. No nos gusta salir de nuestra zona de confort, tememos innovar, siempre encontramos la razón perfecta para no hacerlo.

Los «mejores», aquellos que aportan pluses y son referentes en cualquier ámbito, siempre tienen mentalidad de excelencia; y la excelencia no es algo estático sino dinámico —y cada vez más por la velocidad a la que todo cambia— que exige un gran desgaste físico y emocional para adaptarse al entorno, a las tendencias y a los nuevos hábitos de los consumidores que no todos están dispuestos ni quieren asumir. Quizá por ello, como bien apunta David J. Schwartz, y así se recoge en estas páginas: «La competencia nunca está en los niveles de excelencia; la competencia está en los niveles de mediocridad».

El mundo actual ha venido a denominarse VUCA —en terminología inglesa: Volátil, Incierto, Complejo y Ambiguo—, y en mi experiencia internacional y en mis continuos viajes al extranjero puedo palpar cómo es así. Muchos de los personajes incluidos en estas páginas también lo manifiestan de la misma manera. Por ejemplo, Tom Peters: «Para satisfacer las demandas de constante cambio del escenario competitivo actual, debemos simplemente amar el cambio tanto como lo hemos odiado en el pasado»; o Jack Welch: «Cuando el ritmo de cambio de fuera de la empresa es superior al ritmo de cambio dentro de la empresa, el final está cerca».

Las empresas líderes son proactivas, no reactivas. En un entorno VUCA, buscar la excelencia ya no es tanto una posibilidad como una necesidad, porque buscar la excelencia es la mejor garantía de tres cosas: primero, de fidelizar a los clientes: cuanto más excelente es una empresa, más reticencias tienen los clientes a cambiar; segundo, de defensa contra la competencia: cuanto más excelente es una empresa, más barreras de entrada a la llegada de nuevos competidores; y tercero, de crecimiento de los beneficios: cuanto más excelente es una empresa, más atractivos pueden ser sus precios, y por tanto, sus márgenes.

Vivimos en mundo cada vez más competitivo, en el cual nada se puede dejar al azar. En España, el 80 % de las nuevas empresas no sobreviven al primer año. Al igual que conocer los errores del pasado nos ayuda a no repetirlos, conocer las conductas de aquellas personas que han conseguido un éxito indiscutible en su campo, puede ser sin duda de gran inspiración a la hora de planificar nuestras vidas y nuestros proyectos empresariales.

Este libro es, sin dudas, un buen concentrado de sabiduría del que extraer inspiración. Si bien *Aprendiendo de los mejores* ya es un clásico en la literatura del management —único bestseller de un autor español entre los 25 mejores libros de negocios a nivel internacional—, y obra de obligada lectura para cualquier directivo o empresario, desde la 10.ª edición ampliada y actualizada lo es todavía aún más con la incorporación de cinco nuevas personalidades, todas ellas de gran calado internacional.

Estas cinco nuevas personalidades —todas españoles—, algunas de las cuales he podido conocer personalmente, ponen de manifiesto como España también tiene mucho que decir en cuanto a excelencia.

Amancio Ortega es la proa del primer grupo textil del mundo; Ferran Adrià ha conseguido lo impensable en el mundo de la gastronomía hace algunos años: que El Bulli sea considerado el mejor restaurante del mundo durante varios años consecutivos; Valentín Fuster y Luis Rojas Marcos son dos personalidades consolidadas en el ámbito médico internacional y han triunfado en el epicentro del mundo, Nueva York; Eduardo Punset ha hecho una labor encomiable como divulgador científico después de entrevistar a cientos de investigadores por todo el mundo; y Toni Nadal es una de las figuras indispensables al hablar del éxito de Rafa Nadal, por dos veces número uno del mundo en el tenis.

Por nuestra parte, en SHA estamos muy orgullosos de haber contribuido con nuestro granito de arena a esta labor de la excelencia empresarial, habiendo posicionado a España como un referente internacional en turismo de salud, y habiendo recibido medio centenar de reconocimientos por parte de las principales instituciones referentes en la materia, entre los que destacan el de Mejor Spa Médico del Mundo por Conde Nast Traveller UK, Spa Finder y Conde Nast Johansens, y sobre todo, habiendo sido capaz de mejorar la salud y bienestar de más de 40.000 personas, entre ellas una larga lista de jefes de gobierno, familias reales y destacadas personalidades del mundo empresarial, de la ciencia, del deporte o del espectáculo, varias de ellas incluidas en este libro. Es apasionante detectar algunas características comunes entre ellos, las cuales sin duda al aplicarlas nos pueden ser de gran ayuda para alcanzar el éxito en nuestras vidas.

Son muchas las ideas estratégicas contenidas en *Aprendiendo de los mejores*, todas ellas de gran profundidad y utilidad práctica para la gestión de empresas y la propia vida, pero sin duda alguna, quizás el mensaje central del libro que aglutina todo es: «Tu vida es el resultado de tu desarrollo personal», o como siempre me ha repetido mi padre «Cada uno es arquitecto de su propia vida»; idea que Francisco Alcaide explica brillantemente de la siguiente manera: «El desarrollo personal es la vida misma. El éxito no es algo que consigues sino algo que atraes a tu vida como consecuencia de la persona en la que te conviertes. Si no estás preparando, las oportunidades no van a aparecer en tu vida. El éxito ama la preparación. Cuanto mayor es el desarrollo personal de una persona, cuanto más crece personalmente y profesionalmente, mayores retos, desafíos y responsabilidades puede asumir. Ésa es la "magia" del desarrollo personal. Por eso, tu desarrollo personal es tu destino. Desarrollo personal no es otra cosa que estar preparado para la vida. Desarrollo personal no es otra cosa que incrementar las posibilidades de tener éxito. Tu nivel de éxito sólo puede crecer hasta el nivel al que crezcas tú. Tu nivel de éxito es proporcional a tu nivel de desarrollo personal. En definitiva, en quién te conviertes se acaba reflejando en lo que obtienes».

Asimismo, todo el libro rezuma una visión humanista del *management* que conviene no perder de vista nunca, porque como bien señala el autor «son las personas las que hacen que las cosas ocurran». Esta afirmación también viene avalada por diferentes personas de renombre contenidas en el libro. Por ejemplo, Richard Branson, fundador de Virgin, dice: «Para ser un buen líder te tiene que gustar la gente, es la única forma de obtener lo mejor de ellos. Las compañías que cuidan a su gente son las que luego obtienen buenos resultados. Porque las empresas no son más que personas, y son ellas las que marcan la diferencia a la hora de generar buenas experiencias a los clientes. Si la gente está orgullosa de su empresa, orgullosa de su producto y se siente bien cuidada, todo lo hará con una sonrisa. Cuidar a las personas es aun más importante que cuidar a los clientes, porque si cuidas a las personas, ellos cuidarán a los clientes». Los mejores líderes siempre tienen una fuerte orientación a las personas. En un mundo en el que cada vez más las maquinas cobran mayor protagonismo, las cualidades humanas como la especialización, el carisma, la creatividad o la empatía, son cada vez más valoradas y más importantes a la hora de diferenciarnos.

Además de todo lo dicho hasta ahora, también me gustaría apuntar que el equipo directivo de SHA ha tenido el privilegio de contar con la presencia de Francisco Alcaide durante las jornadas anuales de *team building* que hacemos cada año, lo que nos ha permitido conocer la filosofía *Aprendiendo de los mejores* de primera mano por su autor, y desde luego ha marcado un antes y un después en nuestra organización. Francisco tuvo el detalle de obsequiar con su libro a cada miembro del equipo al finalizar la jornada y se ha convertido en libro de cabecera y de referencia para nosotros.

No es casual que en la misma línea aparezcan al inicio más de veinte testimonios de relevantes personalidades de nuestro país que también podrían ser incluidos entre «los mejores».

Para acabar, simplemente dar la enhorabuena a Francisco Alcaide por el fantástico trabajo realizado y por ponernos un poco más fácil la tarea de seguir buscando la excelencia gracias a todos estos personajes de relevancia que por aquí aparecen.

Si no has leído el libro, empieza cuanto antes y verás como tu vida mejora; si ya lo has leído, es el momento de releerlo y afianzar las ideas aquí contenidas.

Alejandro Bataller
Vicepresidente SHA Wellness Clinic
www.shawellnessclinic.com @shawellness

Querid@ lector@

Antes de nada, me gustaría darte las gracias por haber elegido *Aprendiendo de los mejores* entre tus lecturas. Espero que hayas disfrutado del libro y te haya aportado ideas y reflexiones de valor para llevar a la práctica en tu vida personal y profesional.

Te animo también, si no lo has hecho todavía, a que leas el volumen 2 que incluye más personajes interesantes de ámbitos diferentes al de este primer volumen.

Para terminar, me gustaría pedirte tu opinión sincera acerca de libro. Para cualquier persona, antes de comprar o leer un libro, las opiniones de otras personas —las críticas— son referencias muy importantes para no perder tiempo ni gastar dinero sin sentido.

Por este motivo, te agradezco que me dejes tu valoración del libro en cualquiera de los canales que utilices (Amazon, Goodreads, Google Play, iTunes, Casa del Libro...). Siéntete libre para expresar tu opinión con total honestidad.

A cambio, me gustaría ofrecerte un regalo especial, una copia de mi ebook *Lidera tu marca personal*, que estoy seguro te gustará y aportará ideas interesantes para tu desarrollo profesional.

Ponte en contacto conmigo en <info@aprendiendodelosmejores.es> y mándame un pantallazo de tu reseña o comentario donde aparezca tu nombre y apellidos para comprobar tu identidad y te enviaré tu regalo.

Asimismo, me tienes a tu disposición en esa dirección de mail para comentar cualquier otro tema que pueda ser de tu interés.

Te deseo todo lo mejor.

ANEXO

A continuación te dejo una relación de todos los personajes incluidos en el libro clasificados por temáticas/disciplinas, para que te resulte más fácil dirigirte a ellos según tus preferencias. En algunos casos se han incluido en varias categorías para facilitar su identificación. Asimismo, para distinguir a los personajes femeninos y masculinos, en el primer caso aparecen con fondo oscuro.

TESTIMONIOS

«A lo largo de toda mi carrera deportiva siempre he tenido claro que la mejor escuela son los mejores. Aquellos que por un motivo u otro eran excelentes en lo suyo siempre han sido mi referencia. El libro *Aprendiendo de los mejores* de Francisco Alcaide es un tesoro que destila lecciones magistrales de grandes referentes que todos deberíamos leer.»

LOLO SÁINZ, exentrenador del Real Madrid
y Selección Española de Baloncesto

«Habitualmente recurro al libro *Aprendiendo de los mejores*. En numerosas ocasiones necesitamos algo de inspiración que nos empuje a luchar por nuestros objetivos. En el deporte los referentes y su manera de enfrentarse a la vida son consultados con frecuencia. Francisco Alcaide reúne a grandes personajes con ambiciosos proyectos y visiones muy interesantes, todos persiguiendo sus sueños y perseverando en sus retos. Un libro imprescindible.»

JOSÉ LUIS ABAJO *Pirri*, medalla de bronce
de esgrima en los Juegos Olímpicos de Pekín 2008

«*Aprendiendo de los mejores* explica a la perfección cuáles son las claves del éxito de cincuenta personajes públicos que han conseguido cumplir sus sueños y llegar a donde han llegado. Nombres como Bill Gates, Amancio Ortega o Steve Jobs aparecen en estas páginas donde sin duda uno de esos personajes podría ser el mismo Francisco Alcaide.»

Xisela Aranda, campeona de España de squash 2010-2016

«"*La vida nunca se vuelve más fácil, eres tú el que te vuelves más fuerte.*" Es una de las sentencias incluidas en este maravilloso libro; sentencia que considero es la esencia de *Aprendiendo de los mejores* en el que se encuentran todos los grandes que he podido leer en estos años para mi propio desarrollo personal. Francisco Alcaide, en un impresionante alarde de síntesis, reúne a los mejores con sus mejores ideas. Un libro que me guía a mejorarme como persona.»

Enhamed Enhamed, campeón paralímpico de natación:
4 medallas de oro (Pekín 2008)
y 2 medallas de plata y 1 de bronce (Londres 2012)

«*Aprendiendo de los mejores* es un libro en el que Francisco Alcaide interpreta de una manera brillante el legado de gente tan impactante como Amancio Ortega, Steve Jobs o Tom Peters, entre otros. La sensación es que cualquier persona interesada en crecer y desarrollarse tiene en este libro una especie de "guía exprés" por la que puede pasar y empezar con fuerza.»

Ángel Sanz, exjugador de baloncesto del Real Madrid.
Managing director de CLC (The Crow Legacy Company)
y *country manager* de Spartan Race Europe

«*Aprendiendo de los mejores* debería ser un libro de consulta diaria para todos. Francisco Alcaide ha tenido la habilidad de resumir, de forma muy amena, los pensamientos de personajes ilustres de la gestión y el humanismo. Su amplio conocimiento del *management* y de la condición humana se refleja en cada una de sus páginas. Un libro realmente útil que se rentabiliza desde el primer párrafo. De lo mejor que se puede leer hoy día. Muy brillante.»

Fernando López Fernández, director general
de Divertia Smile Company

«El libro *Aprendiendo de los mejores* es una fuente de sabiduría inagotable. Esta obra es y será, sin duda, referencia obligada que todo profesional del mundo de la empresa debe leer y releer continuamente. Sólo alguien como Francisco Alcaide podría haber hecho una síntesis tan atinada de los de más de cincuenta "mejores" con sus mejores experiencias y pensamientos.»

Jorge Cagigas, presidente de FUNDIPE

«En la vida, en ocasiones, aparece la oportunidad de conocer a una persona extraordinaria, tanto en lo humano como en lo profesional. Y yo he tenido el privilegio de conocer a Francisco Alcaide. Pocas personas tienen la capacidad de sintetizar en tan pocas palabras y paginas, tanto conocimiento y experiencia. Sin duda, *Aprendiendo de los mejores* es una obra absolutamente recomendable, y su autor, una persona a seguir en todos sus proyectos.»

Marcos Urarte Alonso,
presidente del Grupo PHAROS

«*Aprendiendo de los mejores* es una técnica de modelado que todos deberíamos incorporar en nuestro repertorio; si hacemos y pensamos como los mejores, podremos conseguir resultados similares. Francisco Alcaide te lo pone fácil. En este libro ha hecho una de las mejores recopilaciones de pensamientos de más de cincuenta personas de éxito, para ayudarte a pensar como ellos. Sin duda, uno de mis libros de cabecera que nunca acabaré de leer.»

LAURA CHICA, psicóloga,
formadora, *coach* y escritora.
Autora de *¿Quién eres tú?*
y *Pon un coach en tu vida* (Alienta)

«Saber convertir reflexiones sobre *management* en historias suele ser fruto de muchas horas de vuelo, y sobre todo, de que el propio autor se crea lo que escribe. Sólo así llega ese momento "mágico" en el que un libro inspira a quien lo lee. Esto es lo que precisamente he vivido yo leyendo a Francisco Alcaide en su obra *Aprendiendo de los mejores*.»

ALBERTO BLANCO,
senior advisor de Psicosoft

«Francisco Alcaide es uno de los máximos conocedores de lo que los principales creadores del *management* han generado a nivel mundial en los últimos años. *Aprendiendo de los mejores* es otra cima más en su excelente labor divulgativa que le honra por las innumerables horas de trabajo que ha empleado en ello.»

JAVIER FERNÁNDEZ AGUADO,
presidente de MINDVALUE

«Cuando pienso en un gran profesional del que aprender de mi lista de referentes, inmediatamente me viene a la cabeza Francisco Alcaide, así que el título de su libro me parece de lo más acertado. *Aprendiendo de los mejores* es un libro de los que se leen solos, de los que dejas cerquita para releer de vez en cuando, de los que necesitas un lápiz para subrayar y hacer anotaciones constantemente. Leerlo es un auténtico placer.»

Sonia Rodríguez Muriel,
directora de recursos humanos de Lactalis Puleva

«*Aprendiendo de los mejores* es un libro con mucho fondo. Es fácil de leer por lo bien escrito y estructurado que está, pero que fácilmente uno podría dedicar un año a pensar sobre él, por la cantidad de magníficas reflexiones que incluye. Francisco Alcaide, un profesional riguroso como pocos, ha desmenuzado el pensamiento de más de cincuenta personajes de primer nivel, hasta condensarlo en diez perlas de cada uno de ellos. Una magnífica colección de pensamientos hábilmente explicados que inspiran a mejorar.»

Eugenio de Andrés, socio director de TATUM

«He leído detenidamente *Aprendiendo de los mejores*. He disfrutado con los mejores. Admiro lo que se dice de los mejores. Aprendo de los mejores, y como no, de su autor, Francisco Alcaide, que sabe sintetizar con realidad y tono optimista cómo lo hacen los mejores. Un libro que tienen que tener todos los directores de Recursos Humanos y directivos en general.»

Fran García Cabello, director del foro recursos humanos
y socio director de AZC Global

«Ver cómo uno de mis referentes en *management* de nuestro país, Francisco Alcaide, ha sido capaz de aunar a todos esos personajes en una única obra, y compartir y sentir cuáles son sus valiosas reflexiones sobre todo ello, es algo que para mí no tiene precio. Es uno de esos libros que siempre estará sobre mi mesilla de noche.»

EVA COLLADO DURÁN, consultora estratégica de capital humano. Conferenciante, formadora y escritora. Autora de *El mundo cambia, ¿y tú?*

«Francisco Alcaide con su libro *Aprendiendo de los mejores* me ha hecho pasar momentos muy agradables. Su libro, fácil de leer, entretenido, escrito con rigor, me ha inspirado muchas ideas. Para mí es un libro de sobremesa al que estaré consultando continuamente. Brillante.»

JAIME PEREIRA, presidente de la Junta de Gobierno de la Fundación Alfares

«Tenemos la sana costumbre de regalar un libro a todas las personas que se incorporan a Energy Sistem, dado que uno de nuestros valores es "crecer juntos", y esto a través de los libros, no sólo es posible sino que te permite coger grandes atajos para conseguir tus objetivos. Fue sólo empezar el libro *Aprendiendo de los mejores*, cuando nos dimos cuenta que este sería el futuro libro a regalar en las incorporaciones al equipo.»

SERGIO REVELLES MAESTRA, director de mejora continua de Energy Sistem

«Después de leer *Aprendiendo de los mejores* he sido consciente de los dos grandes regalos que nos realiza el autor. Por un lado, nada menos que más de quinientas perlas inspiradoras de más de cincuenta personajes de un enorme calado; y por otro, tiempo, puesto que gracias al esfuerzo, selección y condensación de ideas y contenidos, he podido acceder al conocimiento de cientos de libros de manera resumida. Uno de los libros imprescindibles en el *management* del siglo XXI.»

Miguel Ángel Díaz, presidente de ASNIE
y socio de Hability Gestión de Personas.
Autor de *Golf Directivo* y *15 cosas que aprendí en el MIT*

«Cuando uno se encuentra con un libro como *Aprendiendo de los mejores*, se da cuenta de lo interesante que es el mundo en el que desarrollamos nuestro trabajo. El ritmo frenético al que nos somete la actividad diaria, no nos permite rememorar cosas que uno ha ido viendo a lo largo de su carrera, y Francisco Alcaide lo ha hecho de manera fantástica en este libro a través de aspectos fundamentales, tanto para nuestro desarrollo profesional como personal.»

Francisco Rebollo del Hoyo,
presidente de EUROSISTEMA

«*Aprendiendo de los mejores* es un libro que cautiva desde el primer instante, te envuelve de ganas de conquistarte para conquistar, te llena de positividad y te regala esa caricia única, la de las oportunidades que nos ofrece la vida.»

Nuria Alba Pérez,
directora comercial de DAT TOVER España

«Uno de los grandes retos en la era de la complejidad es lograr llegar a la esencia, discriminar aquello que no te aporta para quedarte con lo que sí puede hacerlo. Detectar ese conocimiento, masticarlo, absorberlo y utilizarlo, para crear nueva energía que te permita crecer, es algo tremendamente difícil. Francisco Alcaide lo ha logrado con *Aprendiendo de los mejores*. Un libro que ha de estar siempre en nuestra mochila.»

JAVIER GARCÍA, Socio Fundador de Sensum Finanzas y del portal Sintetia.com. Coautor de *Nunca te fíes de un economista que no dude* (Deusto)

«Francisco Alcaide ha conseguido sintetizar en un libro las claves del éxito de líderes de pensamiento tan dispares como Warren Buffett y el Dalái Lama. En un mundo saturado de información, su capacidad para destilar conceptos complejos y convertirlos en ideas claras perfectamente estructuradas es un soplo de aire fresco de enorme valor.»

MIGUEL BLANCO CARRASCO,
executive director de Riyadh Art Festival